정치적 부족주의
POLITICAL TRIBES
Group Instinct and the Fate of Nations

정치적 부족주의

집단 본능은 어떻게 국가의 운명을 좌우하는가

POLITICAL TRIBES

Group Instinct and the Fate of Nations

에이미 추아 지음 | 김승진 옮김

부·키

지은이 에이미 추아 Amy Chua

중국계 미국인으로 1962년 일리노이주에서 태어났다. 하버드대학교와 같은 대학의 로스쿨을 졸업하고 현재 예일대학교 로스쿨 교수로 재직하고 있다. 전문 분야는 법과 경제성장, 국제 상거래, 민족 분쟁, 국제화 등이다. 예일대학교 로스쿨에서 '우수 강의상'을 받았고, 2011년 《타임》에서 '가장 영향력 있는 100인'으로 선정됐다.

내표 저시로는 《뉴욕타임스》 베스트셀러이자 《가디언》에서 '올해의 책'으로 선정된 《불타는 세계》와 《제국의 미래》《트리플 패키지》, 전 세계에 자녀 훈육법 돌풍을 일으킨 《타이거 마더》가 있다.

옮긴이 김승진

서울대학교 경제학과를 졸업하고 《동아일보》 경제부와 국제부 기자로 일했으며, 미국 시카고대학교에서 사회학 박사 학위를 받았다. 옮긴 책으로 《20 vs 80의 사회》《비탈 끝에 선 민주주의》《권리를 가질 권리》《친절한 파시즘》《기울어진 교육》《메뚜기와 꿀벌》 등이 있다.

정치적 부족주의

2020년 4월 16일 초판 1쇄 발행 | 2023년 3월 16일 초판 6쇄 발행

지은이 에이미 추아 | 옮긴이 김승진 | 펴낸곳 부키(주) | 펴낸이 박윤우
등록일 2012년 9월 27일 | 등록번호 제312-2012-000045호
주소 03785 서울 서대문구 신촌로3길 15 산성빌딩 6층 | 전화 02)325-0846
팩스 02)3141-4066 | 홈페이지 www.bookie.co.kr
이메일 webmaster@bookie.co.kr | 제작대행 올인피앤비 bobys1@nate.com
ISBN 978-89-6051-780-6 03340

이 도서의 국립중앙도서관 출판예정도서목록(CIP)은 서지정보유통지원시스템
홈페이지(http://seoji.nl.go.kr)와 국가자료공동목록시스템(http://www.nl.go.kr/kolisnet)에서
이용하실 수 있습니다.(CIP제어번호: CIP2020010206)

어머니와 아버지

소피아와 룰루

코코와 푸시

그리고 제드에게

차례

프롤로그

우리가 놓치고 있었던 것들

—

인간에게는 부족 본능이 있다. 우리는 집단에 속해야 한다. 우리는 유대감과 애착을 갈구한다. 그래서 클럽, 팀, 동아리, 가족을 사랑한다. 완전히 은둔자로 사는 사람은 거의 없다. 수도사나 수사도 교단에 속해 있다.[1] 하지만 부족 본능은 소속 본능만 의미하는 것이 아니다. 부족 본능은 배제 본능이기도 하다.[2]

어떤 집단은 자발적이고 어떤 것은 그렇지 않다. 어떤 부족은 즐거움과 구원의 원천이고 어떤 것은 권력을 잡으려는 기회주의자들의 증오 선동이 낳은 기괴한 산물이다. 하지만 어느 집단이건 일단 속하고 나면 우리의 정체성은 희한하게도 그 집단에 단단하게 고착된다. 가령 개인적으로는 얻는 것이 없다고 해도 내가 속한 집단 사람들의 이득을 위해 맹렬하게 나서고,[3] 별다른 근거가 없는데도 외부인에게 징벌적인 위해를 가하려 한다. 또한 집단을 위해 희생하며 목숨을 걸기도 하고

남의 목숨을 빼앗기도 한다.[4]

　세계의 많은 지역에서 가장 중요한 집단 정체성은 '국가'가 아니라 인종, 지역, 종교, 분파, 부족에 기반을 둔 것들이다. 미국의 안보에 매우 큰 이해관계가 걸려 있는 곳들에서도 그렇다. 그런데 미국은 이런 유의 집단 정체성에 대해 너무나도 아는 것이 없다. 적어도 지난 반세기 동안, 미국의 외교정책은 부족적 동학이 정치에 미치는 영향력을 놀라울 정도로 간과했다. 미국은 세계를 상호배타적인 영토를 가진 국민국가들이 '자본주의 대 공산주의' '민주주의 대 권위주의' '자유세계 대 악의 축'과 같은 거대 이데올로기에 따라 대립하는 장으로 보는 경향이 있다. 자신의 이데올로기를 덧씌운 렌즈로 세상을 보면서, 미국은 세계 수십억 명의 사람에게 매우 강력하고 가장 유의미하며 모든 곳에서 정치적 격동의 주요인인, 더 원초적인 집단 정체성들을 번번이 간과했다. 이런 사각지대는 미국 외교정책의 아킬레스건이었다.

　미국 역사상 (아마도) 최대의, 그리고 최고로 불명예스러운 패배였던 베트남전쟁을 생각해 보자.[5] 이제는 잘 알려져 있듯이, 냉전 이데올로기의 안경을 쓰고 있던 미국은 당시 베트남 사람들이 '공산주의'에 맞서 싸우고 있는 것보다 훨씬 더 강하게 '민족(국가)의 독립'을 위해 싸우고 있었다는 사실을 과소평가했다.[6] 하지만 전문가, 일반인 할 것 없이 대부분의 미국인이 오늘날까지도 알지 못하는 것이 있다. 베트남 사람들 사이에서 맹렬히 증오를 사고 있었던 화교가 인구 비중은 1% 밖에 안 되면서도[7] 베트남 역사 내내 경제적 부의 70~80%를 장악해 왔다는 사실이다.[8] 따라서 베트남 '자본가'의 압도적인 다수가 화교였

고 이들은 남베트남과 북베트남 모두에서 엄청난 혐오의 대상이었다.[9]

정세 판단에서 인종·민족적ethnic 측면을 완전히 놓친 나머지, 미국은 베트남에서 미국이 친자본주의적 조치를 취하는 족족 거의 확실하게 베트남 대중의 분노를 촉발하게 되리라는 것을 보지 못했다. 베트남 사람들을 미국에 적대적으로 만드는 게 목적이었다면, 이보다 더 좋은 방법은 없었을 것이다.

이는 미국 외교정책의 일관된 패턴이었다. 치명적이었던 사례를 한 가지만 더 들어 보자. 이라크전쟁 직전에 워싱턴은 이라크가 수니파와 시아파로 나뉘어 있다는 것은 알고 있었지만 이 분열의 중요성을 줄곧 과소평가했다. 또 이라크에서 부족 집단이 얼마나 중요하며 이라크가 국가로서 어느 노선을 가게 될지를 결정하는 데 얼마나 핵심적인 요인인지도 이해하지 못했다. 2017년에 전 미국 국무장관 콘돌리자 라이스는 미국이 "부족의 역할을 완전하게 이해하지 못했던 것 같다"고 인정했다.[10] 미국의 이라크 정책은 이라크에서 민주주의가 확산되고 시장경제가 부를 창출하면 인종, 부족, 분파적 분열이 자연스럽게 흩어져 없어지리라는 확신에 기반해 있었다.[11] 조지 W. 부시 대통령은 "자유와 민주주의는 언제나, 또 어디에서나 증오의 슬로건보다 호소력이 크다"고 말했다. 하지만 이라크는 격화되는 분쟁과 폭력의 소용돌이 속으로 떨어졌고 지금도 회복되지 못하고 있다.

소수이나마 이런 위험을 경고하며 미국의 외교정책을 비판한 사람들이 있었다.[12] 나도 그중 하나다. 2003년에 나는 《불타는 세계》라는 책에서 이라크에서는 "모든 것이, 심지어 자유와 부도 인종적, 분파적

파급 효과를 낳으므로" 인종적, 분파적 농학을 예의주시해야 한다고 촉구했다.[13] 당시 이라크 집권당이던 사담 후세인 대통령의 바트당은 수니파였고 인구의 60%는 오래도록 억압을 받아 수니파에 매우 적대적이던 시아파였기 때문에, 민주주의가 도입되면 오랜 적대를 자극하는 촉매 역할을 할 가능성이 있었다. 그럴 경우, 민주적 선거는 통합된 이라크를 가져오기는커녕 수니파를 배척하는 시아파 정부가 들어서서 수니파에 대해 보복을 가하는 상황을 초래할 수 있었다. 나는 이런 상황이 온다면 '강한 반미 성향'을 가진 '막강한 근본주의 운동'을 일으키기에 매우 좋은 조건이 될 수 있다고 경고했다. 불행히도, 정확히 그렇게 되고 말았다.

국내에서도 마찬가지다. 미국의 지배 엘리트는 평범한 미국인 상당수가 가장 중요하게 여기는 집단 정체성을 놀라울 정도로 무시하거나 간과한다. 자신이 돕고자 한다는 사람들에 대해서도 그렇다.

예를 들면, '점령하라Occupy Wall Street' 운동은 가난한 사람을 돕기 위한 운동이었지만 사실상 가난한 사람을 포함하지 않은 운동이었다. 주동자도 참여자도 상대적으로 특권층에 속하는 사람들이었다. 노동자계급 미국인은 '점령하라' 운동에 참여만 하지 않은 게 아니었다. 많은 이가 (다는 아니라 해도) '활동가 운동'에 매우 강한 거부감을 드러냈다. 사우스캐롤라이나주 농촌 지역의 한 학생은 이렇게 말했다. "내가 보기에, 저항 운동이라는 건 거의 대부분 엘리트 계층의 지위 상징status symbol인 것 같다. 그래서 그들이 집회에 나간 사진을 노상 페이스북에 올리는 것이다. 자신이 저항 운동에 참여하고 있다는 것을 친구들이 다 알도록 말이다. 엘리트 계층이 가난한 우리를 대신해 저항에 나서 준다고 할 때, 우리가 보기에는 도움이 안 되는 데에만 그치는 것이 아니다. 우리는 그들이 우리를 또 하나의 '밈meme'으로 만들고 있다는 생각이 든다. 하지만 우리도 자존심이 있고, 그들의 자아 고결성을 입증하는 데 소품으로 쓰이고 싶지 않다."[14]

'점령하라' 운동을 실제로 미국의 저소득층과 하층 계급에서 광범위하게 호응을 얻고 있는 운동들과 비교하면 엄청난 아이러니가 드러난다.[15] 가령 '번영 복음prosperity gospel'은 미국에서 가장 빠른 성장세를 보이고 있는 운동에 속한다. 번영 복음은 부자가 되는 것이 신의 뜻을 따르는 것이며 정확하고 올바르게 기도를 하면 (그리고 십일조를 잘 내면) 신이 당신을 부유하게 만들어 줄 것이라고 가르친다. 오늘날 흑인과 히스패닉 노동자 계급 사이에서 번영 교회 신도가 기하급수적으로 늘고 있다.[16] 미국에서 히스패닉 기독교 신자의 4분의 3이 '충분한 신앙심을 가진 모두에게 신이 건강과 금전적인 성공을 주실 것'이라고 믿는다.[17]

내가 가르치고 있는 학과의 한 멕시코계 미국인 학생이 최근에 이런 이메일을 내게 보내왔다. 그의 가족은 지금 트럼프 행정부에 의해 추방될 위기에 처해 있었다.

제가 보기에, 번영 복음은 히스패닉인 제 가족이 명백하게 자신의 이익에 배치되는데도 불구하고 얼마나 반反오바마적, 친親트럼프적이 될 수 있는지를 설명해 주는 것 같습니다. 이것은 이 세상에 희망이 없다고 생각하는 가난한 사람들의 생존 메커니즘입니다. 몇 주 전에, 엄마가 가장 좋아하시는 목사님이 트럼프 취임 연회 장면을 스냅챗으로 보내왔다며 그것을 제게 보내 주셨어요. 엄마는 엄마가 '신성하다'고 생각하는 사람들 사이에서 트럼프가 환영받는 것을 보고 매우 기뻐하셨어요. 저는 그 모습이 너무나 허탈하고 좌절스러웠지만요.[18]

하지만 미국 엘리트 계층이 놓치고 있는 부족적 정체성 중 가장 중요한 것은 노동자 계급 사이에서 형성되고 있는 강력한 '반기득권 정체성'이다. 트럼프 당선에 크게 일조한 것도 바로 이 반기득권 정체성이었다. 그런데 선거 막바지까지도 양쪽 정치 진영 모두에서 엘리트(학자, 여론조사 전문가, 언론인, 경제 분석가 등)들은 무슨 일이 일어날지 전혀 모르고 있었다.[19]

인종은 미국의 빈민을 갈랐고 계급은 미국의 백인을 갈랐다. 지금도 트럼프 당선의 배경이 된 부족적 정치를 많은 사람이 이해하지 못하고 다음과 같이 어리둥절해한다. 어떻게 이토록 많은 미국의 노동자 계급이 트럼프에게 '사기를 당할' 수 있었을까? 어떻게 저소득층 미국인들이 트럼프가 자신과 같은 부류가 아니라는 사실을 간과할 수 있었을까?

미국 엘리트들이 놓친 점은 트럼프가 취향, 감수성, 가치관의 면에서 실은 백인 노동자 계급과 비슷했다는 사실이다.[20] 부족 본능은 '동일시'가 시작이자 끝인데, 트럼프 지지자들은 본능적인 감정의 수준에서 자신을 트럼프와 동일시했다.[21] 그들은 말하는 방식(라커룸 토크), 옷차림, 직설적인 반응, 계속 들통나는 실수, 진보 매체로부터 정치적으로 올바르지 않고 충분히 페미니스트가 아니고 독서량이 많지 않다고 계속해서 공격받는 것 등 트럼프의 모든 것에 대해 동일시할 수 있었다. 백인 노동자 계급은 트럼프의 적이 곧 자신의 적이라고 느꼈다. 또한 트럼프의 막대한 재산도 동일시의 요인이었다. 그것이(아름다운 아내와 자기 이름이 박힌 거대한 빌딩들도 함께) 바로 그들이 원하는 것이었기 때문이다. 많은 노동자 계급 미국인에게, 기득권에 반대하는 것과 부자에게 반대하는 것은 같은 것이 아니었다.[22]

부족 정치는 집단을 드러내는 표식을 필요로 한다. 그리고 엘리트 계층과 나머지 사람들 사이에서 차이를 드러내 주는 표식은 늘 미학적인 요소와 관련이 있었다.[23] 오늘날 미국의 엘리트, 특히 진보 쪽 엘리트는 자신이 얼마나 다른 이들에 대해 가치 판단을 내리려 하는지를 잘 인식하지 못한다. 그들은 조잡하고 싸구려 같은 것을 질색한다. 그런데 그 조잡하고 싸구려 같은 것들(가짜 선탠, 화려한 머리, 프로레슬링, 큰 트럭 뒤에 매달린 크롬으로 만든 황소 성기[24] 등)은 대개 저소득층과 관련이 있고, 이는 우연이 아니다.

많은 엘리트 계층이 보기에 '애국심'도 그런 조잡한 취향이다. 적어도 'USA'를 연호하고 버드와이저를 마시면서 '미국을 다시 위대하게'(Make America Great Again, 트럼프가 대선 때 사용한 구호-옮긴이) 만들자고 외치는 데서 드러나는 애국심이 그렇다. 미국 엘리트 계층은 자신이 '부족적'인 것과는 정반대라고 믿는다. 그들은 자신이 보편 인류를 찬양하고 전 지구적, 코즈모폴리턴적 가치를 받아들인 '세계 시민'이라고 생각한다. 하지만 바로 그 코즈모폴리턴주의가 얼마나 부족적인 것인지를 그들은 깨닫지 못하고 있다. 고학력이고 세계 여러 나라를 다녀 볼 수 있었던 사람들의 코즈모폴리턴주의는 사실 매우 배타적인 부족적 표식이다. 이 표식은 부족의 외부인을 매우 분명하게 가려낼 수 있게 해 주는데, 여기에서 외부인은 성조기를 흔드는 촌뜨기들이다. 전 하원의장(공화당) 뉴트 깅그리치Newt Gingrich는 2009년에 '나는 세계의 시민이 아니다'라고 말해서 즉각 비난의 대상이 됐다. 《허핑턴포스트》에 올라온 어느 글은 그가 '우월주의자'이고 '퇴행적'이며 '엘리트주의자'에다 '인종주의자'라고 비난하면서 이렇게 글을 맺었다. '깅그리치 씨, 당신이 이 세계의 시민이 아니라면, 젠장, 여기서 꺼져 버려요.' 결코 포용적인 태도라고는 보기 어려운 말이다.[25]

엘리트 계층이 촌스럽고 평범하고 '애국적'인 사람들에게 보이는 경멸보다 더 부족적인 것은 없을 것이다. 미국 엘리트 계층은 종종 미국의 빈민보다 세계의 빈민에 더 공감하는 것처럼 보인다. (자신들이 세계의 빈곤에 막대하게 일조한 부분들은 어느 것도 없애려 하지 않으면서 말이다.) 아마도 세계의 빈민이 더 낭만화하기 쉽기 때문일 것이다. 한편 평범한 미국인들은 또 그들대로, 엘리트 계층을 '진짜 미국인'에 대해서는 아는 것도 없고 관심도 없는 채로 저 멀리서 권력의 지렛대를 통제하는 소수 집단이라고 생각해서 몹시 혐오한다. 어느 면에서 미국의 엘리트 계층은 대다수의 미국인에게 정말로 중요한 것이 무엇인지를 알지 못했고 심지어는 그것을 멸시했기 때문에 2016년 대선에서 판도를 완전히 잘못 파악했다.

미국인은 민주주의를 '통합을 불러오는 요인'으로 보는 경향이 있다. 하지만 어떤 상황에서는, 가령 인종, 민족, 분파 간 분열을 따라 불평등이 존재하는 상황에서는 민주주의가 집단 간 분쟁과 갈등을 일으킬 수 있다. 2009년에 카이로대학교 대강당에서 한 연설에서 버락 오바마 대통령은 이렇게 말했다. "나는 모든 사람이 다음과 같은 것들을 열망한다고 굳게 믿습니다. 자신의 생각을 말할 수 있고 자신이 어떻게 통치될 것인지에 대해 의견을 낼 수 있는 것, 사법 정의의 평등한 적용과 법치에 대한 신뢰, 투명하고 사람들을 탈취하지 않는 정부, 자신이 뜻하는 바대로 살 수 있는 자유 … 이런 것은 미국만의 개념이 아니라 인간 보편의 권리입니다. 바로 이것이 우리가 모든 곳에서 그런 권리들을 지지하고 지원하는 이유입니다."[26] 가슴 벅차게 하는 이 말은(오바마 이전에 조지 W. 부시도, 빌 클린턴도, 또 미국 외교정책의 수많은 핵심 인사도 이런 말을 했다) '자유'가 사람들의 가장 깊은 열망에 호소력이 있을 것이라는 근본적인 희망을 드러낸다. 하지만 안타깝게도 사람들이 가진 열망은 그것 말고도 많다.

근현대의 위대한 계몽주의적 원칙들(자유주의, 세속주의, 합리성, 평등, 자유 시장 등)은 인간이 열망하는, 그리고 늘 열망해 온 종류의 집단 정체성, 즉 부족적 정체성을 제공하지 않는다. 계몽주의적 원칙들은 개인의 권리와 개인의 자유를 강화했고, 전례 없는 기회와 번영을 창출했으며, 인간의 의식과 인식을 크게 변화시켰지만, 이 원칙들은 개인이자 보편 인류의 일원인 사람들에게 호소하는 것인 반면 부족 본능은 개인과 보편 인류 사이의 중간 영역을 차지한다. (할리우드 영화에서 지구가 하나로 통합되는 유일한 경우는 외계 행성의 공격을 받을 때뿐이다.) 특히 사람들이 자신의 안전을 걱정해야 하는 사회, 그저 생존만을 위해서도 고투해야 하는 사람들이 존재하는 사회에서는 이상주의적인 원칙들이 반향을 일으키지 못하기 일쑤다. 그리고 어느 경우든 그런 원칙들은 더 원초적인 집단적 열정과 경쟁하기에는 호소력이 크게 떨어진다. 막대한 불평등이 존재하는 상황은 보편적 형제애라는 개념과 부합하기 어렵다.

현재 미국은 역사상 전례가 없는 순간에 직면해 있다. 최초로 백인이 '자신의 나라'에서 소수자가 될 전망에 처한 것이다.[27] 다문화, 다인종적인 도시의 사람들은 '미국이 갈색이 되어가는 것browning of America'이 백인 우월주의에서 멀어지는 단계라고 생각해 환영할지 모르지만, 많은 백인이 (인정하든 아니든 간에) 이 현상을 환영하기보다 걱정하고 불안해하고 있다는 것은 틀린 말이 아닐 것이다. 의미심장한 한 가지 사례를 들자면, 2011년의 한 연구 결과에서 미국 백인의 절반 이상이 '이제 흑인 대신 백인이 차별의 주된 피해자가 됐다'고 믿는 것으로 나타났다.[28] 그렇다고 인구 구성이 달라진 덕분에 기존의 소수자가 느끼는 차별이 완화된 것도 아니다. 최근의 한 연구를 보면, 미국 흑인의 43%가 앞으로도 미국에서 흑인이 동등한 권리를 갖는 데 필요한 변화들이 결코 만들어지지 않을 것이라 생각하는 것으로 나타났다.[29] 가장

우려스럽게도, 2016년 선거 이후 증오 범죄가 20%나 증가했다.[30]

위기감을 느끼는 집단은 부족주의로 후퇴하기 마련이다.[31] 자기들끼리 똘똘 뭉치고, 더 폐쇄적, 방어적, 징벌적이 되며, 더욱더 '우리 대지들'의 관점으로 생각하게 된다. 오늘날 미국의 모든 집단이 적어도 어느 정도는 이런 느낌을 갖고 있다. 백인도 흑인도, 라틴계도 아시아계도, 남성도 여성도, 기독교도도 유대교도도 무슬림도, 이성애자도 동성애자도, 진보도 보수도, 다들 자기 집단이 공격받고 괴롭힘을 당하고 학대받고 차별받고 있다고 느낀다. 물론 어느 집단이 자기가 위협에 처해 있고 억압 때문에 제대로 목소리를 내지 못한다고 느끼는 것은 종종 다른 집단의 비웃음을 산다. 너희보다 우리가 받는 박해와 차별과 억울함이 훨씬 큰데 무슨 소리냐고 생각하는 것이다. 그런데, 바로 이게 정치적 부족주의다.

이런 정치적 부족주의가 기록적인 수준의 불평등과 결합하면서, 오늘날 우리는 양 정치 진영 모두에서 맹렬한 정체성 정치를 목격하게 됐다. 좌파를 보면, 오랫동안 진보의 핵심 단어가 '포용'이었던 것이 무색하게 오늘날의 억압 철폐 운동은 종종 매우 자부심을 보이면서 배타적이다. '탈인종주의적'이던 (혹은 그럴 것으로 기대됐던) 오바마 대통령 집권기를 거치고서도 끈질기게 줄어들지 않는 인종적 불평등은 몇 년 전만 해도 진보 진영에서 널리 받아들여졌던 '인종적 진보'의 내러티브에 많은 젊은 진보주의자를 실망하게 만들었다. 백인 경찰이 흑인 남성의 목을 졸라 숨지게 한 것이 카메라에 잡혔는데도 대배심이 경찰을 기소하지 않자 흑인 작가 브릿 베넷Brit Bennett은 '나는 착한 백인들하고 무엇을 해야 할지 모르겠다I Don't Know What to Do with Good White People'라는 제목의 글에서 '인종적 진보'에 대한 회의와 불신이 커지고 있는 것을 다음과 같이 표현했다.

> 우리 모두 진보를 믿고 싶어 한다. 역사가 깔끔하게 직선적으로 진보한다고 믿고 싶어 한다. 차이를 초월하고 점점 더 높은 수준의 포용을 달성해 왔다고 믿고 싶어 한다. 착한 백인들이 얼마나 착해졌는지 믿고 싶어 한다. … 나는 대런 윌슨이나 대니얼 팬털레오가 처음부터 흑인을 죽일 목적이었다고는 생각하지 않는다. 나는 내 아버지를 체포한 경찰이 좋은 의도에서 그랬을 것이라고 생각한다. 하지만 당신들의 좋은 의도가 우리를 죽게 한다면, 좋은 게 다 무슨 의미인가?[32]

그래서 좌파의 많은 사람이 '포용적인' 보편주의적 화법(가령 '모든 생명은 소중하다'의 화법)에 등을 돌리게 됐다. 그런 보편주의적 화법이 실제 역사에서 주변화되어 온 소수자들의 억압과 그들의 경험이 가진 특수성을 지워 버리려는 시도와 다르지 않다고 생각하게 된 것이다.

어느 면에서 이 새로운 배타주의는 인식론적인 주장이기도 하다. 외집단 사람은 내집단 사람이 가지고 있는 지식을 알기 어렵다는 것이다. ('당신은 백인이니까 X를 이해할 수 없다.' '당신은 여성이 아니니까 Y를 이해할 수 없다.' '당신은 퀴어가 아니니까 Z를 이해할 수 없다.') 이런 '문화적 적절성' 개념은 '이것들은 우리 집단의 상징, 전통, 유산이니 외집단 사람은 여기에 대해 아무런 권리가 없다'는 주장으로 이어진다. 얼마 전까지만 해도 유럽의 백인이 사리Sari나 기모노를 입는 것, 또는 흑인처럼 단단하게 땋은 머리나 레게 머리를 하는 것은 자민족 중심주의를 배격하는 다문화적인 개방성과 좌파적 사고의 표명이라고 여겨졌다. 하지만 오늘날 이런 행동은 (이와 비슷한 어떤 행동도) 지배적인 집단의 일원이 타집단의 경계를 침범하는 '미세 공격'(microaggression, 크게 의도한 것이 아님에도 발생하는 미묘한 차별−옮긴이)으로 여겨질 수 있다.[33]

좌파에서 이런 경향이 나타나는 한편으로, 백인 민족주의, 반무슬림, 반멕시코, 반이민자 화법이 우려스러운 수준으로 증가하면서 우파 또한 정체성 정치에 포획됐다. 주류 정치인들은 미국을 '탈환하자'[34]고 목소리를 높이고 '백인에 대한 공격'이 가해지고 있다며 경각심을 촉구한다.[35] 그런데 이는 정작 보수주의의 핵심 가치를 망가뜨리는 것이다. 수십 년 동안 우파는 개인주의와 인종 불문주의를 지키는 성채를 자처해 왔다. 그래서 우파는 지금 부상하고 있는 백인 정체성 정치가 좌파의 전략 때문에 코너로 몰려서 어쩔 수 없이 나타나게 된 현상이라고 말한다. 2016년 선거 직후, 전에는 '네버 트럼퍼'('트럼프만은 절대 안 된다'고 주장하는 사람−옮긴이)였다는 한 사람은 《애틀랜틱》과의 인터뷰에서 자신의 생각이 바뀌게 된 계기를 다음과 같이 설명했다. "대학생인 딸이 계속해서 백인 특권이라느니 인종적 정체성이라느니 인종별로 기숙사를 다르게 해야 한다느니 하는 이야기를 주워듣고 오는 거예요. (천국 어딘가에서 마틴 루서 킹 주니어가 목을 매달고 울고 있을 겁니다.) 나는 정체성 정치가 싫어요. 하지만 모든 게 정체성 정치가 되어 버린 마당이라면, 화요일에 수백만 명의 백인이 '백인으로서' 투표했다고 해서 좌파가 그리 놀랄 일이었을까요? 당신이 정체성 정치를 원한다면 당신도 결국 정체성 정치에 맞닥뜨리게 될 겁니다."[36]

이 모든 것이 미국을 전에 없이 위태로운 상황에 처하도록 만들었다. 정체성 정치에 의존하지 않는 미국을 위해서, 또 수많은 하위 집단의 정체성을 포괄하는 '미국 정체성'을 위해서는 아무도 일어서지 않는 상황이 된 것이다.

유럽과 동아시아 국가들은 대부분 '민족국가'로 생겨났고 지금도 그렇다.[37] 이런 나라에서는 인구의 압도적 다수가 하나의 민족에 속하며, 대개 그 민족의 이름이 국가명이 되고 그 민족의 언어와 문화가 국가의 공용어와 지배적인 문화가 된다. 중국은 정치적, 문화적으로 중국 민족(한족)이 지배적이었고 중국어를 쓴다. 독일은 독일 민족(게르만)이 지배적이었고 독일어를 쓴다. 헝가리는 헝가리 민족이 지배적이었고 헝가리어를 쓴다.

대조적으로, 미국의 국가 정체성은 미국 인구를 구성하는 수많은 인종, 민족 중 어느 하나의 정체성으로 규정될 수 없다. 그보다 미국은 '부족들의 부족'이다. 부모와 조상의 핏줄에 상관없이 미국 땅에서 태어난 사람이면 누구에게나 동등하게 시민권 자격을 열어 준다. '아일랜드계 프랑스인'이나 '일본계 한국인'은 어딘지 어색하게 들리지만, 미국에는 아일랜드계 미국인, 일본계 미국인, 이집트계 미국인 등의 미국인이 수없이 존재하며, 그와 동시에 이들은 '미국'에 대해 매우 애국적이다.

미국은 세계의 주요 강대국 중 유일하게 '슈퍼 집단super-group'이다. 슈퍼 집단은 내가 만든 용어인데, 우선 슈퍼 집단도 하나의 집단이므로 모든 인류를 포괄하지는 않으며 '우리'와 '저들'의 개념이 존재한다. 하지만 슈퍼 집단은 독특한 종류의 집단이다. 구성원의 자격이 다양한 인종적, 종교적, 민족적, 문화적 배경에 모두 열려 있다. 더 근본적으로, 슈퍼 집단은 하위 집단의 정체성을 버리거나 억압하라고 구성원에게 요구하지 않는다. 오히려 포괄적인 상위의 집단 정체성에 강하게 통합되는 동시에 하위 집단의 정체성 또한 활발히 이어지도록 허용한다.

역사 대부분의 시기 동안 미국도 슈퍼 집단이 아니었다. 미국이 슈퍼 집단이 된 것은 남북전쟁, 민권운동 등 고통스럽고 오랜 투쟁을 통해서야 달성될 수 있었다. 그런데 앞으로도 미국이 계속 슈퍼 집단으로 존재할 수 있을 것인가는 매우 불투명한 상태다. 통상적으로는 비서구 국가나 개발도상국에서 훨씬 더 전형적으로 드러났던 부족 정치의 파괴적인 동학이 미국에서도 나타나기 시작한 것이다. 배타적인 인종국가주의 운동, 대중에 대한 엘리트 계층의 반발, '기득권'에 대한 대중의 반발, 과도한 특권을 가지고 있다고 여겨지는 소수 집단에 대한 대중의 반발, 그리고 (무엇보다 심각한 것으로) 민주주의가 본질적으로 제로섬 게임인 정치적 부족주의의 엔진 역할을 하는 상황….

미국에서는 도널드 트럼프가 유례없는 일로 보일지 모르지만, 놀랍도록 유사한 사례가 개발도상국에 이미 존재한 바 있다. 트럼프는 세계 최초의 '트위통령tweeter-in-chief'도 아니고 리얼리티 TV쇼를 해 본 세계 최초의 국가수반도 아니다.[38] 따지자면 베네수엘라의 우고 차베스Hugo Chavez가 원조다. 1998년 선거에서 차베스도 트럼프처럼 반기득권 성향의 지지층을 바탕으로 엘리트 계층을 충격과 경악에 빠뜨리며 당선됐다. 차베스도 선거 과정에서 주류 언론과 이런저런 '민중의 적들'을 공격했다. 백악관발 140글자에 자신을 열심히 쏟아 놓는 트럼프처럼, 차베스도 대중과 직접 소통하는 데 달인이었다. 엘리트 계층이 보기에는 경악스러울 정도로 저속하고 분노를 돋우며 어처구니없고 때로는 완전히 틀리기까지 한 말들을 각본 없이 구사하면서, 차베스는 수백만 빈민의 마음을 얻었다. 마지막으로 트럼프처럼 차베스의 호소력도 인종적 측면을 가지고 있었다. (차베스의 인종 기반이 인구 다수를 차지하면서도 오래도록 배제를 겪어 온 유색인종이었다면 트럼프의 인종 기반은 백인이었다는 데서 차이는 있다.)

흥미롭게도, 워싱턴은 베네수엘라의 상황도 완전히 잘못 파악했다. 1998년 당시 미국의 외교정책 결정자들은 예의 반공주의 구도로 차베스를 본 나머지 베네수엘라 사회의 깊은 인종 갈등을 보지 못했고 표면 바로 아래서 맹렬히 끓고 있던 엘리트 계층에 대한 부족적 분노를 보지 못했다. 그래서 미국은 엉뚱한 외교정책을 반복했고(가령 2002년에 차베스에 저항하는 쿠데타가 일어나자 '민주주의의 승리'라고 찬양한 것[39]), 그 바람에 베네수엘라에서 미국의 정당성이 훼손됐으며, 베네수엘라의 민주주의를 정말로 공격하는 것들에 맞서 싸울 수 있는 미국의 역량도 약화됐다.

미국의 외교정책이 제대로 작동하게 하려면, 즉 미국이 영속적으로 속수무책이 되어 이길 수 없는 싸움을 계속하면서 최선이나 차선이 아니라 차악과 차차악 정도의 선택지만 갖게 되는 상황을 막으려면, 해외의 정치적 부족주의를 더 잘 파악해야 한다. 국내에서도 마찬가지다. 미국이 스스로를 구하고자 한다면 현재 미국에서 세를 높여 가고 있는 부족주의의 위력을 정확히 이해해야 한다.

미국이라는
'슈퍼 집단'의 기원

POLITICAL
TRIBES

1장

미국은 신이 주신 도가니다. 위대한 용광로다. 유럽의 모든 인종이 그 안에서 한데 녹아 새로이 형성된다!

– 이스라엘 쟁윌Israel Zangwill, 《용광로The Melting Pot》[1]

한번은 아버지가 말씀하시기를, 모든 흑인에게는 조상들로부터 세대를 이어 전해 내려오는 분노가 있다고 하셨다. 태어나는 순간부터 노예주가 나의 가족에게 해를 끼치는 것을 전혀 막을 수 없었던 데서 오는 분노 말이다.

– 앤지 토머스Angie Thomas, 《당신이 남긴 증오The Hate U Give》[2]

대영제국이 전성기였을 때 영국이 집단의식에 매우 민감하게 관심을 기울였던 것은 오늘날 미국이 집단의식을 완전히 간과하는 것과 크게 대조적이다. 대영제국 시절 영국인은 식민지 신민들 사이의 인종, 종교, 부족, 신분적 차이를 (때로는 집착적이다 싶을 만큼) 매우 상세하게 알고 있었다.[3] 그들은 조사하고, 목록을 만들고, 활용하고, 조작하고, (종종 의도적으로) 집단 간 싸움을 조장했다.[4] 그러면서 지금도 계속해서 터지고 있는 시한폭탄을 남겨 놓기도 했다.

하지만 냉철하게 전략적인 관점에서 보면, 영국의 '분열시켜 정복하라' 정책은 매우 성공적이었다. 4만 명가량의 영국 관료와 군인이 2억 명의 인도인을 200년 동안이나 통치했다.[5] 대조적으로 미국은 베트남에서 10년도 버티지 못했고, 아프가니스탄을 안정시키는 것은 5년이 못 되어 포기했으며, 이라크의 통합은 1년도 유지하지 못했다. 미국은 왜 영국 모델을 따르지 않았을까? 한 가지 이유는 단순히 시기상의 요인이었을 것이다. 제국주의 시대에 대영제국이 실시한 '분열시켜 정복하라' 전략은 식민지 지배를 위한 실질적인 필요성에서 나온 것이었다.[6] 다수의 식민지 인구를 상대적으로 소수인 점령군이 통치해야 했던 것이다. 그런데 미국이 영국을 밀어내고 세계 초강대국이 된 냉전 시기에는 제국주의적 게임의 규칙이 달라져 있었다. 식민주의 시기와 달리 해외의 영토를 정복해 식민지로 복속하는 것은 선호되는 정책이 아니었다. 따라서 전후의 미국은 해외에서 수천만 명의 신민을 통치해야 하는 문제에 식민하시 않았다. 그보다 미국은 자신의 '제국'을 매우 다른 방식으로 구성했다.[7] 해외의 땅을 직접적으로 점령해 통치하는 게 아니라 쿠데타를 조장하고, 친미 정권을 세우고, 군사기지를 건설하고, 시장 개방을 강요하고, 미국의 영향력 아래에 있는 곳들을 요소요소에 두는 것이 미국의 방식이었다.

하지만 시기의 차이만으로는 설명이 다 되지 않는다. 미국의 외교정책이 현지에 존재하는 다양한 집단 간 차이를 심각하게 간과한 데는 더 깊은 원인이 있었다. 이 원인은 좋은 쪽으로도 나쁜 쪽으로도 미국의 독특한 역사와 깊은 관련이 있다.

1915년에, 우드로 윌슨 대통령은 갓 미국 시민권을 딴 수천 명의 귀화민을 대상으로 한 연설에서 이렇게 말했다.

당신의 모든 면과 모든 목적에서 완전하게 미국인이 되지 않으면 당신은 미국에 헌신할 수 없습니다. 스스로를 특정한 집단의 일원으로 생각하는 한, 당신은 완전한 미국인이 될 수 없습니다. 미국은 집단들로 구성되어 있지 않습니다. 자신을 미국 내에 있는 특정한 민족 집단에 속한 것으로 생각하는 사람은 아직 미국인이 되지 않은 것입니다.[8]

이것은 미국의 '민족 불문주의'를 대표적으로 보여 준다. 여전히 미국 원주민 대다수가 시민권을 거부당하던 시절, 유대인은 할당제의 적용을 받고 있던 시절, 캘리포니아주에서 아시아 이민자들의 토지 소유가 금지되어 있던 시절, 멕시코계 미국인들이 남서부 지역에서 예사로 린치를 당하던 시절, 미국 전역에서 흑인들이 일상의 모든 영역에서 폭력, 테러, 멸시를 당하고 있던 시절에 이렇게 말했다니 놀랍다.[9] 윌슨은 '미국은 집단들로 구성되어 있지 않다'고 말했지만, 그 자신이 부족 정치의 수혜자였고 부족 정치를 행하고 있었다. 그 이전의 모든 미국 대통령이 그랬듯이, 또 중요한 공직자 거의 모두가 그랬듯이, 윌슨도 백인 개신교 남성이었다. 게다가 공무원들 사이에 인종 분리의 재도입을 승인한 사람도 윌슨이었다.[10]

인종주의는 가장 혐오스러운 형태의 집단의식이다. 이것은 인간이 피부색에 따라 내재적으로 우월한 집단과 열등한 집단으로 나뉜다는 가정에 기반한다. 하지만 역설적이게도 인종주의는 집단 간 차이를 뭉뚱그리는 방식의 집단 불문주의를 불러오기도 한다. '흑인' '백인' '아시아인'과 같은 인종 범주가 수많은 민족적 차이와 정체성을 가리는 것이다. 미국으로 끌려온 흑인 노예는 자신이 만딩카족이라든지, 아샨

티족이라든지, 요루바 왕가의 먼 후손이라든지 하는 것을 알고 있었을 것이고 아이들에게도 알려 주려 했을 것이다.[11] 하지만 미국 노예들은 생명권, 자유권, 행복추구권 같은 보편 권리를 박탈당한 것에 더해 민족 정체성도 박탈당했다. 노예 소유주는 노예 가족들을 의도적으로 뿔뿔이 흩어지게 했다. 흑인 노예들이 가지고 있었던 민족적 유산은 사라졌고 권력자들은 흑인을 모두 피부색으로 환원했다. 오늘날에도 가나, 자메이카, 나이지리아 등에서 온 이민자들은 미국에서 자신이 그저 '흑인'으로 뭉뚱그려진다는 사실에 매우 놀란다.[12]

미국 원주민과 아시아계 미국인에 대해서도 비슷한 이야기를 할 수 있다. 모든 미국 원주민을 '전쟁을 즐기고 살인을 자랑스러워하는 야만인'(벤저민 프랭클린이 한 말이다[13])으로 보는 것은 체로키, 라코타, 오지브와, 촉타우, 나바호 원주민들 사이의 차이를 보려 하지 않거나 신경 쓰지 않는 것이다. (오늘날 미국에는 연방정부가 인정한 부족이 566개 있다.[14]) 또한 아시아계 미국인들이 '본보기 소수 인종'이라는 스테레오타입에 반대하는 큰 이유 중 하나는 이런 통념이 아시아계 미국인 전체를 '시달리면서도 순응하는 로봇 같은 존재'라는 하나의 동질적인 집단으로 뭉뚱그린다는 데 있다.[15] 가령 타이완계, 몽족계(중국 남부, 라오스, 베트남 등 동남아시아 일부 지역에 사는 소수 민족-옮긴이), 캄보디아계 미국인들 사이의 막대한 인종적, 사회경제적 차이를 막무가내로 무시하는 것이다. 이것은 미국이 베트남에서 가졌던 문제이기도 했다. 미국은 중국인(화교)과 베트남인의 차이를 구분하지 못했는데, 미국인의 눈에는 둘 다 '국'(Gooks, 아시아인을 일컫는 멸칭-옮긴이)이었기 때문

이다.[16]

하지만 '미국은 집단들로 구성되어 있지 않다'는 윌슨의 주장의 경우 그 말이 틀려서 놀랍기도 하지만 (적어도 인구 중 상당수에게는) 매우 맞는 말이어서 놀랍기도 하다. 세계 어떤 나라도, 다양한 배경의 이민자들을 새로운 국가 정체성('미국인'이라는 정체성)으로 묶어 내는 데 이렇게 성공하지 못했다.

건국 초기부터도 그랬다. 1782년에 프랑스의 자크 부셰 드 크레브쾨르Jacques Boucher de Crèvecoeur는 이런 질문을 던졌다. "그렇다면, '미국인'이라는 이 새로운 인간은 누구인가?" 이에 대해 크레브쾨르 자신이 내린 답은 "다른 어느 나라에서도 볼 수 없는, 다양한 혈통들의 희한한 혼합"이라는 것이었다. "나는, 할아버지는 영국인이고 아내는 네덜란드인이고 며느리는 프랑스인이고 손자 넷이 각각 다른 나라 출신 여성과 결혼한 사람을 알고 있다. 바로 그가 미국인이다. … 옛 편견과 삶의 양식을 모두 뒤에 남겨 놓고 온 사람이 미국인이다."[17]

이것은 미국 특유의, 매우 독특한 현상이다. 미국은 예외적으로 인종주의적이면서도 예외적으로 포용적이다.

현대 서구 민주주의 국가 중에서 미국은 유독 오랫동안 강도 높은 인종적 노예제를 가지고 있었던 나라다. 미국은 1865년에야 노예제를 철폐했는데,[18] 영국 법원이 영국 내에서 노예제가 불법이라고 판결한 지[19] 거의 한 세기가 지나서였고 대영제국이 영국의 모든 식민지에서 노예제를 폐지한 지 30년이 지나서였다.[20] 게다가 미국은 인종적 예속을 (진정으로 철폐한 것이 아니라) '분리됐지만 평등하다' 원칙에 기초한 합법적인 체제로 대체했다.[21] 물론 이것은 '평등'과는 거리가 멀었고 미국의 많은 지역에 사실상 아파르트헤이트를 도입했다. 노예제의 영향은 오늘날까지도 체계적인 불의와 불평등의 형태로 미국에 계속 남아 있다.

하지만 미국은, 얼핏 위의 측면과는 모순적으로 보이는 또 다른 측면에서도 예외적이다. 수 세기 동안 미국은 시장경제, 민주주의, 집단 간 결혼, 개인주의 등의 연금술로 다양한 인구 집단을 끌어들이고 동화시키는 데 독특하게도 성공을 거뒤 왔다. '이민자들의 나라' 미국은 인종적으로나 종교적으로 늘 세계에서 가장 열린 국가였다. 오늘날 미국 인구 중 해외 출생인 사람은 4700만 명에 달하며[22] 이들의 출신국은 140개 나라를 포괄한다.[23] 전 세계 이민자의 19%가 미국에 사는데, 이는 압도적인 세계 1위다. 그다음인 독일은 이민자 수가 1200만 명이다.[24] (국내 인구 대비 이민자 비중으로는 미국이 1위가 아니다. 2014년에 호주와 캐나다는 각각 전체 인구 중 1.0%와 0.7%를 이민자로 받아들였는데 미국은 0.3%였다.[25] 또 2015년 기준 호주 인구의 28%와 캐나다 인구의 22%가 해외에서 태어난 사람들인데 미국은 14%다.[26])

민족을 초월하는 국가 정체성을 형성하고 다양한 배경의 사람들을 동화시키는 데 이례적으로 성공한 미국의 독특한 역사는 미국이 그 외의 세계를 보는 방식에 틀을 제공했고 미국의 외교정책에도 근본적인 영향을 미쳤다. 미국이 군사적, 외교적으로 개입하는 대상 국가들의 인종, 민족, 분파, 부족적 분열을 간과하는 것은 단순히 무지, 인종주의, 혹은 자만심의 문제가 아니다. 미국에서는 온갖 다양한 배경을 가진 이민자들이 '미국인'이 될 수 있었는데, 수니파와 시아파, 아랍인과 쿠르드인은 왜 그런 식으로 '이라크인'이 될 수 없단 말인가?

미국이 해외에서 정치적 부족주의를 보지 못하는 것이 미국 역사의 좋은 면과 나쁜 면을 모두 반영한다는 것은 이런 의미에서다. 베트남에서와 같은 몇몇 경우에는 그 안의 민족적 차이를 간과하고 다 뭉뚱그려 버리는 종류의 인종주의가 미국의 눈을 가렸다. 하지만 미국이 해외에서 집단 간 차이를 간과하는 이유가 미국이 가진 더 고귀한 이상들에서 비롯되는 경우도 있다. 관용, 평등, 개인주의, 불합리한 증오를 누르는 이성의 힘, 그리고 모든 인간의 자유에 대한 사랑과 공통의 인간 본성이라는 측면에서 하나로 통합될 수 있다는 믿음 같은 것들 말이다.

강력한 집단 정체성으로 묶인 나라
—

미국은 또 다른 측면에서도 매우 예외적인데, 이것 역시 미국의 외교 정책에 강하게 영향을 미쳤다. 이를 살펴보려면 2016년 대선보다 그 이전에 있었던 두 차례의 대선을 보는 게 더 적절할 것이다.

버락 오바마는 2008년에 미국 대통령에 당선됐고, 2012년에 재선에도 성공했다. 우리는 이것이 얼마나 예외적인 일인지를 잊지 말아야 한다. 오바마의 당선은 미국 인종주의의 역사에 비춰 볼 때 분명히 놀라운 진전이었다. 인종주의적인 블록 투표, 흑인에 대한 체계적인 경멸, 부와 권력이 있는 지위에 흑인의 진입 배제 등이 너무 깊이 뿌리

박혀 있어서, 오바마가 유력하게 부상하기 한두 해 전만 해도 흑인이 미국 대통령이 된다는 것은, 2008년 《뉴욕타임스》 기사에 따르면, 많은 미국인에게 '상상할 수 없는 일'로 여겨지고 있었다.[27]

그런데 2016년 대선에 비춰 보면, 2008년과 2012년 대선은 (미국 내에서도 놀라운 일이었지만) 세계적으로 미국의 특수성을 보여 준 사건이기도 했다. 주요 강대국 중 어느 나라에서도 인종적 소수자가 대통령이나 총리에 투표로 당선된 적이 없다. 영국인이 흑인 총리를, 독일인이 터키계 총리를, 러시아인이 (선거기 제대로 치러진다는 전제에서 말이지만) 고려인 대통령을 당선시켰다고 생각해 보라.

미국에서 버락 오바마가 대통령에 당선될 수 있었던 것은 미국이 '슈퍼 집단'이기 때문이었다. 미국은 어느 배경을 가진 사람에게도 구성원이 될 자격을 허용하지만 그와 동시에 하위 집단들을 초월하는 더 강하고 포괄적인 집단 정체성으로 그들 모두를 한데 묶는 집단이다. 역사를 보면 슈퍼 집단이었던 몇몇 제국의 사례가 존재한다.[28] 가령 로마제국이 그랬고, 논란의 여지는 있지만 대영제국도 그랬다고 볼 수 있다. 또 이론 면에서 슈퍼 집단을 추구하는 이데올로기 운동도 있었고(가령 공산주의), 슈퍼 집단 지향적인 종교도 있었다(예컨대 기독교). (물론 이데올로기 운동과 종교는 해당 신념을 공유하지 않는 사람에게까지 개방적이지는 않다.) 하지만 '국가'가 슈퍼 집단이 되는 것은 극히 드문일이다. 예를 들어 중국은 슈퍼 집단이 아니다. 하나의 민족(한족)이 인구의 92%를 차지하고 있고 이들이 사실상 '국가' 정체성을 구성하고 있다.[29] 중국에서 소수 집단의 문화는 일상적으로 억압된다. 이를테면,

무슬림인 위구르족은 베일을 쓰거나 수염을 길게 기르는 것이 금지된다.[30] 또 18세 미만 아이들은 모스크에 갈 수 없고 학교에 다니려면 때로는 이름도 바꿔야 한다.

동아시아 국가 중에는 슈퍼 집단이 하나도 없다. 일본과 한국은 세계에서 민족적 동질성이 가장 큰 나라로 꼽히며[31] 민족 정체성이 국가 정체성의 강한 기반을 이루고 있다. 같은 이유에서 대부분의 유럽 국가도 슈퍼 집단이 아니다.[32] 폴란드나 헝가리처럼 민족 정체성이 강한 민족국가는 물론이고 흥미롭게도, 프랑스나 영국도 그렇다. 프랑스와 영국 모두 인구 구성이 다양하고 다문화적이며(적어도 명목상으로라도) 소수자의 권리와 차별 없는 자유를 지향하지만, 슈퍼 집단은 아니다. 그런데 슈퍼 집단이 아닌 이유가 서로 다르다.

프랑스는 강한 국가 정체성을 가지고 있지만 민족적, 종교적 소수자들이 (적어도 공개적인 자리에서는) 프랑스에 완전하게 동화될 것을 요구한다.[33] '순수한 프랑스' 정체성으로 돌아가자는 프랑스 민족전선의 공공연한 반이민자 노선은 차치하더라도,[34] 프랑스는 하위 집단 정체성, 혹은 부족적 정체성을 드러내는 것을 매우 독려하지 않는다. 현행법은 종교를 '명시적으로' 표현하는 것은 어떤 것도 허용하지 않는다.[35] 학교나 관공서 같은 공공장소에서 종교를 상징하는 복식을 입거나 종교 집회를 열 수 없다. 기독교인은 십자가를 걸치는 것이 허용되지만('명시적으로' 걸치지는 말아야 한다), 유대인은 키파(Kippah, 유대인 남성이 쓰는 동글납작한 모자-옮긴이)를 쓰면 안 되고(이 법이 실제로 집행되는 일은 매우 드물긴 하다) 무슬림도 머리나 얼굴을 가리는 베일을 쓰는 것이 허용되지 않는다. 심지어 사회주의자인 마뉘엘 발스Manuel Valls 총리도 무슬림 대학생이 자신의 종교가 '프랑스 공화국과 근본적으로 부합한다는 것'을 보여 주기 위해 학교에서 히잡을 쓰지 말아야 한다고 말했다.[36]

다른 말로, 프랑스의 소수 집단은 '라이시테'(laicite, 정치적 세속주의)를 따를 것이냐 아니면 아무것도 얻지 못할 것이냐 선택을 해야 한다. 2016년에 프랑스 전 대통령 니콜라스 사르코지는 "프랑스인이 되고 싶으면 프랑스어를 해야 하고 프랑스인처럼 살아야 하며 아수 오랫동안 프랑스의 삶의 방식이었던 것을 바꾸려 하지 말아야 한다"라고 말했다.[37] 2016년 여름에는 '부르키니 금지' 논란이 신문 지상을 달궜고[38] 최근에는 상당수의 프랑스 도시와 마을에서 공립학교가 돼지고기를 넣지 않은 급식 제공을 중단해 논란이 됐다.[39] 유대인과 무슬림 학생들도 '프랑스인처럼' 식사를 해야 하고, 그렇지 않을 거라면 급식을 아예 먹을 수 없다는 것이었다. 이런 식으로 동화를 강요하는 것이 프랑스 내 무슬림들의 반발을 불러일으켰으며 가난한 무슬림 이민자들이 배제와 소외를 느끼고 자신이 살고 있는 나라에 대해 적대적이 되게 했다는 데 많은 이의 의견이 일치하고 있다.[40] 요컨대, 프랑스는 강한 국가 정체성을 가지고 있지만 민족적, 종교적 소수자들의 문화가 자유롭게 번성하도록 허용하지는 않는다.

한편 영국은 몇몇 '부족'들이 강력한 하위 집단 정체성을 갖는 것을 허용한다. 아일랜드, 스코틀랜드, 웨일스 등이 그렇다. 그리고 국가의 전체적인 정체성은 상당히 약하다.[41] 한 가지 이유는 '영국적'이라는 것의 의미가 대체로 '잉글랜드적'인 것과 동일시되기 때문이나.[42] (잉글랜드 인구는 전체 영국 인구 중 84%다.[43]) 그리고 몇 가지 명백한 이유로 잉글랜드적인 영국 정체성은 아일랜드, 스코틀랜드, 웨일스 사람들에게 호소력이 없다. 또한 '영국' 정체성을 불러일으키는 것은 브리타니아의 영광스러운 역사에 토대를 두고 있어서 필연적으로 제국을 예찬할 수밖에 없는데, 양식 있는 사람들 사이에서는 받아들이기 어려운 일이다.[44] 그 결과, 한편으로는 반복적으로 분리주의 운동이 벌어지고 (남아일랜드는 이미 독립했고, 스코틀랜드 독립은 2014년에 아슬아슬하게 부결됐다[45]), 다른 한편으로는 영국 독립당이 이끄는 잉글랜드 토박이 중심의 '작은 잉글랜드' 운동이 나타났다.[46] (영국 독립당은 브렉시트 찬성 진영을 진두지휘했다.)

이민자 집단에 대해 말하자면, 영국은 이민자들을 그들의 방식대로 내버려 두는 혹은 '다문화주의적'인 접근을 취하고 있다. 이것은 미국과 비슷하다. 하지만 전체를 아우르는 강한 국가 정체성이 없는 상태에서 그렇게 한다는 점이 미국과 다르다. 프랑스와 달리 영국은 종교적 복식이나 그 밖의 문화적 정체성을 공개적으로 표현하는 것을 제약하지 않는다.[47] 오히려 종교적 소수자들에 맞추기 위해 그 반대로 가는 경우가 많다. 가령 (몇몇 영국인들에게는 실망스럽게도) 영국의 전통적인 소시지, 햄, 베이컨도 포함해서 모든 돼지고기를 급식에서 없애는 학교가 많아지고 있다. 전체 학생 중 그들이 차지하는 비중이 크지 않은데도 무슬림과 유대인 학생들을 배려하기 위한 것이다.[48]

불행히도 이런 조치는 응집을 촉진하기는커녕 전 영국 총리 데이비드 캐머런이 '문화적 분리주의'라고 부른 현상을 초래했다.[49] 2007년 (총리가 되기 3년 전)에 캐머런은 무슬림이 국가 정체성에 얼마나 잘 동화되고 있는지와 관련해 영국과 미국을 비교하면서 다음과 같이 말했다

> (미국은) 미국인으로서 존재한다는 것의 의미와 관련해 실질적인 공동 정체성을 만드는 데 우리가 영국에서 달성해 온 것보다 훨씬 더 분명한 성공을 거두었습니다. … 그 강력한 포용적 정체성은 굉장히 많은 사람에게 자신이 미국 사회의 일부라는 소속감을 갖게 해줍니다. 우리는 솔직히 인정해야 합니다. 영국은 그렇게 하는 데 실패했습니다.[50]

영국의 무슬림들은 점점 더 무슬림 동네에 고립되어 살아간다. 클라이브 크룩Clive Crook은 이들이 '영국 사람들과의 공동체 의식이나 연대 의식은 거의 느끼지 못하며 영국인들도 그들에 대해 마찬가지'라고 언급했다.[51] 영국에서 이민 2세대, 3세대 무슬림은 1세대 무슬림보다 오히려 더 종교적이고 더 영국 사회에서 소외된 이방인으로 살아가는 것으로 보인다.[52] 많은 사람이 이런 상태가 자생적인 지하드 성원들을 육성하는 연료가 되고 있다고 우려한다.[53] 2017년에 맨체스터 자살 폭탄 테러를 일으킨 범인은 이 도시에서 나고 자란 사람이었다.[54] 마찬가지로 크룩은 "2005년 7월 런던 폭탄 테러를 저지른 사람들은 해외에서 숨어들어 온 외국인 테러리스트가 아니라 영국 내의 무슬림 동네에서 생겨난 테러리스트였다"고 설명했다.[55] 2015년 기준 영국에서 호전적

인 이슬람 집단에 속해 있는 무슬림의 수는 영국 군대에 복무하는 무슬림의 수보다 많다.[56]

비슷한 이유에서 EU도 슈퍼 집단이 아니다. 일부 유럽인(대체로 엘리트이고 교육 수준이 높은 사람들)은 집합적인 '유럽' 정체성을 강하게 가지고 있고 그에 대해 자부심을 갖는다. 하지만 브렉시트, 반EU 정서의 폭발적 증가, 유럽 전역에서 드러나는 극우 민족주의 운동의 부상 등을 보면 상당수의 유럽인, 특히 노동자 계급 유럽인은 브뤼셀 사람들(EU 관료들, 벨기에 브뤼셀에 EU 본부가 있다–옮긴이)에게 그리 유대감이나 충성심을 느끼지 않는 것으로 보인다.[57] 이탈리아의 극우 정당 연합을 이끄는 마테오 살비니Matteo Salvini가 선포한 것처럼, '우리의 미래와 우리 아이들의 미래를 유럽 관료들이 정하게 할 수는 없다'고 생각하는 것이다.[58]

심지어 미국도 역사의 상당 기간 슈퍼 집단이 아니었고 많은 사람을 인종, 민족, 성별에 따라 시민권(과 자유)에서 배제했다.

미국은 어떻게 슈퍼 집단이 됐나?

—

미국은 백인 앵글로색슨 개신교도가 주축이 되어 세운 나라다. 이들이 미국 역사 대부분의 시기 동안 정치적, 경제적, 문화적으로 미국을 지배했다. 19세기 말까지 미국으로 온 이민자는 압도적인 다수가 오늘날 우리가 '백인'이라고 부르는 사람들이었다. 하지만 '백인'의 의미가 고정된 것은 아니었다. 아일랜드, 이탈리아, 헝가리, 유대인, 그리스,

폴란드 출신 이민자들은 처음 미국에 도착했을 때 백인으로 여겨지지 않았다.[59]

미국 건국 때부터 1920년까지 유럽계 이민자는 줄곧 별다른 제한 없이 받아들여졌다.[60] 박해를 피해서 왔건, 미국의 제약 없는 자본주의에 매력을 느껴서 왔건 간에 점점 더 다양한 배경의 이민자들(덴마크, 스웨덴, 체코, 슬로바키아, 핀란드, 우크라이나, 세르비아, 시리아, 바스크, 러시아, 아르메니아, 리투아니아 등에서)이 계속 흘러들어 왔고 한두 세대 안에 종종 다른 민족 출신 사람과 결혼했다.[61]

이민자 숫자는 어마어마하다. 1820년에서 1914년 사이에 3000만 명이 넘는 이민자가 미국으로 왔다.[62] 전 세계 역사상 가장 큰 규모의 인간 이주였다. 1871년에서 1911년 사이에 미국에 온 이민자는 2000만명이었는데[63] 같은 기간 아르헨티나와 브라질로 간 이민자를 합하면 600만 명, 호주와 뉴질랜드로 간 이민자를 합하면 250만 명이었고, 캐나다로 간 이민자는 200만 명 미만이었다.

그런데 이민자를 이토록 개방적으로 받아들였던 기간에도 미국은 사회의 모든 면에서 인종적, 민족적 배제의 시스템을 계속해서 구축했다. 가령 교육기관에는 할당제가 널리 퍼져 있었고 이민 및 시민권 관련 법들은 백인이 아닌 사람을 명시적으로 차별했다. 하지만 20세기가 전개되면서, 특히 1964년 민권법 통과 이후 미국은 또 한 번의 근본적인 변화를 거치게 된다. '다민족 국가'가 된 것도 다른 나라에 비해 독특하게 압도적인 수준이었는데, 심지어 더 특이한 국가로, 즉 '슈퍼 집단' 국가로 변모한 것이다.

이 전환의 기원은 남북전쟁으로 거슬러 올라간다. 그때 미국은 노예제만 철폐한 것이 아니라 수정헌법 14조를 통과시켰다. 이로써 미국에서 태어난 사람은 누구라도 미국 시민이 될 수 있게 됐다. 미국에서 태어나면 자동적으로 시민권이 부여된다는 것에는 매우 중대한 의미가 있다. 속인주의를 따르는 대부분의 유럽 국가와 달리 시민권을 갖는 것, 미국인이 된다는 것이 '혈통'에 의해 계승되는 것이 아님을 헌법적 권리로서 선포한 것이다. (미국인 대부분이 모를 수도 있지만, 미국 시민의 자녀가 해외에서 태어났을 때 미국이 그 아이를 자국 시민으로 인정해야 한다는 것은 헌법상의 의무가 아니라 법률 조항에 의한 것이다.[64]) 미국 헌법이 규정한 바에 따르면, 부모가 태어난 곳이 멕시코든 리비아든 아이오와주든 간에 미국 땅에서 태어난 아이는 모두 동등하게 미국 시민이다. 다른 말로, 미국인이 된다는 것은 혈통이나 조상의 문제가 아니라 이 땅과 연결되어 있느냐의 문제이며 공동의 헌법으로 묶여 있느냐의 문제다.

수정헌법 14조는 그 당시에만 혁명적이었던 게 아니다. 시민권이 속지주의의 원칙에 따라 부여되는 출생시민권제도를 가진 나라는 오늘날에도 매우 드물다. 아시아 국가 중에도 유럽 국가 중에도 이런 나라가 없다. 미국은 선진국 중에 속지주의로 시민권을 주는 매우 소수의 나라 중 하나다.[65] (캐나다도 그렇다.) 오히려 이제까지 추세는 그 반대였다. 프랑스는 1993년에, 아일랜드는 2005년에, 뉴질랜드는 2006년에 출생시민권제도를 없앴다.[66]

하지만 남북전쟁 이후에도 (노예제는 폐지됐지만) 합법화된 형태의 인종주의는 전혀 누그러지지 않았고 미국이 이것을 없애기 시작한 것은 한 세기가 더 지나서였다. 1954년 '브라운 대 교육 위원회' 사건에 대한 연방 대법원의 기념비적인 판결로, '분리됐지만 평등하다'는 원칙이 철폐되어 공립학교의 인종 분리 정책이 폐지됐다. 10년 뒤인 1964년에 의회는 민권법을 통과시켜 대대적인 투표권 개혁을 했고 고용에서, 또 호텔, 식당, 극장과 같은 공공장소에서 차별을 금지했다.

비슷한 시기에 대대로 미국의 지도층을 배출해 온 아이비리그의 대학들도 학생 구성을 다양화한다는 목적을 명시적으로 내걸고 진배 없는 개혁을 진행했다.[67] 일례로 예일대학교는 입학 사정을 할 때 (유대인 학생 입학을 제한하기 위한 것이었던) 지리적 안배를 고려하지 않기로 했고 동문 자녀와 사립 고등학교 출신 학생에 대한 우대를 축소했다. 그 결과 유대인 학생 비중이 크게 늘었고(1965년 신입생 중에 유대인은 16%였는데 1966년에는 30%가 됐다) 공립학교 출신 학생도 크게 늘었다. 아이비리그 대학의 소수자 학생 수도 극적으로 증가했다. 1960년에는 '빅3' 대학(하버드, 예일, 프린스턴) 입학생을 다 합해서 신입생 중 흑인이 15명뿐이었는데, 1970년에는 284명(예일 83명, 하버드 98명, 프린스턴 103명)으로 늘었다. 또 1970년과 1980년 사이에 전체 흑인 대졸자 수는 91% 증가했다.

대학의 변화는 미국 사회에서 벌어지던 더욱 급진적인 전환의 일부였다. 1960년대의 문화적 저항과 그것이 남긴 여파가 기업계나 정계에서 백인 앵글로색슨 개신교 남성의 지배를 종식시키지는 않았지만, 그래도 여성, 흑인, 기타 소수자들이 미국의 기업, 정치, 문화 영역에

괄목할 만하게 진입했다. 그와 동시에 새로운 이민법은 미국의 인구 구성을 극적으로 변화시켰다.

1965년에 '이민 및 국적법Immigration and Nationality Act'은 인종적, 민족적으로 차별적이었던 출신 국가별 할당제(1920년대부터 있었던 제도다)를 폐지했다.[68] 이어서 이민이 폭발적으로 늘었다. 할당제가 있던 때에는 연간 7만 명이던 데서 1970년대 초에는 연간 40만 명, 1980년대 초에는 연간 60만 명이 이민을 왔으며 1989년에는 이민자가 100만 명이 넘게 들어왔다. 1990년에서 2000년 사이에 미국은 약 900만 명의 이민자를 받아들였다. 세계 어느 나라에서도 볼 수 없는 일이었다. 그리고 미국 역사에서도 19세기 말과 20세기 초 엘리스섬(허드슨강 입구, 1892년 1월 1일부터 1954년 11월 12일까지 미국으로 들어가려는 이민자들이 입국 심사를 받던 곳-옮긴이)의 전성기를 제외하면 유례가 없는 일이었다. 게다가 이때 새로 온 사람들 다수는 유럽 출신이 아니라 대개 남미나 아시아 출신이었다. 합법적인 이주의 증가에 더해 불법 입국도 증가했다.[69] 1960년에는 해외에서 태어난 미국 거주자 구성이 표

이탈리아	1,257,000
독일	990,000
캐나다	953,000
영국	833,000
폴란드	748,000

표1

멕시코	7,841,000
중국	1,391,000
필리핀	1,222,000
인도	1,007,000
쿠바	952,000

표2

1과 같았는데, 2000년에는 표2와 같이 구성이 크게 빌다졌다.[70]

인구 전환과 함께 거대한 문화적 변혁도 뒤따랐다. 백인 개신교, 특히 남성이 전체적으로 상당한 영향력을 여전히 행사하고 있지만(가령 미국 의회를 보면 인구 비례 대비 압도적으로 많은 의원이 백인 개신교 남성이다), 이들의 지배력은 수그러드는 추세다.[71] 예를 들면, 대학생 중 백인 개신교도가 차지하는 비중은 인구 비례 대비 더 적다. 2014년 퓨 리서치 센터의 조사에 따르면 미국인의 46% 정도가 개신교인데[72] 하버드대학교(청교도 목사 존 하버드가 창립자다)의 2017년 졸업생 중 자신이 개신교라고 답한 학생은 20%에 불과했다.[73] 또한 1789년 이래 대부분의 연방 대법관이 백인 개신교였지만, 2010년에 존 폴 스티븐스John Paul Stevens 대법관이 은퇴한 뒤 연방 대법원은 전적으로 가톨릭과 유대인으로 구성됐다. 이 구성은 2017년 닐 고서치Neil Gorsuch가 대법관(어렸을 때는 가톨릭으로 자랐으나 지금은 영국 감독교회에 나간다)으로 임명되기 전까지 계속됐다.[74]

이 글을 쓰고 있는 시점에 아마도 가장 놀라운 현상은 빌보드 톱10

뮤지션에 백인 개신교 후손이 가수 한 명과 듀오 밴드 한 팀(테일러 스위프트Taylor Swift와 투웬티 원 파일럿츠Twenty One Pilots)밖에 없다는 사실일 것이다.[75] 이 현상은 현대 부족 정치의 핵심으로 다시 연결된다. 실제 현실이 어떻든 간에 오늘날 미국의 모든 집단이 위협받고 있다고 느낀다는 점 말이다. 미국에서 끈질기게 지속되고 있는 인종주의를 생각하면, 또 많은 분야에서 위로 갈수록 비非백인 비중이 인구 비례 대비 급격히 줄어든다는 것을 생각하면 어이없게 들리지만, 많은 백인 미국인이 현재 미국을 문화적, 사회적으로 장악하고 있는 것은 흑인 및 기타 소수자들이라고 느낀다. 그들은 '쿨함'이 다문화주의와 동일시되고 힙합 음악과 〈문라이트〉(흑인 게이 남성에 대한 영화다) 같은 영화가 명작 취급을 받으면서, 자신의 세계가 집어삼켜지고 있다고 느낀다. 말할 필요도 없이, 이에 대해 좌파 진영의 많은 사람이 할리우드가 여전히 얼마나 남성적이고 백인적인지를 지적하면서(2016년 아카데미상 시상식 시즌에 '#오스카는너무백인위주'라는 해시태그가 널리 퍼졌다), 또 2017년 그래미상 베스트 앨범상을 비욘세가 아니라 아델이 받았다는 것에 분노하면서[76] 이런 견해를 조롱한다.

그러나 많은 백인 미국인이 갖고 있는 관점(그러니까 드라마 〈매드맨〉의 세계가 다 그렇게 나쁜 것만은 아니었다고 생각하는 사람들의 관점)에서 보면, 실제로 그들은 전에 가지고 있었던 문화적 주도권을 잃었다. 이제 그들은 자신이 보는 모든 것, 즉 TV 프로그램, 광고, 팝 음악, 지하철 광고 등이 소수자 문화에 영향을 받은 것이고 점점 더 소수자 문화 친화적으로 되고 있다고 느낀다.

미국의 국가 정체성은 더 이상 '와스프'(WASP, 백인 앵글로색슨 개신교도), 더 일반적으로 말하면 백인 정체성만으로 규정되지 않는다. 하지만 수많은 하위 집단 중 어느 것의 정체성으로도 규정되지 않는다. 메인주 케네벙크포트는 인구의 97%가 백인이다. 물론 이곳은 미국 정체성과 문화의 일부다. 하지만 마이애미 리틀아바나에 사는 쿠바계 미국인이나 로스앤젤레스 리틀페르시아에 사는 이란계 미국인도 미국 정체성과 문화의 일부다. '미국인이라는 것'은 미국에서 태어난 모두를 포괄한다. 자메이카 이민자의 자녀든 베트남 이민자의 손자든 유대인 이민자의 증손자든, 메이플라워호를 타고 온 사람의 후손이든, 노예의 후손이든 상관없이 말이다.

미국 사회는 여전히 인종주의가 곳곳에 침투해 있고 상황은 나아지는 것이 아니라 악화되고 있는지도 모른다. 슈퍼 집단은 완벽한 집단이 아니고 '탈인종적' 집단도 아니다. 슈퍼 집단에서도 폭력과 불평등이 난무할 수 있다. 하지만 버락 오바마, 오프라 윈프리, 데릭 지터가 미국인이 아니라고는 누구도 말하지 못할 것이다. 실제로 그들은 모두 미국의 상징이고 미국의 얼굴이다. '미국인이라는 것'은 특정한 인종, 민족, 종교적 하위 집단의 특성을 의미하는 것이 아니다.

1990년에 한 연설에서 로널드 레이건은 '미국인' 개념의 놀라운 확장성에 대해, 그리고 그것이 미국을 다른 나라들과 얼마나 다르게 만들었는지에 대해 다음과 같이 유려하게 표현했다.

당신은 프랑스에 가서 살 수는 있지만 프랑스인이 될 수는 없습

니다. 당신은 독일이나 이탈리아에 가서 살 수는 있지만 독일인
이나 이탈리아인이 될 수는 없습니다. … 하지만 누구든, 세계의
어디에서 왔든, 미국에 와서 살 수 있고 미국인이 될 수 있습니
다. … 여기 모이신 분들 각자에게 어디 출신인지를 묻는다면 세
계 각국 이름과 모든 민족 이름이 다 나올 것입니다. 미국은 인
류로서의 형제애가 있는 지구상 유일한 곳입니다.[77]

21세기인 현재, 얼마나 불완전하고 휘청거리든 간에 미국은 세계 강
대국 중 유일하게 슈퍼 집단이다.[78]

미국 예외주의의 함정
—

슈퍼 집단이라는 지위가 너무나 특이한 것이어서, 미국은 다른 나라의
부족 정치적 속성을 평가할 때 헛다리를 짚는 경우가 많다. 미국은 극
히 다양하고 다민족적인 인구를 가지고 있으면서 동시에 포괄적인 국
가 정체성으로 그들을 강하게 묶고 있다는 것이 얼마나 특이한 일인지
를 종종 잊는다. 리비아, 시리아, 이라크 모두 미국처럼 탈식민주의적
이고 다민족적인 국가다. 하지만 미국에 비견될 만큼의 국가 정체성을
가지고 있지는 않다.

그런 나라에서 민주적 선거를 통해 갑자기 사람들이 국가 정체성으
로 통합되어 과거에 존재하던 인종, 종교, 분파, 부족적 분열을 극복하
게 되리라고 기대하면, 이는 재앙적인 결과를 가져온다. 극심하게 분

열된 나라에서 민주주의가 도입되면 정치 조직과 정당들이 더 원초적인 정체성들 주변으로 응결되어서 오히려 집단 간 갈등과 분쟁이 격화되는 경우가 많다. 미국은 이런 실수를 되풀이했다.

'미국 예외주의'는 가장 추악한 측면에서도 또 가장 고귀한 측면에서도 미국이 해외의 많은 사람에게 몹시도 중요한 부족적 정체성을 간과하게 만드는 근원이다. 때로는 인종주의가 미국의 눈을 가린다. 하지만 더 근본적으로 미국은 다른 나라들도 미국이 그랬던 것처럼 다양성을 잘 다룰 수 있고, 집단 간의 원초적인 분열을 강력한 국가 정체성으로 극복할 수 있을 것이라고 가정한다.

이런 전제는 두 가지의 치명적인 오류를 가지고 있다. 첫째, 이것은 너무 순진한 세계관이다. 미국이 이끄는 다국적군이 2011년에 카다피를 무너뜨렸을 때 오바마 대통령은 이렇게 말했다. "이것 하나는 분명하게 말할 수 있습니다. 리비아의 미래는 이제 리비아 국민의 손에 달려 있다는 것입니다. 그들의 새로운 나라를 건설하는 것은 바로 리비아 국민 자신일 것입니다."[79] 하지만 '리비아 국민'은 140개의 부족으로 되어 있고 그들은 '그들의 새로운 나라'를 건설하기 위해 하나로 통합되지 않았다.[80] 오히려 국가가 분열주의로 내리막을 탔고 잔혹한 내전이 벌어졌다. 나중에 오바마가 말했듯이 '리비아에 존재하는 부족적 분열의 정도는 우리 분석가들이 예상했던 것보다 훨씬 심각했다.'[81] 2016년에 아프리카에 주둔한 미 육군 지휘관은 리비아가 '파탄 국가 failed state' 상태라고 선언했다.[82] 현재 리비아는 급진주의자들의 온상이다. 오바마 자신도 리비아에서 "그 뒤의 일을 계획하는 데 실패한 것"

이 아마도 재임 기간 중 '최악의 실수'였다고 말했다.[83] 미국이 외교정책을 바로잡으려면 다른 나라들에서 부족적 본능이 얼마나 파괴적일 수 있는지를 더 잘 파악해야 한다.

둘째, 원초적인 집단 간 분열을 강력한 국가 정체성이 자동적으로 극복하게 해 주리라는 기대는 미국이 스스로에 대해서도 너무 순진하게 생각하는 것이다. 다른 나라들이 미국처럼 다양성을 잘 다룰 수 있으리라고 믿는 것은 미국이 다양성을 잘 다루고 있다는 가정을 깔고 있다. 하지만 미국도 파괴적인 정치적 부족주의에서 자유롭지 않다. 다른 여러 나라를 반복적으로 갈기갈기 찢어 놓는, 그리고 미국의 대외 개입을 재앙으로 만들어 온 요인들에서 미국이라고 예외란 법은 없는 것이다.

베트남:
'별 볼 일 없는 작은 나라'에
패배를 선언하다

2장

베트남은 중국에서는 너무 가깝고 천국에서는 너무 멀다.

– 베트남 속담[1]

우리는 미국인들을 바다로 밀어 버릴 것이다.

– 팜반동Pham Van Dong, 북베트남 총리[2]

헨리 키신저의 말을 빌리면, '남북전쟁 이후 어떤 전쟁도 베트남전쟁만큼 미국의 국가적인 의식에 커다란 통증을 안겨 준 것이 없다.'[3] 전쟁이 한창이던 당시에도 20세기의 저명한 국제관계 전문가 한스 모겐소Hans Morgenthau는 "우리가 전 세계 앞에서 명예를 실추했다"며 "그보다 더 끔찍하고 암담한 것은 미국 건국에 기초가 된 이상들, 도덕적 원칙들을 저버렸기 때문에 우리가 우리 앞에서도 명예를 실추했다는 사실"이라고 말했다.[4] 미국 역사상 미국이 패배한 첫 전쟁(논란이 없지는 않다)인 베트남전쟁은, 조지 맥거번George McGovern의 말을 빌리면, "전적인, 순전한 재앙"이었다.[5]

50년 뒤인 지금도 질문은 여전히 남아 있다. 어떻게 해서 초강대국 미국이 그렇게 막강한 군사력을 가지고서도 린든 존슨이 "별 볼 일 없고 하찮은 작은 나라"라고 부른 나라에, 아니 사실은 그 나라의 절반에 패하게 된 것일까?[6]

오늘날 널리 인정되는 설명은 워싱턴의 의사 결정자들, 베트남전쟁 당시 종군기자 데이비드 핼버스탐David Halberstam이 "가장 뛰어나고 똑똑한 사람들"이라고 표현한[7] 사람들이 베트남 민족(국가)주의nationalism가 얼마나 강력한지를 간과하고서 베트남에서 벌어지고 있는 일들을 자유 진영 대 공산 진영의 싸움이라는 냉전의 렌즈로만 해석했기 때문이라는 것이다.[8] 토머스 프리드먼Thomas Friedman이 말한 대로, 미국은 "베트남에서 펼쳐진 핵심적인 정치 드라마가 식민 지배에 맞서 민족 해방 투쟁이 벌어진 것이었지 미국이 부여한 해석인 국제 공산주의를 받아들인 것이 아니었다는 사실을 이해하지 못했다."[9]

하지만 이것 역시 완전한 설명은 아니다. 베트남 민족주의를 구성하고 촉진한 것은 서구에 대한 분노보다 역사가 훨씬 오랜, 1000년도 넘은 민족적ethnic인 갈등이었다. 오늘날까지도 미국은 베트남전쟁이 왜 그렇게 잘못 돌아가게 됐는지를 완전히 파악하지는 못하고 있다.

미국이 베트남에서 패배한 핵심 원인은 베트남의 민족(국가)주의가 가진 '민족적인' 속성을 간과했기 때문이다. 하지만 이 현상을 이해하려면 '민족성ethnicity' 자체를 이해해야 한다. 그것의 토대, 내부적인 논리, 그리고 (정치적 부족주의의 핵심인) 원초적인 호소력의 원천을 알아야 하는 것이다.

부족 본능과 민족성

—

최근의 한 연구에서는 4~6세 아이들을 무작위로 붉은색 집단과 푸른색 집단으로 나누고 그에 맞는 색의 티셔츠를 입힌 뒤, 다른 아이들이 등장하는 컴퓨터 편집 이미지를 보여 줬다.[10] 화면에서 절반은 붉은 티셔츠를 입은 것으로 보였고 절반은 푸른 티셔츠를 입은 것으로 보였다. 그리고 화면을 본 아이들에게 어떤 느낌이 드는지 물어봤다.

화면에 나오는 아이들에 대한 정보가 전혀 없는데도 영상을 본 아이들은 일관되게 자신이 속한 집단과 같은 색 옷을 입은 아이가 더 '좋다'고 답했고 그들에게 더 많은 자원을 분배했으며 무의식적으로 더 강한 선호를 보였다. 그리고 화면 속의 아이들에 대한 이야기를 들려주자 내집단 아이에 대해서는 더 긍정적인 행동을 기억하고 외집단 아이에 대해서는 더 부정적인 행동을 기억하는 식으로 체계적인 기억의 왜곡을 보였다. 연구자들은 "그것을 뒷받침하는 아무런 사회적 정보가 없는데도" 다른 아이들에 대한 인식이 "사회적 집단에의 소속 여부 자체만으로 깊이 왜곡되는 것으로 나타났다"며 이 결과가 "매우 우려할 만한 함의를 갖는다"고 언급했다.[11]

집단 정체성을 형성하려는 충동과 내집단 구성원에게 호의를 베풀려는 충동은 어느 정도 신경 구조상의 생물학적인 문제다. 연구자들이 위와 비슷한 실험을 하면서 기능적 자기공명영상을 사용해서 참가자들의 뇌를 촬영해 보니, "집단 정체성은 내재적이고 거의 즉각적"이라는 것을 시사하는 결과가 나왔다.[12]

사회심리학자 제이 밴 베이블Jay Van Bavel은 참가자들을 무작위로 서로 다른 집단에 할당한 뒤 라이벌 집단이라고 여겨질 사람들의 사진과 자기 집단이라고 여겨질 사람들의 사진을 보여 주면서 기능적 자기공명영상으로 뇌를 촬영했다. 자기 집단 사람의 사진을 보면 뇌의 특정 부분(편도체, 방추상회, 안와전두피질, 배측 선조체)이 '환해지는' 경향이 있었다.[13] 이 영역들은 유관한 자극과 무관한 자극을 구분하는 기능 및 가치에 대한 인식 기능과 관련된 영역으로 알려져 있다. 즉 우리의 뇌가 내집단 구성원을 알아보고, 그들에게 긍정적인 가치를 부여하며, 구체적인 맥락을 염두에 두면서 그를 더 개인화하여 이해하도록 짜여 있다는 말이다. 반면 "외집단 구성원에 대해서는 더 일반화된 사회적 범주로 뭉뚱그려 교체 가능한 사람으로 처리하는" 경향이 있어서, 부정적인 고정관념을 붙이기가 더 쉬워진다.[14] 더 놀라운 것은 내집단 구성원이 잘되는 것을 보면 우리 뇌의 보상 센터가 활성화되어서 정작 본인은 아무런 실질적인 이득을 얻지 않았는데도 감정적인 만족을 일으킨다.[15]

내집단을 알아보고 우호적으로 대하는 뇌 신경의 작동은 아주 이른 시기부터 시작된다. 신생아에게는 사람들의 얼굴을 보여 줘도 인종에 따라 다르게 반응하지 않지만,[16] 예일대 심리학자 폴 블룸Paul Bloom에 따르면, 3개월만 지나도 "코카서스 아기는 코카서스인처럼 생긴 얼굴을 아프리카인이나 중국인처럼 생긴 얼굴보다 좋아하고, 에티오피아 아기는 에티오피아인처럼 생긴 얼굴을 코카서스인처럼 생긴 얼굴보다 좋아하며, 중국 아기는 중국인처럼 생긴 얼굴을 코카서스인이나 아프리카인처럼 생긴 얼굴보다 좋아한다."[17]

인종에 따른 내집단 우호 성향은 우리가 인식하거나 인정하지 않을 때도 뇌 신경에서 작동한다. 과학자들이 코카서스인 대학생들과 중국인 대학생들에게 큰 꼬챙이에 찔리는 사람의 사진을 보여 주는 실험을 했다. 학생들이 스스로 말한 고통의 정도는 사진 속 인물의 인종에 따라 차이를 보이지 않았다 하지만 기능적 자기공명영상을 찍어 보면 사진 속에서 꼬챙이에 찔린 사람이 자신과 같은 인종인 사람일 때 뇌에서 전대상 피질(보조운동 피질)의 활동이 유의미하게 증가하는 것으로 나타났다. 이곳은 뇌에서 고통에 대한 공감 기능과 가장 관련이 큰 부분이다.[18]

아마도 가장 우려스러운 것은, 하버드 '집단 간 신경과학 연구소' 소장 미나 시카라Mina Cikara의 최근 연구 결과일 것이다. 시카라의 연구에 따르면, 특정 조건하에서 우리 뇌의 '보상 센터'는 외집단 사람이 실패나 불운을 겪을 때 활성화되는 경향이 있다. 시카라는 대개의 경우 "실제로 나가서 외집단 사람에게 해를 가하는 사람은 거의 없다"고 강조했다. 하지만 한 집단이 다른 집단을 두려워하거나 부러워할 때(가령 오랜 경쟁 관계였거나 반목이 있었던 경우), 샤덴프로이데(schadenfreude, 다른 이의 불행을 보고 얻는 쾌감-옮긴이)를 느끼는 것은 뇌 신경의 생물학적 작용과 관련된 것으로 보인다. 그래서 라이벌 집단에 속한다고 여겨지는 사람의 고통에 "사디스트적인 쾌감"을 느끼게 된다.[19]

인간은 그저 조금 부족적인 게 아니라 아주 많이 부족적이며, 부족 본능은 우리가 생각하고 느끼는 방식을 왜곡한다.

하지만 모든 집단 정체성이 동일하게 강력한 것은 아니다. 어떤 것은 다른 것보다 훨씬 더 강하게 우리를 사로잡고 더 강렬한 정치적 폭발력을 가진다. '미국 발瓜 질환 학회'를 위해 목숨을 건 사람은 없었을 것이다. 우리에게 가장 강력한 형태의 집단 정체성, 그리고 오늘날 전 세계의 정치적 부족주의와 폭력의 핵심인 집단 정체성은 민족성이다.

민족 정체성의 핵심은 혈통을 공유하고 있다는 믿음에 있다. 정치학자 도널드 호로비츠Donald Horowitz는 민족이 사람들에게 "매우 큰 친족 집단으로서 경험되는" 소속감을 준다고 설명했다.[20] 대부분의 사람들에게 가족은 가장 원초적인 집단(원형 집단)이다. 그런데 민족은 바로 그 원초적인 감정을 건드린다. "민족적 유대는 가족적 의무를 연상시키며 깊이 가족적인 감정들로 채워진다."[21] 혈통을 공유하고 있다는 개념에 공동의 유산과 역사, 공동의 문화와 언어에 대한 감각이 결합되는데, 이 모두가 일반적으로 부모에게서 자녀에게로 전승된다고 여겨지는 것들이다.[22]

'공통 조상'이라는 신화를 비웃기는 쉽다. 오늘날 중국 내 10억 명의 한족이 모두 황제(黃帝, 5000년 전에 중국을 통치했다고 하는 전설 속의 인물-옮긴이)의 후손이라는 증거는 전혀 없다.[23] 유대인 모두가 야곱을 조상으로 뒀다는 근거나, 요루바족 사람 모두가 오두두와Oduduwa 왕의 후손이라는 근거도 없다.[24] 하지만 '공통의 혈통'에 대한 믿음은 굉장히 근거가 없지만 그만큼이나 굉장히 강력하다.

'원초론자primordialist'들의 주장대로 생물학적 기반이 있는 것이든,[25] '도구론자instrumentalist'들의 주장대로 문화, 지배층, 권력 추구자 등에 의해 구성된 것이든[26] 민족 정체성의 경험은 인간이 존재하는 곳이면 반드시 존재한다. 이것은 가장 불붙이기 쉬운 정치적 동원의 원천이며 어느 집단이 다른 집단에 의해 소멸될 위험에 처했다고 느낄 때 가장 강력해진다.[27]

'베트남 정체성'

—

중국처럼 베트남도 '혈통 정체성'에 뿌리를 둔, 전형적인 민족 국가다.[28] 인구의 압도적 다수가 베트남족이고 나라 이름도 이들의 민족명을 딴 것이며 언어도 베트남어를 사용한다. 그와 동시에, 현실에서 베트남의 국가 정체성은 적으로 상정되는 중국과 대비되는 식으로도 규정된다.

중국은 베트남보다 훨씬 크다. 규모로 보면 중국과 베트남의 차이는 미국과 에콰도르의 차이와 비슷하다. 그리고 중국과 베트남은 바로 인접해 있다. 지도를 보면 중국은 200킬로그램이나 나가는 지니로 보이고 베트남은 그 아래 깔려 있는 작은 램프로 보인다. 거대한 나라가 바로 인접해 있다는 점 때문에 베트남 입장에서 중국은 단순한 적이 아니라 생존 자체에 대한 영속적인 위협 요인이었다.

기원전 111년에 중국은 비엣족을 정복하고 남비엣(Nam Viet, 중국어로 '남쪽 오랑캐의 땅'이라는 뜻)을 중국 제국에 복속했다. 이후 1000년 동안 중국은 이곳을 중국의 한 지방으로 통치했다.[29] 중국 통치하에서 베트남 사람들은 불교, 유교, 도교부터 과거시험과 중국식 관료제까지 많은 중국 문화를 받아들였다.[30] 하지만 중국인이 되는 것은 거부했다.[31] 오히려 그 반대였다. 베트남 사람들은 더 강렬하게 민족 중심적인 성향을 갖게 됐다.[32] 중국 치하에서 중국어가 공식 언어였고 지배층에서는 중국어가 널리 쓰였지만 베트남 사람들은 중국 통치 이전의 베트남 문명에 대한 기억과 함께 베트남어를 계속 보존했다.[33] 그들은 중국에 저항한 베트남 토착 영웅들에 대한 존경심을 결코 잃지 않았다.

938년에 중국에서 독립했지만,[34] 그다음 1000년에도 베트남은 여전히 중국에 조공을 바치는 속국이었다.[35] 이 시기에 중국은 반복해서 베트남을 침략했는데, 베트남은 온갖 어려움에도 불구하고 중국의 군대를 계속해서 물리쳤다.[36] 다윗과 골리앗의 싸움 같은 중국과의 전쟁에서 용맹한 베트남 영웅이 독창적인 계략으로 침략자를 무찌른 영웅담은 베트남에서 전해 내려오는 이야기들의 핵심을 이룬다.[37]

현대 베트남의 민족 정체성에는 20세기의 요소도 있다.[38] 프랑스 식민지였던 1920년대에 일군의 젊은 베트남 지식인들이 '베트남을 짓누르는 과거의 질곡과 식민 지배를 벗어나 새로운 베트남을 건설하자'며 들고 일어섰다.[39] 이들은 프랑스에 대해서만 반기를 든 것이 아니었다. 그들은 중국도 겨냥했다. 영향력 있는 민족주의자들은 기원후 40년에 베트남을 중국에서 해방시키고 결국에는 목숨을 (그리고 아마도 머리도) 잃었다고 전해지는 트룽 자매Trung sisters[40] 같은 전설적인 인물을 다시 이야기하면서, 중국에 맞섰던 오랜 투쟁을 사람들에게 상기시켰다. 또한 베트남 민족주의자들은 유교가 개인의 사상과 자유를 억눌러 '질식시키는' 전통이라고 비판했다. 역사학자 크리스토퍼 고샤

Christopher Goscha에 따르면 베트남 민족주의자들의 메시지는 간단했다. '과거에 베트남의 남성과 여성은 떨쳐 일어나 1000년의 중국 지배에 저항했다. 베트남 사람들은 다시 그렇게 할 수 있다.'[41]

그것이 신화든 실제든 모든 베트남 아이들은 조상의 영웅적인 이야기를 듣는데, 이들의 조상이 맞서 싸운 적은 늘 동일하다. 바로 중국이다. 실제로 중국의 지배에 맞서 싸워 온 오래고 오랜 투쟁은 베트남 사람들의 혈통 감수성과 민족주의의 핵심 요인이다.[42] 베트남 역사학자 트랜 칸Tran Khanh이 언급했듯이, "비엣족 사람들이 중국에 맞서 벌인 생존 투쟁은 비엣족의 공동체 의식을 고취시켰다. 그들은 자신이 공통의 조상을 가진 형제자매라고 생각했고 자신의 문화와 종족을 지키기 위해 최선을 다했다."[43]

그런데 냉전 시기에 미국의 외교정책 결정자들은 베트남의 역사를 몰라도 너무 몰라서, 베트남을 중국의 졸개라고 생각했다. 베트남이 중국의 남아시아 꼭두각시에 불과하다고 본 것이다.[44] 이것은 집단 간 차이(베트남과 중국의 차이)를 엄청나게 간과한, 막대한 실수였다.

베트남전쟁 때 국방장관이었던 로버트 맥나마라Robert McNamara는 1995년에 전쟁 당시 그의 상대였던 전 북베트남 외무장관을 만났다. 훗날 그는 과거의 적이 자신에게 이렇게 말했다고 회상했다.[45] "맥나마라 씨, 당신은 역사책을 안 읽어 봤던 게 틀림없어요. 읽었다면 우리가 중국의 졸개가 아니었다는 것을 알았을 겁니다. 우리가 중국과 1000년이나 싸워 왔다는 것을 몰랐나요? 우리는 우리의 독립을 위해 싸우고 있었습니다. 그리고 우리는 최후의 한 사람까지 싸웠을 겁니다. 아무리 폭탄을 터뜨려도, 미국이 어떤 압력을 가해도, 우리를 멈출 수는 없었을 겁니다."

냉전 시기에 미국은 북베트남 혁명 지도자 호찌민을 '중국의 꼭두각시'라고 생각했다.[46] 마대한 실수였다. 호찌민도 어린 시절에 증오해 마지않는 중국 압제자를 물리친 베트남 영웅 이야기를 듣고 자랐다.[47] 그리고 최소 13개월을 중국 감옥에 갇혀 있었다. 때로는 독방에 수감됐고 종종 족쇄를 찬 채 40~50킬로미터를 걸어야 했다.[48] 흔히 그는 '부드럽게 말하는' 사람이라고 묘사되고 간디와 비견되기도 하지만,[49] 호찌민이 반중국적 증오를 초월했다는 생각은 가당치 않다. 다음의 에피소드 하나면 충분히 알 수 있을 것이다. 제2차 세계대전 직후, 그의 부하 중 한 명이 프랑스를 견제하기 위해 중국에 유화 정책을 펴자는 의견을 내자 그는 다음과 같이 말하며 노발대발했다고 한다. "이런 멍청이들! 우리의 역사를 잊었단 말인가? 지난번에 중국이 우리를 침략했을 때 그들은 1000년이나 우리 땅을 떠나지 않았다. 나는 중국의 똥을 평생 먹느니 프랑스의 똥 냄새를 5년 동안 맡겠다."[50]

물론 호찌민이 마르크스주의자였다는 데는 의심의 여지가 없다. 하지만 미국이 중국에 대한 베트남 사람들의 깊은 반감을 잘 알고 있었다면, 호찌민이 트루먼 대통령에게 베트남의 반프랑스 투쟁을 지원해 달라고 서신으로 요청했을 때[51] 미국에 또 다른 전략의 기회가 열릴 수도 있지 않았을까? 여러 차례 호찌민은 베트남의 독립 전쟁을 미국의 독립 전쟁에 비유했고 미국 독립선언문을 베트남 독립선언에 인용하기까지 했다. 트루먼 시절에 작성된 전략정보국OSS의 보고서(오랫

동안 기밀문서였다)는 호찌민이 "오랫동안 공산주의의 이상을 옹호했지만 이제는 공산주의의 이상이 자신의 나라에서 현실적이지 않다는 것을 알고 있다"고 기록하고 있다.[52] 그때 미국이 중국에 대한 베트남의 뿌리 깊은 적대감을 이용해서 호찌민이 프랑스에 맞서 싸우는 것을 도왔다면, 미국은 베트남을 자신의 영향권 아래 두는 데 성공할 수도 있지 않았을까?

물론 알 수는 없다. 어쨌거나 미국은 베트남과 중국 사이의 반목을 몰랐거나 알았더라도 진지하게 고려하지 않았다. 베트남전쟁이 끝나고 30년 뒤에 남베트남 총리였던 응웬까오끼는 이렇게 언급했다.

> 베트남에서 너무나 많은 미국인이 베트남 사람을 '중국인'이라고 뭉뚱그려 생각했다. 우리는 중국 사람이 아니다. 우리는 베트남 사람이다. 미국인들은 비엣족(우리가 어렸을 때는 이렇게 불렀다)이 당나라의 침략을, 또 한 세기 뒤에는 송나라의 침략을 물리치는 등 아시아에서 거의 유일하게 중국을 무찌른 사람들이라는 것을 몰랐다.[53]

미국은 베트남과 중국 사이의 적대를 인식하지 못했을 뿐 아니라 베트남 내부에 있던 또 하나의 민족적 적대도 인식하지 못했다. 베트남 내부에는 '시장 지배적 소수 민족'인 화교가 있었다. 화교와 베트남 사람들 사이의 적대를 인식하지 못하는 바람에, 미국은 베트남 사람들의 마음을 얻는 싸움에서 애초부터 질 수밖에 없었다.

개발도상국의 시장 지배적 소수 민족

—

2003년에 나는 '시장 지배적 소수 민족'이라는 용어를 만들었다.[54] 시장경제의 여건에서 소수 민족이 가난한 '토착' 다수 민족을 경제적으로 (종종 압도적인 정도로) 지배하는 경향을 갖는 경우를 일컫는다. 그래서 이들은 다수 민족으로부터 막대한 증오를 산다. 다수 민족은 본래 자신의 것이어야 할 것을 착취적이고 '탐욕스러운' 외부인이 부당하게 점유하고 있다고 여긴다.

시장 지배적 소수 민족은 개발도상국에서 흔히 볼 수 있다. 동남아시아의 화교,[55] 동아프리카와 카리브해 연안 일부 지역의 인도인, 서아프리카와 카리브해 연안 일부 지역의 레바논인, 나이지리아의 이그보족, 카메룬의 바밀레케족, 케냐의 키쿠유족, 남아프리카의 백인, 짐바브웨의 백인, 나미비아의 백인, 전 유고슬라비아의 크로아티아인, 공산주의 붕괴 이후 러시아의 유대인, 뭄바이의 파르시인과 구자라트인 등이 그런 사례다.[56]

소수 집단이 시장을 지배할 수 있게 된 원인은 나라마다 매우 다르며,[57] 때로는 경제와 아무 상관이 없는 이유에서 비롯하기도 한다. 식민지 시기의 '분열시켜 정복하라' 정책이나 아파르트헤이트의 역사 때문인 경우가 그렇다. 가령 남아프리카공화국의 백인처럼 소수 집단이 잔인한 무력과 국가 권력을 사용해 다수 민족을 한 세기 이상 열등한 교육과 비인간적인 조건에 몰아넣었다면 우월한 기업가 정신 같은 것과는 아무 상관없이도 시장을 지배하게 될 가능성이 크다.

그렇더라도 '시장 지배'는 모호한 민족적 고정관념을 일컫는 것이 아니다. 시장 지배는 경제 영역에서 인구 비례 대비 압도적으로 많은 통제력을 갖는 실제 현상을 말한다. 인도네시아에서 중국인은 인구의 3%밖에 차지하지 않지만 민간 경제의 70%를 차지한다.[58] 인도네시아에서 규모가 가장 큰 기업 집단들은 전부 화교 소유다. 볼리비아는 역사 대부분의 시기 동안 토착민인 다수 대중이 비참한 가난 속에 살아온 반면 피부색이 옅은 '유럽화된' 지배층이 국가의 부를 거의 전부 통제했다.[59] 필리핀에서는 2%의 화교가[60] 기업, 은행, 항공, 선박, 유통 분야를 장악하고 있다.[61] 《포브스》에 따르면 2015년에 필리핀에서 가장 부유한 4명이 (그리고 가장 부유한 15명 중 10명이) 화교였다.[62]

시장 지배적 소수 민족은 정치적 부족주의를 촉발하는 가장 강력한 촉매 중 하나다. 빈곤한 다수 대중이 있는 개발도상국에 시장 지배적 소수 민족이 존재할 경우, 예측 가능한 결과가 뒤따른다.[63] 거의 불가피하게 강렬한 민족적 증오가 발생하고, 이는 소수 집단의 자산을 징발, 약탈하는 폭동과 폭력으로 번지며, 인종 청소로까지 이어지는 경우도 드물지 않다. 이런 여건에서 '제약 없는 자유 시장' 정책을 추구하면 상황을 크게 악화시킬 수 있다. 소수 집단의 부를 더 증가시켜서 다수 대중의 분노를 한층 더 키우고 더 많은 폭력을 불러올 수 있을 뿐 아니라, 이런 정책을 취하는 정권에 대한 분노로도 이어질 수 있기 때문이다. 이 모든 일이 베트남에서 벌어졌다.

베트남의 1%, 화교

베트남에서 화교는 수 세기 동안 시장 지배적 소수 민족이었다.[64] 베트남 역사 거의 내내 가장 수익성 있는 상업, 교역, 산업 영역들은 화교가 장악하고 있었다. 이들의 성공에 대한 분노에 더해 반복되는 중국의 침략은 화교에 대한 보복을 불러오곤 했는데, 1782년 쩔런Cholon에서 벌어진 화교 대학살도 그런 사례다. '사이공(현 호찌민)의 차이나타운'이라고 불리는 쩔런에서[65] 약 1만 명의 화교가 살해당했다.[66] 베트남의 공식 기록에 따르면 화교들의 상점이 불타고 약탈당했으며[67] '남성, 여성, 아동' 할 것 없이[68] 무차별적으로 "살해되고 시신은 강에 버려졌다."[69] 한 달이 넘도록 누구도 그 강에서 잡은 새우를 먹거나 그 강물을 마실 생각을 하지 못했다.

19세기에 베트남에 들어온 프랑스는 영리하게도 화교 기업을 육성했다.[70] 식민지 지배에 일반적으로 쓰이는 '분열시켜 정복하라' 전략이었다. 그리고 중국인 이민자를 광범위하게 받아들였다. 프랑스 식민 치하에서 베트남의 화교 인구는 1860년대에 2만 5000명이던 데서 1911년 20만 명 이상으로 급증했다. 1950년대가 되자 화교는 '엄청난 경제 권력'을 갖게 됐고[71] 정치적 영향력도 커졌다. 그들은 '국가 안의 국가'로 여겨졌다. 화교 거물들은 (거의 모두 남부 베트남에 있었다) 다들 이런저런 '왕'으로 불렸다. "석유왕, 기름왕, 쌀왕, 고철왕" 등과 같이 말이다.[72]

화교의 경제적인 지배력이 어느 정도였는지는 아무리 과장해도 과장이 아니다. 공무원, 대학, 군대, 전문직 등을 베트남 지배층이 채우는 동안[73] 화교들은 상업과 기업 분야를 '틀어 쥐고 있었다.'[74] 화교는 인구 비중은 매우 낮지만[75] 남베트남 산업의 무려 80%를 장악하고 있었다.[76] 유통, 금융, 교통 분야, 그리고 벼농사와 관련된 모든 분야를 화교가 장악했다.[77] 서비스 분야에서도 인구 비례 대비 압도적으로 많은 비중을 화교가 차지했다. 20세기 중반에 화교는 사이공 대형 호텔의 50%, 소형 호텔의 90%를 소유하고 있었고 대형 식당 92곳, 차와 맥주 가게 243곳, 소형 식당 826곳을 소유하고 있었다.[78] 어느 추산치에 따르면 베트남 화교는 비유럽계 민간 자본의 90%를 장악하고 있었다.[79]

화교의 부만 베트남 사람들의 분노에 불을 지핀 것이 아니었다. 화교들의 태도가 불에 기름을 부었다. 화교들은 베트남 사람들과 떨어져 자기들끼리 부유한 동네를 이루고 살았다.[80] 또 화교 학교와 화교 사원에 다녔고[81] 일반적으로 화교끼리 결혼했으며[82] '민족적, 문화적으로 배타주의적인' 태도를 드러냈다.[83] 실제든 아니든, 베트남 사람들은 화교가 자신들을 착취한다고 여겼는데,[84] 베트남 사람 다수는 가난한 농민이었다.[85] 또한 베트남 사람들이 프랑스와 전쟁을 하게 됐을 때 화교는 '비정치적'인 입장을 고수했고,[86] 이는 베트남 사람들의 분노에 부채질을 했다.

미국은 베트남과 전쟁을 시작했을 때 이런 민족 갈등의 현실을 전혀 몰랐던 것으로 보인다. 알았다 해도 미국의 정책에 반영되지 않은 것은 분명하다.

미국의 개입이 낳은 결과

—

1954년, 베트남은 8년에 걸친 싸움 끝에 프랑스를 물리쳤다.[87] 미국이 주도한 제네바협정에서 베트남은 둘로 분단됐다. 호찌민의 베트남민주공화국이 하노이를 수도로 삼아 베트남 북부를 통치하고 미국이 지원하는 베트남공화국이 사이공을 수도로 삼아 베트남 남부를 통치하게 됐다.[88]

제네바협정은 300일의 시간을 주고 모든 베트남 사람이 원하는 곳에 가서 살 수 있게 했다. 이때 남에서 북으로 간 사람은 12만 명이었는데 북에서 남으로 온 사람은 80만 명이나 됐다.[89] 냉전의 전사 미국인들은 이 차이를 베트남 사람들이 두 발로 자본주의에 표를 던진 것이라고 믿었다. 하지만 민족 집단 간의 동학을 염두에 두고 보면 이와는 다른 그림이 나온다. 남쪽으로 온 사람들의 상당수가 화교였다. (북부에 있던 화교의 압도적 다수가 남으로 내려왔다.) 베트남 사람 중에서 남으로 온 사람은 '프랑스화된' 베트남 지배층을 포함해 공산 정권에서 박해를 받을까 봐 내려온 가톨릭교도들이었다.[90] 300일간의 이주 허용 기간이 끝날 무렵 화교의 압도적인 다수(120만 명 중 100만 명)가 남베트남에 살게 됐다.[91]

호찌민은 '통일된 베트남 민족'이라는 개념을 열정적으로 믿는 사람이었다.[92] 그는 "우리는 같은 조상을 가지고 있으며 한 가족이고 형제자매"라며 "누구도 한 가족의 아이들을 갈라놓을 수 없듯이 누구도 베트남 민족을 갈라놓을 수 없다"고 선언했다.[93] 그래서 1959년에 호찌

민은 북베트남 군대를 이끌고 남베트남 동족을 '해방'시키기 위한 전쟁에 나섰다.[94]

이에 대해서 미국은 군사 개입을 강화하는 것으로 대응했다. 1965년 3월, 최초로 지상군 수천 명을 베트남에 파병하는[95] 것을 시작으로 미국은 베트남에서 10년을 싸웠고, 패배했다. 미군은 게릴라전에 준비되어 있지 않았고 적응하지도 못했다. 미국은 잘못된 지도자들의 지침을 따랐다. 어떤 이들은 미국이 파병만 더 많이 했으면 이길 수 있었을 거라고 주장한다.[96] 하지만 대체로 미국 사람들은 미국이 재앙적인 패배를 겪게 된 가장 중요한 원인 하나를 지금까지도 인식하지 못하고 있다.

베트남 '자본가' 대부분은 베트남 사람이 아니었다. 베트남 사람들에게 자본주의는 화교를 연상시켰다. 자본주의에서 주로 이득을 얻는 이들이 화교로 보였기 때문이다.[97] 북베트남은 이 점을 반복적으로 프로파간다에 활용했다. 베트남 사람 중에도 경제, 상업 분야에서 성공한 사람이 있었지만[98] 북베트남은 화교의 지배력을 과장해서 말했다. '화교가 남베트남 도매 거래를 100% 장악하고 있다'는 식으로 말이다.[99] 한번은 화교 지역인 쩔런을 "사회주의 국가 베트남의 몸 안에서 뛰고 있는 자본주의의 심장"이라고까지 말했다.[100]

전쟁 시기 미국의 정책은 가뜩이나 호찌민을 분노하게 만들었던 화교의 부와 권력을 한층 더 증가시켰다. 미국은 이 전쟁에 1000억 달러를 쏟아부었는데,[101] 그중 현지인에게 들어가는 돈의 상당 부분이 화교에게 들어갔다. 미군은 막대한 군수 물자와 군수 서비스를 필요로 했고 화교는 이런 것들을 제공하기에 아주 좋은 위치에 있었다.[102] 화교는 '미국의 원조를 통해 남베트남에 들어오는 수입 물품의 60%를 거래했고'[103] 많은 화교가 중간 상인으로 큰 수익을 얻었다.[104] 1971년에 베트남의 직간접 수입상 중 84%가 화교였다.[105] 그뿐 아니라 번성하는 암시장도 거의 전적으로 화교가 장악하고 있었는데, 이들은 미군 병사들에게 '금시계, 다이아몬드, 자동차, 밍크, 마리화나, 아편, 헤로인' 등 각종 물품과 매매춘을 공급했다. (1966년에 쩔런 홍등가에 고용된 '전쟁고아 매춘부'는 거의 3만 명이나 됐으며, 미군 병사 넷 중 한 명은 성병을 가지고 있었다.)[106]

미국에서 들어오는 돈만 베트남 화교를 부유하게 만드는 것이 아니었다. 자본주의 자체가 화교를 부유하게 만들었다. 금융 분야를 보면 1972년에 남베트남 은행 32개 중 28개를 사실상 화교가 소유하고 있었다.[107] (명목상으로는 많은 수가 베트남인의 소유였지만 말이다.) 경제력과 더불어 돈으로 정치적 영향력을 살 수 있는 여지도 커지면서, 사이공의 화교들은 남베트남의 정치인과 군 고위층에 뇌물로 뒷돈을 대준 것으로도 악명이 높다.[108] 전쟁 시기 남베트남에는 "부패의 끈끈한 점액이 모든 틈새로 스며들었다."[109]

화교는 미국의 개입에 업혀 이익을 얻은 데서만 그치지 않았다. 그들은 주위에서 베트남 사람들이 겪는 고통에 전혀 아랑곳하지 않는 듯 보였다. 한번은 쌀 시장 거물인 화교들이 가격을 올리기 위해 의도적으로 쌀 공급 부족을 일으켰다.[110] 이는 안 그래도 전쟁으로 인한 기아와 영양실조가 만연한 상황을 크게 악화시켰다. 화교들은 쌀을 사재기하고 심지어는 정부의 수색에서 걸리지 않기 위해 강에 버리려고까지 했다. 한술 더 떠 화교들은 뇌물을 써서 체계적으로 징병을 피했다. 쩔런 경찰서장 자리는 베트남에서 가장 돈을 많이 벌 수 있는 자리가 됐다.[111] 쩔런의 화교 10만 명 이상이 징병을 회피했다.[112] 요컨대, 미국이 지원하는 남베트남의 정권은 남베트남 사람들더러 화교를 부유하게 만들어 주기 위해 목숨을 걸고 북부의 형제들을 죽이라고 요구하는 셈이었다.[113]

미국은 이런 민족 간의 동학을 전혀 보지 못했다. 베트남 현지에 있었던 미군 인력은 중국인과 베트남인을 구별할 수 없었다. 아마 둘 사이에 차이가 있다는 사실조차 몰랐을 것이다. 그들이 보기에 모든 아시아인은 '딩크Dinks, 국, 슬랜트Slants, 슬로프Slope'였다(모두 아시아인을 비하해 부르는 말이다−옮긴이).[114] 당시에 베트남에 있었던 한 미국인은 이렇게 회상했다. "우리는 그들이 인간이라고 생각하지 않았다. '국'들은 피도 안 흘리고 고통도 못 느끼고 충성심이나 사랑 같은 감정도 느끼지 못한다고 생각했다."[115]

워싱턴의 관점에서 베트남전쟁은 미국이 공산주의라는 사악한 적에 맞서기 위해 미군을 희생시켜 가며 베트남의 자유를 위해 싸우고 있는 것이었다. 하지만 베트남 사람들의 관점에서는 미국이 그들에게 '자유'를 주기 위해 싸우고 있다는 것이 어처구니없는 개념이었다. 그들이 경험한 바로, 미국의 개입은 그들의 삶의 방식을 파괴했다. 미국의 화력은 남베트남에서 200만 명 넘는 사람들의 집을 불태웠고[116] 사람들은 조상의 묘를 뒤로하고 터전을 떠나 도시로 가야 했다. 그들은 무차별적인 폭격, 네이팜탄, 끔찍한 양민 학살도 겪었다.[117] 남베트남에서 무려 100만 명의 민간인이 죽었고 그 외에 100만 명이 부상을 당했다. 대부분이 '아군의 발포friendly fire', 그러니까 미군의 발포로 인한 것이었다.[118]

대체 무엇을 위한 것이었는가? 미국이 베트남 사람들에게 제안한 집단 정체성은 한마디로 '미국의 꼭두각시 국가가 되게 해 주겠노라'였다.[119] 많은 베트남 군인이 어떤 희생을 치르더라도 외세에 맞서 싸우자는 의미에서 트룽 자매를 기리는 장식품을 지니고 다니는[120] 나라에서 이는 궁극의 모욕이 아닐 수 없었다. 1969년 초에 헨리 키신저는 "불행히도 우리의 군사적 강점은 그에 응당 따라와야 할 정치적인 강점을 갖고 있지 못하다"고 경고했다. 또 그는 "이제까지 우리는 우리가 철수한 후에 하노이(북베트남)가 일으킬지 모르는 군사 도발에 버틸 수 있을 만한 정치 구조를 만들지 못했다"고 평가했다.[121] 1978년에 귄터 루이Guenter Lewy가 언급했듯이, "남베트남 군인들은 자신이 고결한 희생을 할 가치가 있는 정치 체제에 속해 있다고 생각하지 않았다. 그들에게는 미국이 지원하는 정권을 위해 목숨을 걸 이유가 없었다."[122]

물질적인 면에서도 소수의 최상류층을 제외하면 베트남 사람들은 미국으로부터 아무런 이득을 얻지 못했다. 오히려 그들은 아들과 집을 잃었는데 증오해 마지않는 화교와 부패한 정치인들만 이득을 얻는 것 같아 보였다.[123] 하지만 전쟁이 길어지고 점점 더 많은 남베트남 사람이 미국에 등을 돌리는데도 미국의 외교정책 결정권자들은 영문을 모르고 있었다. 미국은 왜 베트남 사람들이 미국을 그렇게 싫어하는지, 왜 '자유'를 마다하는지 알 수가 없었다. 미국이 베트남의 역사와 민족 갈등의 현실을 잘 파악하고 있었다면, 이 정도로 상황에 대해 깜깜하지는 않았을 것이다.

부족 정치 관점에서 보면 미국이 베트남에서 취한 거의 모든 조치가 베트남 사람들을 미국에 적대적이 되게 만들었다. 미국이 지원한 정권, 미국이 촉진한 정책, 미국이 쏟아부은 돈, 미국이 보인 태도 모두가 베트남 사람들에게 미국과 자본주의에 대한 증오를 불러일으켰고 카리스마 넘치는 지도자 호찌민의 권위와 호소력이 한층 더 높아지게 만들었다.

'인종 청소'라는 거대한 파도

—

1973년에 사이공에서 미군의 마지막 부대가 철수했다.[124] 그 후로 미국인들은 베트남을 잊고 싶어 했다. 하지만 미군이 철수한 직후, 베트남전쟁이 심화시켰던 민족 갈등이 가장 극명한 형태로 나타났다. 1975년 9월, 새로운 사회주의 정부는 'X1'이라는 코드명으로 자본주의 일소 운동을 전개했다.[125] 화교 기업이 약탈당하고 강제로 폐업을 당했으며 250명의 부유한 화교가 체포됐다.[126] 경제계의 화교 거물들이 대거 베트남 밖으로 도피했고 자살한 사람도 많았다. 중국어 신문과 화교 학교도 문을 닫았다. 화교 병원은 국가가 접수했다. 베트남인 부유층도 공격 대상이었지만 화교가 가장 크게 타격을 입었다. '매판 부르주아지'라고 공식 비판을 받은 사람 중 70%가 화교였다.[127] 1970년 대 말에 자산 국유화로 남베트남의 화교가 잃은 자산은 총 20억 달러에 달하는 것으로 추산된다.[128] 당시에 베트남이 저소득국이었음을 생각하면 엄청난 액수다.

베트남 사람들의 반중 정서는 중국과 베트남의 외교 관계가 악화되면서 한층 더 심화됐다.[129] 1977년에는 "베트남에 있는 모든 화교를 대상으로 한 일소 운동이 더욱 강화되어 전국적인 규모로 벌어졌다."[130] 남부의 부유한 화교들은 물리적으로 폭력을 낳았고 집과 재산이 입류됐다.[131] 북부에서는 화교 노동자 모두가 감시 대상이 됐고 중국어를 말하는 것이 금지됐다. 북쪽에 남아 있던 상대적으로 적은 수의 화교 중에는 부유한 자본가가 거의 없었고 대개 어부, 삼림 노동자, 장인, 노동자였는데도 그랬다.[132] 또 중국과 가까운 지역에서는 '국경 지역 정화 작업'을 실시해 안보상의 이유라는 명목하에 중국계 사람들을 쫓아냈다.[133]

하지만 진짜 인종 청소에 가까운 정책은 1978년 초 제2차 자본주의 청산 운동인 'X2'가 시작되면서 벌어졌다.[134] 3월 23일에 3만 명의 준군사 조직이 사이공의 화교 지역인 쩔런을 에워싸고 그 안의 모든 집과 상점을 약탈했다. 약 5만 개의 화교 상점에서 물건과 귀중품이 징발됐고,[135] 화교와 경찰의 충돌로 거리에는 "시체가 즐비했다."[136] 비슷한 습격이 전국 각지에서 벌어졌으며[137] 화교는 공산당에서 숙청되고 정부 행정직과 군에서 축출됐다.[138] 베트남 정부는 화교들을 인구 비례를 훨씬 능가하는 비중으로 체포하고 강제 이주시켰다. "수십만 명의 화교가 새로 생긴 경제지구에서 노동을 하다 숨지거나 국외로 도 피했다."[139] 신실한 공산주의 혁명가였던 북베트남의 화교들도 스파이 혐의를 쓰고 체포됐다. 한 베트남 화교는 나중에 이렇게 회상했다. "우 리 삼촌이 그때 체포됐는데, 삼촌은 적어도 40년간 혁명을 위해 일해 오셨고 (베트남 정부 그 자신이 수여한) 최고 혁명 훈장도 받은 분이셨 다."[140] 1979년《US뉴스앤월드리포트》는 "하노이 당국은 히틀러가 유 대인을 대상으로 증오 선동을 했을 때 썼던 기법과 비슷하게, 베트남 사람들이 겪는 모든 문제가 상업과 메콩강 델타 지역(농업)을 화교가 통제하기 때문이라고 비난함으로써 분노를 부추겼다"고 보도했다.[141]

중국 정부는 하노이에서 벌어진 화교 학살과 공격을 맹렬히 비난했 다. 베트남 당국은 오랫동안 공식적으로 부인했지만, 전문가들은 "중 국이 제기한 의혹과 주장이 대체로 사실로 밝혀졌다"는 데 동의하고 있다.[142] 1978년 말에는 25만 명이 넘는 화교가 베트남에서 쫓겨나 고 3~4만 명가량이 바다에서 사망한 것으로 추정된다.[143] 미국인들은 1970년대 말에 '베트남 보트피플' 이야기를 많이 들었지만[144] 이 베 트남 난민 상당수가 사실은 화교라는 사실은 거의 혹은 전혀 듣지 못 했다.[145] 예컨대 1978년에 탈출한 베트남 난민 중 85%가 화교였다.[146] (베트남전쟁 이후 베트남 난민이 대거 발생한 경우가 세 차례 있었다.[147] 첫 번째는 1975년에 사이공이 함락되자마자 베트남을 떠난 사람들이었고 두 번째는 1978~1979년 베트남과 중국이 전쟁을 할 때 떠난 사람들이었다. 이 두 차례의 난민 중 70%가 화교였다. 이들 대부분은 나중에 서구에 정착 했다.[148] 세 번째는 1988~1989년에 떠난 사람들인데, 이들은 주로 베트남족 사람들이다.[149]) 1979년에는 베트남 외무부의 한 당국자가 외신 기자들에게 베트남이 "화교를 베트남에서 모조리 없애려 했다"[150]고 사실상 인정했다.

이렇듯 베트남의 공산 혁명은 (서구에 대항하는) '국가주의적'이기만 했던 것이 아니라 매우 강렬하게 '민족적'인 것이기도 했다. 미국은 베트남의 정치적 부족주의를 완전히 놓쳤다. 베트남은 미국이 생각한 것과 달리 공산주의 중국의 졸개이기는커녕, 1979년이 되자 중국과 전쟁을 벌이게 된다.[151] 미국이 베트남에서 제 발등을 찍고 자신의 내의를 훼손하고 자신에 대한 대중의 저항을 불러일으키고자 했다면, 이보다 더 효과적인 전략은 없었을 것이다.

아프가니스탄:
'부족 정치'를 간과한
대가를 치르다

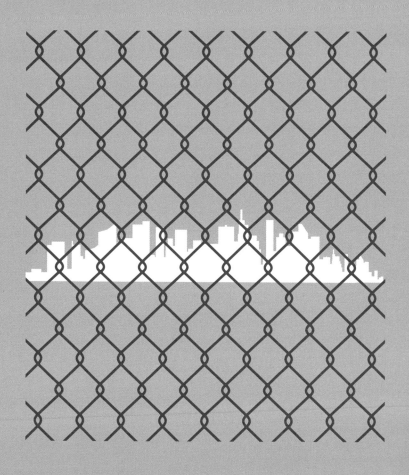

3장

아프가니스탄에서는 개인을 개인으로만 봐서는 완전히 이해할 수 없다. 누구든, 누군가의 아들, 형, 사촌으로, 누군가의 삼촌으로 이해해야 한다. 누구든 그 자신보다 큰 무언가의 일부다.

– 할레드 호세이니Khaled Hosseini[1]

신이 코브라의 독으로부터, 호랑이의 발톱으로부터, 아프간 사람들의 복수로부터 당신을 지켜 주시기를.

– 속담[2]

대부분의 미국인에게 아프가니스탄은 깜깜한 블랙박스다. 미국인이 아는 것은, 미국 군인들이 거기에서 죽었다는 것, 거기에 물라(mullah, 이슬람교 성직자-옮긴이)와 동굴이 많다는 것, 아마도 물라와 동굴이 오사마 빈 라덴에게 은신처를 제공했으리라는 것 정도다. 미국이 아프가니스탄에서 치르고 있는 전쟁이 미국 역사상 가장 긴 전쟁이라는 것도 어렴풋이 알고 있다.[3] 또 '탈레반'이 예술을 파괴하고 여자아이들이 학교에 가는 것을 금지하며 검은 옷만(어쩌면 때로는 흰옷도) 입는 조직이라는 이야기도 어딘가에서 들은 듯하다. 좌우간, 미국인들의 희미한 기억 속에서 미국은 전에 그들을 이겼는데 어떤 이유에선지 그들이 되돌아왔다. 그리고 미국인들은 정말로 무슨 일이 벌어지고 있는 것인지는 하나도 모르는 채 그저 아프간이라는 나라 전체를 잊고 싶어 한다.

하지만 미국인들은 사정을 더 잘 아는 전문가들에게서 그곳 상황이 매우 안 좋으며 더 안 좋아질 것으로 보인다는 불길한 경고 또한 계속해서 듣고 있다. 가령, 아프가니스탄은 "외교정책적 재앙"이고[4] "영원히 끝나지 않는 전쟁"이라고 한다.[5] 또 어느 의원은 최근 《내셔널인터레스트》에서 이렇게 언급했다. "15년 동안 아프간에서 수천 명의 목숨과 수십억 달러를 쓰고서도 미국은 대부분의 핵심 목적을 달성하지 못했다. 임무는 실패했다."[6]

베트남에서와 마찬가지로 미국이 아프가니스탄에서 실패한 핵심 원인은 그곳 사람들에게 가장 중요한 집단 정체성을 간과했다는 데 있다. 아프간에서는 집단 정체성이 국가 대 국가로서가 아니라 민족, 부족, 종족을 기반으로 형성되어 있다. 아프간 국가國歌의 가사에 언급된 부족만 14개다.[7] 그중 가장 규모가 큰 4개 부족은 파슈툰족, 타지크족, 우즈베크족, 하자라족인데 이들 사이에는 오랜 적대와 반목의 역사가 있다.[8] 아프간은 200년 넘게 파슈툰족이 지배했지만[9] 냉전 시기를 거치면서 파슈툰족의 지배력이 차차 줄어 1992년이면 타지크족과 우즈베크족의 연합 세력이 상당한 권력을 갖게 된다.[10] 이런 배경에서, 파키스탄의 지원을 받아 탈레반이 등장한다.

탈레반의 활동은 이슬람 운동이기만 한 것이 아니다. 이것은 민족운동이기도 하다. 탈레반 일원의 대다수가 파슈툰족이다.[11] 탈레반은 파슈툰족이 세웠고 파슈툰족이 이끌고 있으며 파슈툰족의 지배력이 위험에 처했다는 인식 속에서 생겨났고[12] 그 인식이 지속적으로 세력을 유지할 수 있는 힘의 원천 역할을 하고 있다.

미국의 지도자와 정책 결정자들은 이런 부족적인 상황을 전혀 알지 못했고, 그 결과는 재앙이었다. 미국이 부족 정치를 간과하는 바람에 파키스탄이 미국에 안 좋은 쪽으로 상황을 주무를 수 있었던 것이다. 그래서 미국은 의도치 않게 다수의 아프간 사람을 미국에 적대적으로 만들었고, 무기와 자금, 그리고 핵심 인물의 훈련 등을 제공하면서 탈레반이 생겨나게 도운 셈이 되고 말았다.

아프가니스탄의 문제는 단지 급진 이슬람이라는 종교의 문제만이 아니다. 그것은 민족의 문제이기도 하다. 그리고 그것은 어느 집단이건 일단 권력을 잡으면 자신의 지배를 쉽게 내놓으려 하지 않는 법이라는 부족 정치의 근본 원칙에 깊이 뿌리를 내리고 있다.

아프가니스탄과 파키스탄의 미묘한 관계

—

아프가니스탄은 내륙국이다. 서쪽으로는 이란과 국경을 맞대고 있고 (아프가니스탄의 타지크족 사람들은 다리-페르시아어를 쓰며 종종 '동방의 이란인'이라고 불린다[13]) 북쪽으로는 구소련의 중앙아시아 국가들인 투르크메니스탄, 우즈베키스탄, 타지키스탄과 접해 있다. 동쪽과 남동쪽으로는 파키스탄과 약 2500킬로미터 길이의 국경을 맞대고 있는데,[14] 이 국경선을 '듀랜드선'이라고 부른다.

아프가니스탄은 1747년에 널리 숭앙받는 국왕 아흐마드 샤 두라니 Ahmad Shah Durrani가 왕국을 세우면서 국가로 성립됐다.[15] 그는 파슈툰족이다. 이후 1973년까지 200년간 아프가니스탄은 계속해서 파슈툰족 지도자가 지배했다.[16] 파슈툰족은 스스로를 '위대한 전사'라고 여기며 자랑스러워한다. 영국과 러시아가 시도하긴 했지만 어떤 유럽인도 아프가니스탄을 결코 정복하지 못했다는 것이다.[17] 파슈툰족은 파슈툰 어를 사용하고[18] '파슈툰왈리'라고 부르는 독자적인 관습법을 가지고 있다.[19] '파슈툰왈리'와 의미가 딱 들어맞는 번역어를 찾기 어렵지만, 핵심적으로 명예, 환대, 호혜, 복수 등을 뜻한다. 많은 파슈툰족 사람이 아프간을 파슈툰족의 나라라고 생각하며, 오늘날에도 '아프간'과 '파슈 툰'은 종종 같은 의미로 사용된다.[20]

그런데 파슈툰족은 아프간뿐 아니라 파키스탄에도 산다. '파키스탄' 이라는 이름 자체가 1933년 영국에서 이 나라 주요 부족의 거주 지역 을 나타내기 위해 각각의 머리글자를 따서 만든 말인데,[21] P는 펀자브, A는 아프간(파슈툰을 의미한다), K는 카슈미르, S는 신드, 그리고 Tan 은 발루치스탄을 의미한다.

아프간에서는 파슈툰족이 정치적으로 지배적이었지만 파키스탄에 서는 펀자브족이 지배적이었다.[22] 파키스탄 인구의 절반 정도를 차지 하는 펀자브족은[23] 유명한 파키스탄 군대[24]와 대부분의 정부 조직[25]을 장악하고 있다. 또 펀자브 사람들은 강력한 민족 정서를 가지고 있다. 그들은 펀자브어를 쓰고 펀자브 사람들끼리, 그것도 종종 사촌끼리 결 혼한다.[26] 사촌끼리 결혼하는 관습은 영국으로 이주한 펀자브 출신 사 람들 사이에서도 흔하다. 펀자브주의 주도 라호르 출신인 한 하원의원 은 최근 영국에 거주하는 펀자브 사람들 사이에서 사촌 간 결혼 때문 에 아이들 중 장애를 갖는 경우가 "경악스럽고" "명백히 용인되어서는 안 될" 수준으로 많다고 경고했다.[27]

독립 이래 파키스탄 정부는 내내 파슈툰족을 주된 위협 세력으로 여겼는데,[28] 이는 파키스탄에 파슈툰족이 매우 많기 때문이다. 파키스탄에서 파슈툰족의 인구 비중은 전체의 15%에 불과하지만[29] 파키스탄의 전체 인구 자체가 많기 때문에 절대수를 보면 파키스탄에 사는 파슈툰 사람(약 2800만 명)이 아프간에 사는 파슈툰 사람(약 1500만 명)보다 많다.[30] 파키스탄 입장에서는 더 골치 아프게도, 파키스탄의 파슈툰족은 대부분 아프간과의 국경인 듀랜드선을 따라 '파슈툰 동네'를 이루어 살고 있다.[31] 듀랜드선은 1893년에 영국 식민주의자들이 그은 것으로, 파슈툰 사람들은 이 국경선에는 합법성이 없다고 생각해 사실상 무시하고 살아간다. 듀랜드선 양편의 파슈툰 사람들은 국경을 자유롭게 오가는데, 그 '선'이라는 것이 월경을 실질적으로 관리감독하기가 매우 까다로운 지형을 지나가고 있기 때문에 국경을 넘나드는 것이 어렵지 않다.[32] 파슈툰 사람들은 '막대기로 물을 가를 수는 없다'고 즐겨 말하며,[33] 파키스탄에 사는 파슈툰 사람 상당수가 자신을 아프간 사람이라고 생각한다.[34]

파키스탄 사람들은 파슈툰족의 민족주의와 고토 회복 운동을 가뜩이나 우려하고 있었는데, 파키스탄의 벵골 사람들이 1971년에 분리독립에 성공해 방글라데시를 세우자 이러한 우려는 한층 더 심해졌다.[35] 파키스탄의 지배층인 펀자브족은 파슈툰족에 대해서는 이런 일이 결코 반복되게 하지 않겠다고 작심했다.

아프간, '소련의 베트남'이 되다

—

1978년에 쿠데타가 일어나 아프간 국왕이 축출되고 왕궁에서 잔인하게 살해됐다.[36] 왕족의 일원들도 거의 다 살해당했고 시신은 구덩이에 아무렇게나 버려졌다. 공산주의 세력이 일으킨 쿠데타였지만 미국만이 아니라 소련도 깜짝 놀랐다.[37] 한 소련 사학자에 따르면 'KGB조차 아프간의 좌파 쿠데타를 사후에야 알았다.'[38] 미국으로서는 무척 다행스럽게도, 냉전 시기에 소련도 미국 못지않게 부조리한 요인을 간과하고 있었다. 소련도 세계 각지의 사건들을 '공산주의'와 '자본주의' 사이의 거대한 대결로만 여겼다. 1978년 아프간에서 쿠데타가 일어나자 주아프간 소련 대사는 놀라운 수완을 발휘해 이를 정통 마르크스주의적으로 해석했다. 모스크바 당국에 올려 보낸 보고서에서 그는 축출된 전 정권이 자본주의의 모순을 가속화시켰기 때문에 프롤레타리아 혁명이 어느 누구의 예상보다 더 빠르게 일어난 것이라고 설명했다.[39] 하지만 이런 분석은 현실과 전혀 맞지 않았다. 아프간에는 프롤레타리아가 없었다.[40] 쿠데타는 농촌의 파슈툰 분파(이들이 쿠데타 세력이다)와 도시의 타지크 분파 사이에서 곪고 있었던 적대와 반목이 정점에 치달으면서 터진 것이었다.[41]

쿠데타로 집권한 아프간의 새 정부는 재앙적이었다. 명목상으로는 공산주의자였을지 모르지만 지도자들은 무엇보다 파슈툰 민족주의자들이었고 '아프간'을 '파슈툰'과 동의어로 생각했다.[42] 그들은 권력을 공고히 하기 위해 공포 정치를 시작했다. 경쟁 관계인 종교와 부족의 지도자를 샅샅이 찾아내 고문하고 처형했는데, 그 수가 5만 명이 넘었다.[43] 아프간에 들어선 소련의 새 '동맹'은 소련이 관리할 수 없는 지경이 되고 말았다.[44] 모스크바 당국은 폭동이 이렇게 증가하다가는 친미 반공 세력이 권력을 잡게 될지 모른다고 우려했다.[45]

그래서 1979년 12월에 소련은 아프간을 침공했다. 레오니트 브레즈네프Leonid Brezhnev 소련 공산당 서기장은 주미 소련 대사에게 '3~4주면 끝날 것'이라고 말했다.[46] 하지만 전쟁은 9년이나 계속됐고 소련은 결국 미국이 지원하는 무자헤딘에 패해 아프간에서 꽁무니를 뺀다.[47] 워싱턴은 환호했다. 라이벌 진영의 초강대국을, 그것도 그들의 구역에서 패배시켰으니 말이다. 하지만 알고 보니 이것은 피루스의 승리(승리는 했지만 희생이 너무 많아 실익이 없는 승리 – 옮긴이)였다.

미국, 파키스탄의 졸개 노릇을 하다

—

1979년 소련의 아프간 침공은 카터 행정부를 매우 놀라게 했다. 카터의 국가안보 보좌관 즈비그뉴 브레진스키Zbigniew Brzezinski는 모스크바가 너무 나간 것이라고 판단해 희망을 가지면서도, 1956년에 소련이 헝가리를, 또 1968년에는 체코슬로바키아를 침공해 저항 세력을 분쇄하는 데 성공한 것처럼 이번에도 그렇게 될까 봐 매우 우려했다.[48] 그러나 여전히 베트남전쟁으로 타격을 입은 상태였으므로[49] 직접적인 군사 개입은 미국의 선택지에 존재하지 않았다. 그래서 미국은 파키스탄을 통해서 아프간 내의 반소련 무자헤딘에 은밀히 무기를 댔다. 이로써 '누가 가장 많은 총과 돈과 권력을 가질 것인가'와 관련한 모든 결정을 파키스탄의 반공산주의적 군부 독재자 무함마드 지아울하크 Muhammad Zia-ul-Haq가 좌지우지하게 됐다.[50]

달리 말하면, 미국은 아프간에서의 냉전 정책을 파키스탄에 아웃소싱했다. 그리고 파키스탄은 발주처인 미국을 속여서 미국을 사실상 이 지역의 졸개로 삼았다.[51] 파키스탄은 아프간의 부족 정치를 어떻게 다뤄야 할지 정확하게 알고 있었다.

지아울하크는 고전적인 '분열시켜 정복하라' 전략을 썼다. 파슈툰족은 동질적이지 않다. 오히려 내부적으로 분열이 심하기로 악명이 높다. 파슈툰족 안에 모호하고 혼란스러운 수백 개의 작은 부족과 종족들이 있으며 이들 중 많은 수가 서로 오랜 반목과 갈등을 벌여 온 관계다.[52] 파슈툰 사회는 '부족적으로 조직된' 세계 최대 규모의 사회다.[53] 파슈툰 사람은 거의 모두 수니파 무슬림이지만,[54] 일부 부족은(주로 농촌 부족)은 더 종교적이고 일부 부족은(주로 도시 부족) 더 세속적이다.[55] 지아울하크는 파슈툰 사람들 중에서 강성 이슬람주의자들을 지원해서 그들이 권력을 갖게 했다.[56] 이렇게 해서 아프간의 강성 이슬람 파슈툰을 온건한 파슈툰 사람들에서 분리시켜 지아울하크 자신의 (파키스탄) 이슬람 정권과 더 강하게 연대하도록 만들었다. 지아울하크는 파슈툰 지역 전역에 신학교 마드라사madrassa를 지어 젊은 파슈툰 남성들에게 극단주의적이고 해로운 이슬람 근본주의를 교육했다.[57] 전 아프간 대통령 하미드 카르자이Hamid Karzai는 "파키스탄은 파키스탄에 사는 파슈툰족을 이슬람화하고 아프간에 사는 파슈툰 민족주의자들을 살해해 파슈툰 민족주의를 파괴하는 일에 착수했다"며 "파키스탄의 목적은 아프간을 급진 이슬람 세력이 지배하게 만드는 것"이었다고 설명했다.[58]

  공산주의와의 싸움에만 초점이 쏠려 있었던 미국의 정책 결정자들은 파슈툰 사람들에 대해 아는 게 거의 없었다. 오히려 미국은 파키스탄이 지원하는 아프간 무자헤딘을 자유세계를 위해 싸우는 전사들로 낭만화했다.[59] 찰리 윌슨Charlie Wilson 상원의원은 사무실 한쪽 벽면 전체에 무자헤딘 전사들이 영웅적인 포즈를 취하고 있는 사진을 걸어 두기까지 했다.[60] 1979년에 이란에서 경악스러운 이슬람 혁명이 일어나 대격동이 벌어지고 미국인이 인질이 되는 것을 보면서도 아프간에서의 미국 외교정책은 반미, 반서구주의적인 집단 정체성이 이슬람 근본주의 전사들을 얼마나 막강하게 자극하고 있는지를 알아차리지 못했다. 냉전 프레임에 고착된 나머지 미국은 사실상 자신의 도움으로 생겨나고 있는 괴물에 주의를 기울이지 않았다.

  1980년에서 1992년 사이에 미국은 파키스탄을 통해 거의 50억 달러가량의 무기와 탄약을 반소련 무자헤딘 전사들에게 제공했다.[61] (여기에는 중기관총, 폭탄, 대공포, 무선통신 교란 장비, 그리고 2300대의 휴대용 대공유도탄 스팅어미사일도 있었다.[62]) 자신이 정작 누구에게 무기를 제공하고 있는 것인지는 생각하지 않고서 말이다. 무기를 제공받은 사람 중에는 훗날 미국의 최고 현상범 목록에 오르고 맹렬한 반서구주의 기치 아래 탈레반의 지도자가 되는 물라 무함마드 오마르 같은 이들도 있었다.[63] 탈레반이 부상하고 아프간이 오사마 빈 라덴이 이끄는 알카에다의 거점이 된 것은 상당 부분 미국의 책임이라고 말해도 과언이 아닐 것이다.

1989년에 소련이 철수한 이후 아프간은 수년간의 잔혹한 내전에 휩싸였다.[64] 파키스탄과 사우디가 각각 자신이 지지하는 아프간의 지하드 지도자에게 계속해서 자금과 무기를 지원하는데도, 미국은 아프간에 관심을 잃었다.[65] 1996년, 스스로를 '탈레반'이라 부르는 일군의 물라가 수도 카불을 점령하고 아프간 인구 3분의 2에 대해 통제력을 갖게 됐을 때,[66] 미국은 완신히 속수무책이었디.[67]

탈레반이 꺼낸 부족 카드

—

1990년대 초에 아프간은 무법천지였다. 모든 도시와 마을이 사실상 군벌에 의해 통치됐다.[68] 밀거래상과 마약 마피아들이 막대한 이득을 올리고 있었다. 납치, 강탈, 강간(어린 여자아이들에 대해서까지도)이 횡행했다.[69] 전쟁으로 고통받던 많은 아프간 사람이 처음에 탈레반을 지지했던 이유 중 하나는 무법천지였던 곳에 어쨌든 안전을 가져왔기 때문이었다.[70] 그 안전이 엄격한 이슬람 복식의 강요 그리고 텔레비전, 음악, 카드, 연날리기, 대부분의 스포츠 등에 대한 엄격한 금지와 함께 온 것이었더라도 말이다.[71]

탈레반이 안전을 제공할 수 있었던 이유는 파슈툰족의 부족 정체성에 호소력이 있었기 때문이다. 그 덕분에 법과 질서를 구축하기에 충분할 정도로 광범위한 대중적 지지와 탄탄한 권력을 확보할 수 있었다.

수백 년 동안 아프간을 통치한 사람은 늘 파슈툰족이었다.[72] 그런데 1973년에 군주제가 무너지고,[73] 이어 소련이 침공하고, 다시 수년간의 내전이 있고 나서, 파슈툰족의 지배가 갑자기 무너졌다. 1990년대 초에는 아프간의 상당 부분이 수적으로 소수인 타지크족의 지배에 놓였다.[74] 파슈툰족은 카불을 잃었다. 이제 카불에 있는 아프간 대통령은 타지크족인 부르하누딘 라바니Burhanuddin Rabbani였다.[75] 파슈툰족은 국가 관료에 대한 통제력도 잃었다(관료제가 여전히 작동하고 있는 영역에 한해서 말이지만). 국영 텔레비전, 라디오, 신문의 지배적인 언어였던 파슈토어도 그 지위를 잃었고 사용이 크게 줄었다. 게다가 파슈툰족은 권력의 핵심 원천이었던 군에 대한 통제력마저 잃었다.[76] 아프간 군은 거의 해체됐고 남은 부대를 이끄는 장교들은 파슈툰족이 아니었다. 그 결과 깊은 분노와 주변화에 대한 공포가 파슈툰족 내의 부족과 종족들 사이에 광범위하게 퍼졌다. 바로 이 공백을 탈레반이 들어와 메운 것이다.

거의 모든 탈레반 지도부가 (그리고 일반 구성원도) 파슈툰족이다.[77] 파슈툰족 중에서도 대개 길자이 부족Ghilzai인데, 이들은 "가장 낮은 사회경제적 계층 출신"이다.[78] 탈레반은 파슈토어만 유일한 공용어로 인정하며 "그들의 파슈툰 정체성은 복식과 개개인의 행동 양식에서도 명백하게 드러난다."[79] 파슈툰족의 지배력을 복원하겠노라는 약속은 탈레반이 권력을 잡을 수 있었던 핵심 요소였다.

탈레반 지도자들은 마을마다, 부족마다 일일이 찾아다니면서 많은 사람이 가지고 있던 더 단순하고 더 순수한 이슬람주의를 파슈툰족의 자부심과 분노와 결합했다. 그러면서 파슈툰족이 마땅히 가져야 할 자리를 다시 찾을 기회가 있다는 느낌을 사람들에게 불어넣었다. 세스 존스Seth Jones는 다음과 같이 기록했다.

> 탈레반의 전략은 혁신적이었고 거칠 것 없이 효과적이었다. 소련과 달리, 그들은 초기의 노력을 농촌으로부터의 상향식 활동에 집중했다. 특히 파슈툰 남부 지역으로 가서 부족 지도자와 무장 세력 지도자에게 (그리고 일반 지지자들에게도) 접근해, 현재는 타지크족인 라바니가 장악하고 있지만 파슈툰족이 카불을 다시 접수할 수 있게 하겠다고 약속했다. 이것은 매우 면대면의 수준에서 달성된 전략이었다. 지역 방언을 할 줄 아는 탈레반 지도자들이 파슈툰 마을과 지역 거점들을 하나하나 돌아다니면서 사람들을 만났다.[80]

이것은 미국 정부가 알아차리지 못하는 사이에 탈레반이 그렇게 빨리 아프간을 장악할 수 있었던 이유를 설명해 준다. "탈레반은 파슈툰 정체성에 힘입어 파슈툰 지역을 비교적 쉽게 휩쓸 수 있었다. 많은 경우, 총 한번 쏠 필요도 없었다."[81] 탈레반이 강한 저항에 맞닥뜨린 경우는 파슈툰이 아닌 사람들이 사는 지역에서였다.[82] 영향력 있는 파슈툰 사상가 안와르 울 하크 아하디(Anwar Ul-Haq Ahady, 훗날 하미드 카르자이 대통령 정부에서 아프간 중앙은행 총재가 된다)에 따르면, 많은 파슈툰 사람에게 파슈툰족이 주변으로 밀려날지 모른다는 두려움은 "공산주의의 몰락보다 훨씬 더 중요했고 … 탈레반의 부상은 파슈툰 사람들에게 그때까지의 쇠락을 반전시킬 수 있으리라는 낙관적인 마음을 불러일으켰다."[83]

탈레반 지도자 무하함드 오마르는 아프간 부족 정치의 기술을 누구보다 잘 알고 있었다. 스티브 콜Steve Coll이 저서《유령 전쟁Ghost Wars》에서 언급했듯이, 교육 수준이 낮고 한쪽 눈이 없으며 그다지 내세울 것이 없는 파슈툰족의 성직자였던 그는 "파슈툰의 영광의 계승자가 되기에는 의외의 인물"이었다.[84] 하지만 오마르는 이슬람 근본주의를 파슈툰족의 자부심 및 상징과 결합하는 데 달인이었다. 1996년 봄에 탈레반의 지도자가 된 그는 칸다하르에 1000명 이상의 파슈툰 지도자와 종교학자들이 모인 자리에서 연설을 했다.[85] 오마르는 의도적으로 연설 장소를 위대한 파슈툰 국왕인 아흐마드 샤 두라니의 묘로 정했다. 두라니는 파슈툰 부족을 연합해 1747년에 통일 왕국을 세우고 델리를 정복했으며 아프간의 통치를 티베트까지 확장한 인물이었다.[86] 오마르는 상징적으로 두라니의 역할을 자처하며 인근 모스크의 지붕으로 올라가 '선지자 무함마드의 망토'(라고 알려진 것)를 둘렀다.[87] 이 모습에 군중은 환호했고 그를 '신자의 사령관'(군 통수권자로서의 칼리프를 일컫는 칭호-옮긴이)이라고 부르며 연호했다.

종국적으로 보면, 탈레반이 아프간의 파슈툰 사람들을 모두 통합하는 데 성공한 적은 없다.[88] 그렇게 된 이유 중 하나는 파키스탄의 '분열시켜 정복하라' 전략이 계획대로 들어맞았기 때문이다. 파슈툰 사람들 중 상대적으로 온건하고 친서구적인 사람들은 탈레반의 광적인 열광에 점점 더 염증을 느꼈다.[89] 탈레반이 파키스탄과 긴밀하게 연결되어 있다는 점도 자국의 '파키스탄화'를 두려워했던[90] 평범한 아프간 사람들에게 탈레반의 호소력을 약화시키는 요인이었다. 그럼에도 탈레반의 파슈툰 정체성, 그리고 그들이 파슈툰 민족주의를 활용할 역량과 태세가 되어 있었다는 점은 탈레반이 가졌던 호소력의 핵심이었다.[91] 그 덕분에 탈레반은 파슈툰 내의 놀랍도록 방대하고 다양한 부족, 종족, 경제, 그리고 어느 정도 상이한 이데올로기적 배경까지 자신의 궤도 안에 모두 포괄할 수 있었다.

파슈툰족이 아닌 사람들에게 탈레반의 민족적인 측면은 심지어 더 극명했다. 체계적으로 목표물이 됐기 때문이다. 1998년에 탈레반은 우즈베크족과 하자라족 2000명을 학살했고[92](이들 또한 1997년에 탈레반의 파슈툰들을 학살한 바 있다) 16만 명을 아사시키려고 했다.[93] 또한 탈레반은 특히 농촌 지역의 타지크족 사람들도 박해하고 살해했다.[94]

실상은 이러했지만 미국은 탈레반의 민족적인 측면을 결코 보지 못했다. 1980년대와 1990년대 초에 미국은 무자헤딘을 단지 반공산주의 세력으로만 여겼고 따라서 미국의 친구라고 생각했다. 그리고 당연하게도 미국은 이들 '자유전사' 우방에게 금세 관심을 잃었다. 특히 그들이 여자아이에게 학교 교육을 허용하지 않는다는 것과[95] 이곳저곳에서 마을들을 통째로 학살하고 바미안 계곡의 고대 석불을 파괴했다는 것을 알고 나서는 더욱더 그랬다. 오사마 빈 라덴은 탈레반 통치하에 있는 아프간 지역에서 공식적으로 '알카에다'의 발족을 선언하면서 "가능한 곳이라면 어느 나라에서든" 미국인을 죽이는 것이 모든 무슬림의 의무라고 전 세계에 선포했다.[96] 하지만 탈레반이 미국의 친구가 아니라는 것이 분명해졌을 때도, 특히 세계무역센터 테러 이후에 오사마 빈 라덴을 미국에 넘겨주기를 거부했을 때도,[97] 미국은 냉전의 렌즈를 반이슬람 렌즈, 혹은 테러와의 전쟁 렌즈로 갈아 끼웠을 뿐이었다. 미국은 탈레반을 동굴에 사는 한 무리의 물라로 규정했고, 부족 정치의 핵심적인 중요성을 또 한 번 간과했다.

미국의 아프간 침공

—

9·11테러가 일어나고 몇 주 뒤인 2001년 10월, 미국 전체가 비통과 분노에 빠져 있었을 때 미국은 아프간으로 군대를 보냈다. 하지만 미국은 민족적, 부족적인 정체성의 중대함을 계속해서 과소평가하면서 끔찍한 실수와 계산 착오를 반복했다.

무척 인상적이게도 미국은 75일 만에 탈레반을 무너뜨렸다.[98] 하지만 그러면서 미국은 반파슈툰이라고 알려져 있던 타지크족과 우즈베크족 군벌들이[99] 이끄는 '북부동맹'군과 연합을 했다.[100] 반테러 전문가 하산 아바스Hassan Abbas에 따르면 북부동맹 지휘관 중 하나였던 우즈베크족 군벌의 압둘 라시드 도스툼Abdul Rashid Dostum은 "탈레반의 일반 병사 수천 명을" 그들이 이미 항복했는데도 "무자비하게 학살한" 사람이었다. 도스툼이 "원래 그런 성향이 있다는 것은 잘 알려져 있었지만, 이 경우에는 그가 CIA의 돈으로 학살을 저질렀다는 차이가 있었다."[101] 또 다른 끔찍한 사건에서, 도스툼 휘하의 군인들은 수천 명의 탈레반 포로를 선박 컨테이너에 몰아넣고 음식과 물을 전혀 주지 않았다. 나중에 도스툼은 그들의 죽음은 자신이 의도한 바가 아니었다고 주장했지만[102] "수백 명이 컨테이너 안에서 질식사했고 그보다 더 많은 사람이 도스툼의 병사들이 컨테이너를 향해 쏜 총에 맞아 사망했다. 시신들은 커다란 구덩이에 파묻혔다. … 1500명가량의 탈레반 포로가 목숨을 잃었다."[103]

대부분의 파슈툰 사람들(이들 중 상당수는 탈레반에 동조하지 않았다)이 도스툼의 잔혹함을 부족적인 보복이라고 봤다. 그들이 보기에 도스툼은 반파슈툰 학살자였다.[104] 따라서 도스툼이 '미국의 꼭두각시 군주' 중 한 명이 됐을 때 파슈툰 사람들이 미국을 곱게 보지 않은 것은 당연한 귀결이었다.[105]

미국이 탈레반을 무너뜨린 이후 미국의 지원으로 세워진 정부는 문제를 한층 더 꼬이게 만들었다. 새 정권은 아프간 전역에서 파슈툰 사람들을 소외시켰다.[106] 파슈툰을 배제하고 파슈툰의 라이벌 부족들을 우대했다. 전후 '아프간의 미래'를 결정하기 위해 독일 본Bonn에서 국제회의가 열렸는데, 이 회의에 참여한 아프간 대표단은 주로 미국의 영향을 강하게 받은 북부동맹의 우즈벡, 타지크, 하자라 사람들로 구성되어 있었고 파슈툰족은 소수의 망명자가 포함됐을 뿐이었다.[107] 아프간에서 미국의 정책은 '탈레반과 아주 조금이라도 관련이 있는 사람은' 되도록 다 배제한다는 것이나 다름없었다.[108] 탈레반의 이데올로기를 받아들이지 않았더라도 탈레반을 도왔거나 종족적으로 연결이 되는 수많은 온건 파슈툰 사람도 여기에 해당됐다.[109]

게다가 아프간 사람들이 보기에는 미국이 아프간의 요직을 파슈툰족의 숙적인 타지크족에 넘겨주고 있는 것으로 보였는데(어느 정도 그런 면이 있긴 했다),[110] 이들 중 상당수는 부패와 부정으로 널리 알려져 있는 사람들이었다. 하미드 카르자이 대통령은 파슈툰족이었지만 내각의 대부분은 타지크족이 차지했고,[111] 여기에는 육군, 첩보, 군 감사, 마약 단속 당국 등의 요직이 포함됐다. 인구의 24%인 타지크족이 미국이 지원하는 아프간군에서 지휘관의 70%를 차지했다.[112] 미군의 공습으로 파슈툰 지역이 초토화되는 동안 타지크 사람들이 부유해지는 것처럼 보이자, 아프간의 파슈툰 사람들 사이에서는 이런 말이 퍼졌다. '그들은 달러 폭탄을 맞고 우리는 폭탄을 맞는다.'[113] 미국이 군사 개입을 시작한 2001년에는 환영했던 사람들도 미국이 지원하는 새 정권에서 점점 더 소외됐다.[114] 그래서 파슈툰족은 인간개발지수가 전 세계에서 바닥으로 떨어지게 됐다.[115]

미국과 연합군이 탈레반을 '무찌른' 뒤(사실은 무찔렀다기보다 탈레반 병사들이 산으로 들어가 숨게 만든 것이었지만[116]), 미국은 아프간을 사실상 나 몰라라 했다.[117] 이라크에 집중하느라 아프간 사람들에게 안전이나 기본적인 공공 서비스를 제공할 수 있는 어떤 조치도 마련하지 않았던 것이다.[118] 이것은 치명적인 실수였다. 탈레반이 가졌던 핵심적인 강점 하나는, 이전에 만연했던 강탈, 강간, 집단 강도, 납치 등을 막아냈다는 점이었다.[119] 그런데 미국이 탈레반을 축출하자 부패와 무법천지가 되돌아왔다.[120]

2001년 12월에 미국의 부통령 딕 체니는 "탈레반이 영원히 사라졌다"고 말했다.[121] 하지만 2010년에 탈레반은 아프간 동부와 남부의 상당 지역에서 통제력을 회복했다.[122] 미국이 6500억 달러나 전쟁에 쏟아붓고 2200명이 넘는 목숨을 희생시켰는데도 말이다.[123] 2016년에 아프간 주둔 미군은 아프간의 43%가 '교전 중'이거나 반란군의 통제권이나 영향권에 다시 들어갔다고 보고했다.[124] 2017년 3월에 탈레반은 헬만드Helmand의 핵심 지역을 다시 장악했다. 이 지역은 미군과 영국군이 엄청난 인력을 희생시켜 가며 방어했던 아편 생산지였다. CNN의 한 안보 분석가에 따르면, 탈레반이 이 지역을 재점령할 수 있었던 이유 중 하나는 "탈레반은 대중의 지지를 얻은 반면 카불의 정부는 그렇지 못했다는 데" 있었다.[125] 그는 "카불에서 먼 곳일수록 상황은 더 안 좋다"고 말했다. 그러는 동안, 아프간은 다시 한 번 테러의 중심지가 됐다. 알카에다, ISIS, 파키스탄 탈레반(이들은 2014년에 페샤와르에서 학생 132명을 살해했다) 등의 일원이 이곳으로 모여들게 된 것이다.[126]

냉전 시기부터 오늘날까지, 미국의 아프간 정책은 계속해서 막대한 실패였고, 이는 상당 부분 아프간의 복잡한 부족 정치를 몰랐거나 무시했기 때문이었다. 2009년에 스탠리 매크리스털Stanley McChrystal 장군은 NATO가 이끈 안보유지군에 대해 다음과 같이 말한 바 있는데, 이것은 미국에 대해서도 맞는 말이다. "우리는 아프간 사람들에 대해 충분히 연구하지 않았다. 그들의 필요와 정체성, 비통함은 지역별로, 또 마을별로 매우 다르다."[127] 그 때문에 베트남에서도 그랬듯이, 미국이 아프간에서 취한 거의 모든 조치는 아프간 인구 대다수가 미국에 대해 적대적이 되게 만들었을 뿐이었다.

특히 미국은 '파슈툰 문제'를 보지 못했고 해결하지 못했다. (해결하려고 시도하지도 않았다.) 파슈툰 사람들은 아프간을 자신의 나라라고 생각한다. 그들은 아프간을 세웠고 200년 넘게 지속적으로 통치했다. 그들은 두 개의 세계 초강대국(영국과 러시아)을 무찔렀다. 파슈툰 사람들은 설령 탈레반을 싫어한다 해도 자신이 깊은 분노를 느끼는 라이벌 부족에 자신을 복속시키려 하는 정권은 결코 지지하지 않을 것이다.

오늘날에는 '파슈툰 딜레마' '파슈툰 문제' '파슈툰 질문'과 같은 제목을 가진 훌륭하고 통찰력 있는 저술과 기사들이 많이 나오고 있다.[128] 바라건대, 미국의 외교정책 결정자들이 이제 이 문제에 관심을 기울이고 있기를 바란다. 하지만 늘 그렇듯이, 이미 늦은 감이 없지 않다.

이라크:
민주주의의 '부작용'과
ISIS의 탄생

4장

일군의 이맘(이슬람 지도자-옮긴이)이 나를 보러 왔다. 쿠르드, 아랍, 투르크 사람이라고 자신을 소개했다. 수니파와 시아파 모두 있었다. 나는 내가 어떻게 도와주길 원하는지 물었다. 그러자 한 명이 대답했다. "당신은 우리가 필요로 하는 것을 알고 있을 것입니다. 우리에 대해, 우리가 필요로 하는 것에 대해 파악하지 못한 채로 미국이 우리를 침공하려 하지는 않았을 것 아닙니까?"

- 에마 스카이Emma Sky, 《무너지다The Unraveling》[1]

단지 총칼로 죽이고 사로잡아서는 반란을 뚫을 수 없다.

- 데이비드 퍼트레이어스David Petraeus 미군 장군[2]

2003년에 미국 지도자와 정책 결정자들은 이라크를 침공해야 한다는 주장에 힘을 실어 주는 외교정책의 선례를 가졌다고 생각했다. 제2차 세계대전 이후 독일과 일본이었다.[3] 두 나라 모두에서 미국은 권위주의 정권을 무너뜨렸고 사람들을 해방시켰으며 민주주의와 자유주의적인 헌법을 도입했다. 모두 놀랍도록 성공적이었고 해당 국가들의 평화와 번영으로 이어졌다. 부시 대통령은 "일본과 독일의 문화가 민주적 가치를 지탱할 역량이 부족하다고 다들 말하던 때가 있었지만 그들이 틀린 것으로 판명됐다"며 "오늘날 이라크에 대해서도 똑같은 말을 하는 사람들이 있는데 그들이 잘못 생각하는 것"이라고 말했다.[4]

그래서 미국은 엄청나게 낙관적인 기대를 가지고 이라크를 침공했다. 부시 대통령은 "우리는 이라크 사람들이 중동 한복판에서 평화롭고 민주적인 국가를 건설하도록 도울 것"이라고 말했고,[5] 나중에 이렇게 덧붙였다. "이 중요한 지역에서 자유가 부상하면 급진주의와 살육의 이데올로기가 육성될 수 있는 여건을 제거할 것이고 이는 궁극적으로 우리나라를 더 안전하게 만들 것이다."[6] 체니 부통령도 미국이 이라크를 해방시키고 나면 "분명히 바스라와 바그다드의 거리에는 기쁨이 넘칠 것"이라며[7] "그곳의 자유를 사랑하는 사람들은 영구적인 평화를 가져올 가치들을 촉진할 기회를 가지게 될 것"이라고 말했다.[8] 전쟁 직전의 몇 달 동안, CIA 분석가들은 이라크 사람들이 미군의 진격을 따뜻하게 환영할 것이라고 확신했다. 심지어 한 요원은 미군이 거리를 지나갈 때 "고마워하는 이라크인들이 자신을 해방시키러 온 사람들을 환영하며 흔들 수 있게 작은 성조기 수백 개를 은밀하게 들여보내자"고 제안하기까지 했다.[9]

물론 그런 일은 일어나지 않았다. 반대로, 베트남과 아프간에서 그랬던 것처럼 미국은 곧 자신이 도우러 간 바로 그 사람들로부터 증오를 사면서 이길 수 없는 전쟁에 발을 들여놓았음을 깨달았다. 중동 한복판에 자유 시장 민주주의의 빛나는 모델이 생겨나기는커녕 미국은 이곳에 ISIS가 생겨나게 했다.

문제는 여기에서 전후의 일본과 독일이 잘못된 비교 대상이었다는 점이었다.[10] 부족 정치의 관점에서 보면, 독일과 일본은 이라크와 달라도 너무 달랐다. 독일과 일본 모두 민족적으로 매우 동질적이다. 일본은 늘 그랬고 독일은 1945년이면 비非아리아인 대부분을 절멸시킨 뒤였기 때문에 그랬다. 즉 전후에 독일과 일본에서의 민주화는 민족적, 종교적 분열이 비교적 없는 상태에서 이루어졌다.

불행히도 훨씬 더 적절한 비교 대상이 미국에 정면으로 경고를 보내고 있었다. 바로 1990년대의 유고슬라비아다. 이라크처럼 유고슬라비아는 다민족(세르비아, 크로아티아, 슬로베니아, 보스니아 등) 국가였고 민족 간 오랜 반목의 역사가 있었다.[11] 하나만 예로 들면, 제2차 세계대전 때 크로아티아인은 나치의 지원을 받아 세르비아인을 집단수용소에서 수천 명이나 학살했다. 유고슬라비아는 종교적 분열도 깊었고 (가톨릭, 동방정교, 무슬림), 시장 지배적 소수 민족도 있었다(크로아티아인과 슬로베니아인이 인구 중 다수인 세르비아인보다 훨씬 부유했다). 국가 정체성은 상대적으로 약했고(이라크처럼 유고슬라비아는 제1차 세계대전 이후에 만들어진 나라) 온갖 분열적인 요소를 비교적 성공적으로 결합시키고 있었던 것은 카리스마적인 군부 독재자 요시프 브로즈 티토Josip Broz Tito의 강철 주먹이었다. 티토 통치하의 수십 년 동안, 민족적인 긴장이 표면 바로 아래에서 늘 들끓고 있긴 했지만, 유고슬라비아의 다양한 집단은 비교적 평화롭게 공존했고 세르비아인과 크로아티아인이 결혼하는 경우도 꽤 잦았다.

그러나 1990년대 초에 민주화가 되자 유고슬라비아에 도래한 것은 평화와 번영이 아니었다. 민주화의 결과로 유고슬라비아가 갖게 된 것은 민족주의적인 선전 선동, 인종 전쟁, 인종 청소였다.[12] 홀로코스트 이래로 유럽에서 본 적이 없는 종류의 극심한 폭력이 벌어졌다. 집단수용소가 다시 나타났다. 세르비아인은 크로아티아인을 죽였고 크로아티아인은 세르비아인을 죽였고 세르비아인은 보스니아 무슬림을 죽였다. 오랫동안 크로아티아인과 이웃으로 살아온 세르비아인은 자신의 지도자가 "우리는 녹슨 수저로 그들을 죽일 것이다. 그것이 더 고

통스러울 것이기 때문이다"[13]라고 말하자 갑자기 그 말에 동조하며 환호성을 질렀다.

일본과 독일이 아니라 유고슬라비아를 비교 대상으로 삼았더라면 훨씬 도움이 됐을 것이다. 2003년에 이라크도 다민족 국가였고 수니파 아랍인, 시아파 아랍인, 쿠르드인, 기독교인 등 인종과 종교에 따른 분열이 심했다.[14] (이라크 내 쿠르드인도 대부분 수니파이지만 여기에서 '수니파'는 수니파 아랍인을 말한다.) 또한 이라크도 국가 정체성이 비교적 약했고 수십 년간 하나로 통합될 수 있었던 것은 독재자의 강철 주먹 아래서였다. 또한 유고슬라비아처럼 이라크에도 '시장 지배적 소수민족'이 있었다.

이라크의 지배적 소수 집단, 수니파 아랍인

—

미국의 침공 직전에 이라크는 대략 15%의 수니파 소수 집단이 경제, 정치, 군사적으로 지배층을 구성하고 있었다.[15] 대조적으로 시아파는 농촌 빈민과 바그다드 등 주요 도시의 슬럼가에 사는 도시 빈민이 다수를 차지했다.[16]

수니파는 수백 년 동안 이라크를 지배했다.[17] 처음에는 (수니파) 오토만의 통치하에서 그랬고, 그다음에 영국 통치하에서도 수니파가 지배층을 이뤘다. 영국은 전형적인 '분열시켜 정복하라' 전략으로 수니파 지배 계층을 통해 시아파와 쿠르드족을 주변화하면서, 간접적으로 이라크를 통치했다. 그리고 1968년에 정권을 잡은 바트당은 명목상으

로는 정교 분리 정치와 아랍의 단결을 표방했지만 금세 수니파 헤게모니 유지를 위한 기관이 됐다.[18]

그러나 바트당의 (사이비 종교 수장 같은) 지도자 사담 후세인은 수니파를 우대하고 인구의 다수인 시아파를 억압하는 정책을 이전과는 차원이 다른 수준으로 전개했다.[19] 1979년에 대통령이 된 후세인은 군, 공무원, 정보기관을 모두 수니파로 채웠다.[20] 후세인 정권에서 수니파(특히 그의 고향 사람과 그의 종족 사람들[21])는 정부 요직을 차지했고 이라크의 광대한 석유 자원에서 나오는 부를 쥐락펴락했다. 국유화된 석유 회사들의 요직도 바트당원들이 차지했기 때문이다.[22]

그와 동시에 후세인은 시아파 성직자의 영향력이 커지는 것[23]과 시아파 인구가 많다는 사실[24]에 위협을 느껴서 시아파와 쿠르드족을 무자비하게 탄압했다. 시아파의 종교적 휴일을 쇠지 못하게 하고 시아파의 저명한 성직자들을 체포해 처형했다.[25] 시아파 마을들이 통째로 불에 탔고[26] 수십만 명의 시아파와 쿠르드족 사람들이 쫓겨나거나 숨졌다.[27] 1991년에 쿠르드족과 시아파가 봉기를 일으키자 후세인은 잔인하게 보복했다.[28] 화학무기를 사용했고 여성과 아동도 포함해 셀 수 없이 많은 사람을 처형했다. 시신은 커다란 구덩이에 한꺼번에 파묻혔다.

이것이 2003년에 미군이 이라크를 침공했을 때의 상황이었다. 미군은 몇 주 만에 후세인을 권좌에서 축출했다. 수니파는 오래도록 특권을 가진 소수 민족이었고, 인구의 60%를 차지하는 시아파는 오랜 억압의 역사 때문에 수니파에 대해 깊은 원한과 복수의 열망을 가지고 있었다.[29] 미국은 빠른 민주화가 위험할 수도 있다는 것을 인지했어야 마땅하다. (특히 바로 얼마 전의 유고슬라비아 사례에서 교훈을 얻었다면 더욱 그래야 했다.) 시아파는 도끼의 날을 있는 대로 날카롭게 갈아 놓은 상태였고, 수니파는 그런 시아파의 지배를 두려워해야 할, 따라서 그것을 막기 위해 필사적으로 저항해야 할 모든 이유가 있었다. 그런데도 미국의 외교정책 결정자들, 정치인, 학자 대부분은 또다시 민족·종교적 분열을 과소평가하면서 수니파와 시아파 간 분열이 그리 큰 문제가 아니라고 생각했다.

2003년에 존 매케인 상원의원은 "수니파와 시아파 사이에는 유혈 충돌의 역사가 한 번도 없다"며 "따라서 나는 그들이 잘 융합되어 지낼 수 있을 것이라고 생각한다"고 말했다.[30] 보수적인 논평가 윌리엄 크리스톨William Kristol도 "대부분의 아랍 국가에 시아파와 수니파가 모두 존재하고, 많은 나라에서 이 둘은 완벽하게 잘 공존하고 있다"고 말했다.[31] 또한 폴 울포위츠Paul Wolfowitz 당시 국방 차관은 하원 예산위원회에서 증언을 하면서 발칸 반도와 달리 "이라크에는 민족적인 무장 세력이 서로 싸운 기록이 없다"며 "이들(이라크인들)은 모두 아랍인이고 아랍 세계에서 가장 교육 수준이 높은 2300만 명이며 우리를 그들에게 해방을 가져다주러 온 사람들로 여기고 환영할 것"이라고 말했다.[32]

설상가상으로, 미국 정책 결정자들은 민주화가 수니파와 시아파 간 갈등의 '해법'이라고 생각했다. 이라크의 새 헌법을 기초한 사람 중 한 명인 하버드대학교 교수 노아 펠드먼Noah Feldman은 민주적 과정을 도입하면 수니파와 시아파가 통합되는 데 기여하리라는 확신을 다음과 같이 표명했다. "상당한 확신을 가지고 다음과 같이 예상할 수 있을 것이다. 일반적인 정치 과정이 점차 효과를 발휘하게 되면 시아파가 여러 정당으로 나뉠 것이고, 결국 의회에서 다수가 되려면 다들 수니파와의 연합을 진지하게 고려해야 할 것이라고 말이다."[33] 슬프게도, 민주화는 이 모두와 반대되는 결과를 가져왔다.

민주주의를 이라크에 도입하다
—

미군이 도착하자 곧바로 수니파 저항 세력은 미국 침략자들에 맞서 전쟁을 벌이기 시작했다.[34] 그들은 미국이 다수파인 시아파에게 권력을 줄 것이라고 (정확하게) 생각했다. 현지의 집단 간 분열이 어떤 상황이었는지에 대해 미국이 전적으로 무지했다는 것은 결코 과장이 아니다. 연합군임시행정당국(CPA, 미군이 이끄는 군정 당국-옮긴이)의 고위 장교 중 아랍어를 조금이라도 할 줄 아는 사람은 한 명밖에 없었다.[35] CPA 주둔 인력을 뽑을 때 주요 선발 기준은 보수주의를 지지하는지와 부시 행정부에 대한 충성심이었다. 지원자는 부시에게 투표했는지, 낙태 관련 소송인 '로우 대 웨이드' 사건에서 어느 쪽을 지지했는지 등에 대해 질문을 받았다. CPA가 이라크에 대해, 특히 수니파와 시아파 사이의 동학과 관련해 무지했던 것은 일련의 파국적인 의사 결정으로 이어졌다.

예컨대, 수니파가 느낀 두려움은 (따라서 수니파의 저항도) 2003년 5월에 CPA가 재앙적인 '탈바트화' 명령을 내리면서 심각하게 악화됐다. 탈바트화 명령에 따르면, "바트당의 상위 4개 서열에 있었던 사람"

은 모두 "해고되어야 하고 다시는 공직에 종사하는 것이 허용되지 않아야"[36] 했다. 10년 뒤에 스탠리 매크리스털 장군이 회상했듯이, 탈바트화는 수니파 사람들 사이에서 "사담 후세인의 축출로 인해 수니파가 시이파의 지배하에서 권리를 박탈당하는 상태에 고스란히 방치되리라는 공포를 강화했다."[37] 또 탈바트화는 가뜩이나 전쟁으로 폐허 상태였던 이라크에 절실히 필요했던 숙련 인력을 대거 잘라 내는 결과를 낳았다. 병원에는 의사가 없었고 정부 부처는 하룻밤 새에 갑자기 전문가들을 잃었다.[38]

하지만 아마도 미국이 내린 최악의 의사 결정은 이라크군 전체를 해산하기로 한 결정이었을 것이다.[39] 하루 만에 미국은 무기를 가진, 그리고 군사 훈련을 받은 것을 빼면 고용 시장에 나갈 만한 다른 기술은 없는, 좌절하고 분노한 젊은 남성 실업자 25만~35만 명을 만들어 냈다.[40] 생계를 이을 다른 수단이 없어서, 이들 중 많은 수가 알카에다, ISIS 등 수니파 무장 단체에 들어가 미국에 맞서 무기를 들었다.[41] 2015년에 한 전문가는 "ISIS의 전도유망한 지도자 중 60%는 이전의 바트당원이라고 추산했다.[42] 전직 이라크군 정보장교는 (그도 군이 해산될 때 일자리를 잃었다) "ISIS에서 군사 작전을 책임지는 사람들은 이전의 이라크군에서 가장 뛰어났던 장교들"이라고 말했다.

이렇게 대대적으로 불안정하던 2003년에 미국이 해법이라며 가져온 것은 즉각적인 민주화였다.[43] 현지 상황에 대해 아무런 지침이나 지식이 없는 상태에서 연합군 지휘관들은 지방선거 일정을 짜라는 명령을 받았고 투표용지를 인쇄했다.[44] 곧바로 위험 신호가 나타났다. 예를 들면, 2003년 6월에 연합군은 나자프에서 선거에 착수했다가 부끄럽게도 바로 취소해야 했다. "많은 곳에서 정치적으로 가장 잘 조직된 집단들은 타협 거부파, 극단주의자, 바트당 잔당이며" 이들이 "다른 모든 집단보다 유리하다는 점"이 명백히 드러났기 때문이다.[45]

그럼에도 미국은 민주화를 계속 밀어붙였다. 2005년 12월에 이라크의 첫 전국 선거를 사흘 앞두고, 부시 대통령은 다가올 투표가 "민주주의 경험이 없고 세계 최악이었던 전제 정치의 유산을 극복하고자 투쟁해 온 나라의 놀라운 전환점"이 될 것이라고 말했다.[46] 그는 선거에 등록한 "수백 개의 정당과 연합" 및 후보들이 "각지에서 유세를 통해 자신의 의제를 공약으로 제시하고 있다"고 자부심에 차서 말했다.

불행히도, 이 정당들은 이라크의 인종적, 분파적 분열을 이용하고 격화했다.[47] 시아파는 시아파에게 투표했고 쿠르드족은 쿠르드족에게 투표했으며 수니파는 수니파에게 투표했다.[48] 데이비드 퍼트레이어스 장군이 나중에 회상했듯이 "사람들이 대체로 인종적, 분파적 정체성에 따라 투표했기 때문에, 이 선거는 분파적 입장을 단단하게 고착하는 결과를 낳았다."[49]

2005년의 선거는 사람들을 통합하거나 분파적 폭력을 완화하는 데 아무 도움이 되지 않았다. 오히려 폭력은 빠르게 악화됐다. 시아파의 살인 도당은 바그다드 곳곳을 돌아다니며 수니파를 구타하고 살해했다.[50] 호전적인 수니파는 또 그들대로 테러를 시작했다. 이들의 지도자 중 한 명인 아부 무사브 알자르카위Abu Musab al-Zarqawi는 시아파에 대해, 민주주의에 대해, 연합군에 대해, 미국에 대해 '전면전'을 선포했다.[51] 2006년에 시아파 무슬림이 매우 성스럽게 여기는 알아스카리 사원에 폭탄 테러가 발생했다. 이 사건으로 매우 치명적인 분파 간 전쟁이 촉발됐고, 이후 며칠 사이에 분노한 시아파가 스무 곳이 넘는 수니파 사원에 보복 폭탄 테러를 가했다.[52] 1000명두 넘는 사람이 죽었고[53] 이라크는 수니파와 시아파 사이의 내전으로 치달았다.[54]

이런 폭력 사태가 벌어지는 동안 미국은 군사적으로 무엇을 하고 있었는가? 2006년 즈음 미국 사람들은 전쟁에 진력이 나 있었고 미군은 '출구 전략'을 찾는 분위기였다.[55] (울포위츠와 국방부 장관 도널드 럼스펠드는 당초에 침공 후 1년 안에 이라크에서 나올 수 있을 것이라고 기대했었다.) 워싱턴 당국의 명령은 미군 사상자를 최소화하라는 것이었다. 그래서 미군은 대부분 전진작전기지FOB에 꽁꽁 틀어박혀 있었다.[56] 즉 이라크가 혼돈의 나락으로 빠져드는 동안 미군은 참호에 들어앉아서 이라크 사람들과 접촉을 최대한 피하려 했다. 요충지인 티크리트 인근의 FOB에서 한 군인이 무엇을 하고 있어야 하는지 몰라 상사에게 물었더니 상사가 이렇게 대답했다고 한다. "북쪽으로 가는 아이스크림 트럭을 잘 지키는 게 우리 임무다. 다시 거기에서 누군가가 그것을 잘 지킬 수 있도록."[57]

미국이 이라크의 부족 정치에 그렇게 심각하게 눈감고 있지 않았다면 조금 더 잘할 수 있지 않았을까? 미국이 현지 사람들에게 너무나 중요했던 집단적 유대와 충성심을 인지하고 그것을 고려해 행동했더라면 훨씬 더 나았을 것이라고 시사하는 사례를 하나 살펴보자.

2007년의 대규모 진압 작전

—

대대적인 외교정책상의 실패를 반복하던 와중에도 짧게나마 미국이 이라크에서 성공을 거둔 적이 있다. 2007년에 부시 대통령이 2만 명을 추가 파병하면서 대대적인 진압 작전을 전개하기로 결정했을 때였는데, 이때 분파적 폭력과 민간인 및 미군 사상자가 크게 줄었다.[58] 하지만 미국인 대부분은 이 작전을 매우 잘못 이해하고 있는데, 부분적으로는 양당이 서로 상대를 비난하며 당파적인 진흙탕 싸움을 벌이는 와중에서 이 작전이 동네북이 되었기 때문이다.[59] 하지만 이때 성과를 낼 수 있었던 이유는 상세히 들여다볼 필요가 있다. 미국이 부족 정치를 더 민감하게 염두에 두면서 더 효과적인 외교정책을 폈더라면 어땠을지에 시사점을 주기 때문이다.

미군의 추가 파병(주로 바그다드와 알안바르 지역에 보내졌다[60])이 물론 핵심 요인 중 하나였다. 하지만 이 시기의 성공은 현지인에 대한 미군의 접근 방식이 180도 달라졌기 때문에 가능했다.[61] 이라크에서 처음으로 미군은 현지의 집단 동학에 초점을 두고 민족적 문제를 의식적으로 반영한 정책을 시도했다.[62] 그리고 이 작전은 한 부족 한 부족, 한 지도자 한 지도자, 한 마을 한 마을씩 승리를 거뒀다.

이야기의 시작은 약 2년 전으로 거슬러 올라가며, 당시에는 잘 알려지지 않았던 H. R. 맥매스터H. R. McMaster 중령이 주요 인물이다(훗날 그는 트럼프 행정부에서 국가안보좌관이 된다). 2005년 봄에 맥매스터가 수천 명의 군을 이끌고 이라크 북부 도시 탈아파르에 도착했다.[63]

수니파 저항 세력이 통제하고 있었고 폭력과 살해가 난무하던 지역이었다. 이라크 주둔 2년 동안 사기와 의욕이 꺾이기만 하는 시기를 지낸 뒤, 맥매스터는 미국 정책의 문제점을 절실히 알게 됐다고 말했다. "이라크에 왔을 때 우리는 이 복잡성을 이해하지 못하고 있었다. 어느 사회가 잔인한 독재 치하에서 민족적, 분파적 분열이 있는 상태로 살아간다는 게 어떤 의미인지 말이다. … 우리는 많은 실수를 했다. 앞이 안 보이는 사람처럼, 우리는 무언가를 제대로 하려다가 많은 것을 망가뜨렸다."[64] 통념과 다른 의견을 갖곤 하는 사람인 맥매스터는 기존과는 전적으로 다른 접근 방식을 취하기로 했다. 이라크의 집단 간 분열과 집단 정체성들이 일으키는 복잡성을 파악하고 그것을 고려해 접근하기로 한 것이다.[65]

우선 맥매스터는 자신의 부대원에게 현지 집단의 관습, 습관, 태도에 대해 상세한 특강을 집중적으로 듣도록 했다.[66] 조지 패커George Packer는 이렇게 기록했다.

> 그 부대는 미국인들이 '남자용 드레스'라고 부르는 아랍 디슈다샤(dishdasha, 아랍 남성 복식-옮긴이) 수십 벌을 구매했다. 그리고 군인과 아랍계 미국인들이 이라크인 역을 맡아 역할극을 하면서 다양한 현실적 시나리오에 대해 대처법을 연습했다. … 군인들은 벽면에 온통 시아파 성인과 정치인의 사진이 걸려 있는 집을 보고 그 집에 살고 있는 사람들에 대해 결론을 도출해 보는 훈련을 받았다. 군인들은 그 집에 사는 사람들과 서너 번

함께 앉아, 차를 마시면서, 제대로 된 질문을 던지며 이야기를 하고 난 뒤에야 원하는 정보를 얻을 수 있었다.[67]

맥매스터는 자신의 부대원들에게 아랍인을 '하지 놈들hajjis'이라고 부르는 식의 멸칭을 사용 금지했고,[68] "이라크 사람을 존중하지 않고 대하는 것은 적을 위해 일하는 것이나 미친거지"라고 밀했다.[69] 또한 그는 부대원 중 일부에게 아랍어를 배우게 했고[70] 피비 마르Phebe Marr가 쓴《이라크 현대사The Modern History of Iraq》를 수백 권 주문했다. 또한 저지선을 단단히 치고 출입을 통제하는 대신 군 부대원들을 밖으로 내보내 지역 사람들과 소통하게 했다.[71] 신뢰를 쌓고 탈아파르 지역의 복잡한 집단 동학과 권력 구조를 알아내기 위해서였다. 맥매스터가 이끄는 부대의 장교 중 한 명은 1주일에 40~50시간을 들여서 탈아파르 내에 있는 수십 개의 부족 지도자들을 한 명씩 만났다.[72] "먼저 시아파 부족장들을 만나서 미국을 신뢰해도 되며 미군이 그들의 동네를 안전하게 해 줄 것이라고 말했다. 그다음에 수니파 부족장들을 만났다. 이들 중 상당수가 적극적으로든 소극적으로든 반란 세력을 지원하고 있었다."

맥매스터는 주요 부족 지도자들과 연합을 형성하기 시작했다.[73] 그는 반란 세력을 무찌를 수 있는 유일한 길은 수니파와 시아파가 극단주의자에 맞서 협력하게 하는 것뿐이리고 생각했다. 극단주의자들의 잔혹함과 무차별적인 살육으로 머리 없는 시신들이 도처에 나뒹굴던 탈아파르는 경악과 공포에 빠져 있었다. 그렇더라도 극단주의에 맞서 수니파와 시아파의 협력을 구축한다는 맥매스터의 계획은 대단히 어려운 일이었다. 수니파는 반란 세력이었고 현지의 수니파 부족들은 경찰을 장악하고 있는 시아파를 증오하고 두려워했다. 하지만 온갖 어려움에도 불구하고 맥매스터는 부족 지도자들을 한 명씩 한 명씩 어렵게 설득해 결국 성공했다. 온건 수니파와 극단 수니파 사이에 쐐기를 박아 이들을 분리하고 수니파와 시아파 부족장들이 협력하도록 함으로써 맥매스터의 부대는 탈아파르에서 반란 세력을 한 골목씩 제거해 나갔다. 맥매스터가 온 지 6개월 만에 탈아파르는 안정을 되찾았고 분파적 폭력은 급격히 감소했다.

탈아파르는 이라크에서 미군이 처음으로 성공한 대규모 반란 진압 작전이었다. 1년 동안 반복되던 실패의 행렬에서 유일하게 빛나는 지점이었다.[74] 맥매스터의 성공을 본보기 삼아 미군은 비슷한 전술을 이라크 중부 알안바르주의 주도인 라마디에서도 시행했다.[75]

2006년에 이르자 원래는 반란 세력을 지지했던 알안바르의 많은 수니파 사람이 알카에다의 야만적이고 인간의 생명을 전적으로 경시하는 태도에 혐오를 느끼고 있었다. 은퇴한 중령이자 현직 교수인 피터 만수르Peter Mansoor는 "담배를 피우다 걸리면 누구든 손가락을 잘랐다"며[76] "암살당한 이라크 사람의 시체에 지뢰를 설치해서 가족이 시신을 수습하다가 죽거나 다치기도 했다"고 말했다. 게다가 많은 알카에다 고위 지도부가 외국인이었는데[77] 그들에게 협력하기를 거부하면 널리 존경받던 수니파 부족장들까지 살해했다. 오늘날 '수니파를 일깨우기 Sunni Awakening'라고 불리는 미군의 전략을 통해 알안바르의 많은 수니

파가 알카에다에 등을 돌렸다.[78]

라마디 담당 여단의 지휘관이던 션 맥팔랜드Sean MacFarland 중령은 이렇게 해서 열린 문을 기회로 이용했다. 그는 수니파 부족장들과 긴밀히 협력하고 그들의 역량을 육성함으로써 수니파 부족을 하나씩 미국의 편이 되게 했다.[79] 또한 트래비스 패트리킨Travis Patriquin처럼 현지에 대해 방대한 지식이 있는 사람들을 활용했다. 아랍어에 능통하고 이라크의 부족 문화를 잘 알고 있던 패트리킨은 "부족 지도자들과 셀 수 없이 많은 차와 수백 대의 담배를 피우면서 마술을 펼쳤다." (패트리킨은 2006년 12월에 길에서 폭탄이 터지는 바람에 사망했다.)[80]

매우 중요하게, 맥팔랜드는 수니파 부족장들에게 그들의 부족민을 새로운(미군이 무기와 훈련을 제공하는) 현지 경찰로 채용할 수 있게 해달라고 설득했다.[81] 현지 사정을 잘 알고 누가 반란군이고 누가 범죄자인지를 잘 가려낼 수 있는 지역 경찰을 확보한다면 상황을 매우 크게 바꿀 수 있을 터였다. 새로운 경찰은 지역민들을 알카에다의 보복에서 보호했고 미군에 "문화적인 지식과 현지의 정보들을 제공했다." 이로써 "알카에다 등 많은 반란 집단에 대한 첩보를 얻는 데도 길이 열렸다."[82] 갑자기 미군과 미군의 연합 세력이 수백 명의 알카에다 용의자를 잡을 수 있게 됐고 알카에다의 무기고도 여러 군데 발견했다.

전에 CPA가 그랬듯 이라크의 부족을 시대착오적이라고 보거나[83] 2003년에 울포위츠가 그랬듯 그들의 중요성을 간과[84]하지 않고, 존 앨런John Allen 여단장 같은 새 미군 지도자들은 이라크가 "부족 사회라는 지각판 위에 다른 모든 것이 얹혀 있는 곳"이라는 사실을 이해했다.[85]

새로운 수니파 연합 세력과 함께 미군은 동네를 하나씩 접수해 나갔고 그다음에는 마을에 '방어막을 치고' 등록된 주민만 들어올 수 있게 했다.[86] 2006년 11월에 이르자 라마디 일대는 대체로 알카에다 반란 세력이 없는 지역이 됐고[87] 2007년 여름 무렵 연합군은 알안바르주를 상당 부분 다시 접수했다.

2007년 2월의 미군 추가 파병과 함께 이라크 연합군 지휘관으로 대대적인 안정화 작전을 맡게 된 데이비드 퍼트레이어스는 탈아파르와 라마디를 청사진으로 삼았다.[88] 당시에 그가 직면한 문제는 그보다 더 어마어마한 어려움을 상상할 수 없을 정도였다. 이라크는 2006년의 알아스카리 사원 테러로 촉발된 분파주의적 전쟁이 여전히 진행되고 있었고[89] 거의 40만 명의 이라크인들이 자신의 집과 터전을 떠나 피난을 가야 했다.[90] 폭력은 초현실적인 수준에 달해 "바그다드에서만도 하루에 평균 자동차 폭탄 테러가 3건, 기타 공격이 50건씩 벌어졌다."[91]

퍼트레이어스가 보기에 미국이 이라크에서 수년 동안 취해 온 전략(기본적으로, 가능한 한 많은 저항군을 압도적인 무력을 사용해 죽이는 것)은 실패하고 있는 게 분명했다.[92] 그는 "5명의 저항 세력을 죽이는 작전으로 50명을 새로이 저항 세력에 가담하게 만든다면" 전혀 생산적인 것이 아니라고 생각했다.[93] 퍼트레이어스는 맥매스터와 맥팔랜드의 전례를 따라서 급진적으로 다른 접근법을 취하기로 했다. 그는 "이라크 정부를 통해 위로부터 화해를 추구하는 것뿐 아니라 부족들 및 기타 수니파 집단들에 긴밀히 관여하고 아래로부터의 활동도 병행해야만 안정화를 달성할 수 있다는 것"이 탈아파르와 라마디에서 찾을 수 있는 "큰 교훈"이라고 생각했다.[94]

작전의 핵심 지역은 바그다드였다. 바그다드는 붕괴 일보 직전이었고 모든 진영이 '승리냐 패배냐의 열쇠'라고 생각하는 지역이었다.[95] 퍼트레이어스가 채택한 계획은 이라크의 부족 정치를 매우 민감하게 반영하는 종류의 계획이었다. 이 작전의 기반이 된 중요한 문서 하나에는(정책 싱크탱크 미국기업연구소의 군 역사학자 프레데릭 케이건 Frederick Kagan이 쓴 전략 보고서다) 바그다드의 각 지구와 때로는 각 골목까지 '수니파 지배적' '시아파 지배적' '수니파–시아파 혼합'으로 구분해 색으로 표시한 지도가 첨부되어 있었다.[96]

라마디에서처럼 미군 장교들은 이제 이라크의 인종적, 분파적 동학을 잘 알고 있는 사람들을 반드시 활용했다. 학자, 기자, 군 역사학자, 군 장교 등으로 구성된 퍼트레이어스의 '핵심 두뇌 집단'도 그 일환이었다.[97] 여기의 일원이던 영국 사단장 나이절 아일윈 포스터Nigel Aylwin Foster는 그때까지 이라크에서 CPA와 함께 일하면서 미국의 '문화적인 무능함'에 대해 매우 비판적이 되어 있는 상태였다.[98] (그때 아일윈 포스터는 이렇게 말했다. "요컨대, 이렇게 선한 사람들이 자기도 모르게 이렇게 많은 사람을 열받게 할 수 있다는 것을 다른 데서는 본 적이 없다.") 현장에서도 연합군은 에마 스카이나 니키 브룩스Nycki Brooks 중령 같은 전문가들에 대한 의존도가 점점 더 높아졌다. 스카이는 옥스퍼드 출신의 중동 전문가로, 이 지역에 오래 거주했으며,[99] 브룩스는 이라크의 크고 작은 집단들에 대해 누가 누구와 어떤 관련이 있는지 등을 상세히 알

고 있어서 '백과사전적 지식'을 가진 사람으로 통했다.[100]

탈아파르와 라마디에서도 그랬듯이 미군은 더 이상 부대를 안전 지역인 FOB에 고립시키지 않았다. 또 반란 세력을 조금이라도 지원했거나 가담한 사람을 모조리 죽이려 하지도 않았다. 미군은 "멀고 안전한 기지에 있다가 갑자기 지역을 급습해 기지를 확보하기보다" 바그다드에서 지역민과 함께 지내기 시작했다.[101] 2007년에 퍼트레이어스는 국방부 장관 로버트 게이츠Robert Gates에게 제출한 보고서에서 다음과 같이 설명했다.

> 현지인들 속에 살면서 우리는 이미 진행 중이던 '일깨우기 운동'을 더 강화할 수 있었고 극단주의를 거부하기로 한 공동체들의 역량도 더 강화할 수 있었다. 우리는 이라크의 '명예의 문화'에서 핵심적인 조직화 기제는 부족과 종족이라는 것을 분명하게 인식했다.[102]

미국은 (과거 영국의 전략을 본받아) 반란 세력을 격퇴하기 위해 일종의 '분열시켜 정복하라' 전략을 활용했다. 나중에 매크리스털은 "최극단적인 분파만을 제외하고 모든 집단을 찾아가서" "그들이 화합 불가능한" 집단과 분리되게 하는 것이 목표였다고 회상했다.[103] 핵심은 극단적인 집단과 그렇지 않은 집단 사이의 "균열을 감지해서" 그곳을 파고든 다음 "분리시키는" 것이었다.

오늘날 많은 전문가가 단순히 2만 명의 추가 파병만으로는 미군 지휘관들이 "이라크의 부족 집단들과 싸우는 것을 멈추고 그들과 협력하기 시작할 수 없었을 것"이라는 데 동의한다.[104] 단지 추가 파병만으로는 수니파와 시아파 모두에서 영향력 있는 부족장들과 협력적 관계를 구성할 수 없었으리라는 것이다.[105]

어떤 지표로 보더라도 새로운 접근 방식은 전례 없는 성공이었다. 2006년 12월까지만 해도 분파적 분쟁이 최고조였는데 불과 9개월 만인 2007년 9월에는 이라크 전체에서 민간인 사망이 45% 줄었고 바그다드에서는 거의 70%가 줄었다.[106] 민족 간, 분파 간 폭력으로 사망하는 경우는 이라크 전체에서 55%, 바그다드에서는 80%나 줄었다. 연합군 사망자는 2007년 상반기에는 증가했지만 7월을 기점으로 급격히 감소했다.[107] 2007년 9월에 회의적인 시각을 가지고 있던 의회에서 증언을 하면서, 퍼트레이어스는 "지난 8개월간 우리는 알카에다가 은신처로 삼던 지역을 상당히 축소했으며, 가장 중요한 것으로 지난 6개월 사이 알카에다 등 극단주의자들을 거부하는 사람과 부족이 증가했다"고 밝혔다.[108]

정말로 놀라운 점은, 미국이 이렇게 기록적인 성공(잃어버린 도시를 탈환하고 미군과 이라크 민간인의 사망자를 크게 줄였으며 전에는 반목하던 수니파와 시아파가 미국의 편에서 함께 싸우게 하는 것 등)을 부족적인 갈등과 현지인의 반미 정서가 극심하던 최악의 상황에서 거뒀다는 점이다. 전에 너무나 근본적인 실수를 했던 터라, 3년 뒤에 아무리 전략적으로 현명하게 부족의 동학을 염두에 두는 정책을 도입했어도 이 싸움은 기본적으로 오르막길일 수밖에 없었다. 이를테면, 2003년 '탈바트화 명령'이라는 막대한 실수가 야기한 어마어마한 악영향을 없애는 것은 불가능했다.[109] 애초부터 미국이 이라크의 복잡한 부족 정치적 동학을 잘 알고 있었다면 얼마나 성공적일 수 있었을까 상상해 보면, 정신이 번쩍 들지 않을 수 없다.

민주주의와 이라크 부족 정치

—

2007년 작전이 이라크에서 성공적인 회복세를 가져왔지만, 많은 사람이 그것은 너무 미미했고 너무 늦은 것이었다고 말한다. 아마도 그 말이 맞을 것이다. 하지만 이렇게도 볼 수 있다. 군사적 전선에서는 부족 정치적 동학을 민감하게 염두에 두는 전략이 드디어 결실을 보기 시작했는데, 정치적 전선에서는 부족적인 동학을 대대적으로 간과하는 미국의 끈질긴 특성이 그 성과를 치명적으로 훼손했다고 말이다.

2005년 12월에 치른 총선에서 인구의 다수를 차지하는 시아파가 압승을 거두면서 이들이 새로 구성된 이라크 의회를 장악하게 됐다.[110] 조화로운 다민족적 연합은 형성되지 않았다. 결국 미국은 이전의 저항 세력이었던 누리 알말리키Nouri al-Maliki를 총리로 지지했고 2006년 그는 총리가 됐다.[111]

미국 정부가 알말리키를 지지하기로 결정하면서 그가 이라크를 통합할 것이라고 기대했을 때, 알말리키가 나고 자란 집단이 어떤 연결고리를 갖고 있는지에 대해 미국이 얼마나 관심이 없었는지는 경악스러울 정도다. 믿을 수 없게도 미국은 신실한 시아파인 알말리키가 수니파를 증오하고 수니파와 싸우는 데 한평생을 바쳤다는 것을 알지 못했거나 신경 쓰지 않았다.[112] 알말리키의 할아버지는 유명한 시아파 혁명가였고[113] 아버지는 수니파 바트당에 의해 수감되어 고초를 겪었다. 알말리키 자신도 시아파 비밀 조직에 가담했다는 이유로 사담 후세인에 의해 사형 선고를 받고 도망쳐야 했다.[114] 지금까지도 알말리키는 1979년에 수니파 바트당원들이 그의 두 형제도 포함해서 "나와 관련된 모든 사람을 체포했고" 그의 마을에서만 67명이 처형당했다는 이야기를 공공연하게 한다.[115]

아마 미국은 과거의 박해자를 용서하고 화해 정책을 편 넬슨 만델라를 생각했던 모양이다. 하지만 1초만 생각해 봐도, 일단 권력을 갖고 나자 알말리키가 수니파를 배제하고 감금하고 박해하고 처형하기 시작한 게[116] 전혀 이상한 일이 아니라는 사실을 알 수 있었을 것이다. 오바마 행정부가 들어서고 미군이 철수하기 시작하자 알말리키는 모든 화해의 제스처를 내던지고 점점 더 대담하게 분파적인 의제를 밀어붙였다. 그는 수니파를 정치 과정에서 강제로 배제했고 수니파의 평화 집회를 무자비하게 진압했으며 수천 명의 수니파 사람을 분명히 재판도 하지 않고서 수감했다.[117] 백악관에서 오바마 대통령이 알말리키가 "강하고 번성하고 포용적이고 민주적인 이라크"를 만들고 있다고 칭송했지만[118] 시아파 무장 세력들은 수니파를 상대로 테러를 자행하고 있었다. 이들은 수천 명을 집에서 내쫓았으며 디얄라주에서 재판 없이 72명의 민간인을 처형했다.[119] 점차 모든 배경의 수니파 사람들이 알말리키가 수니파에 대해 인종 청소를 벌이려 하는 이란 정부(시아파)의 꼭두각시라고 생각하게 됐다.[120]

이렇게 해서 ISIS가 탄생했다. 'ISIL' '다에시' '이슬람 국가' 등 여러 이름으로 불리는 ISIS는 무엇이라 정확히 규정하기 어렵다. 국민 국가를 거부하는, 칼리프가 지배하는 판타지 세계?[121] 부모를 밀어낸 알카에다의 자식?[122] 강간, 노예, 희생 제물 의례 등을 자행하는 종말론적 사이비 종교? 하지만 핵심적으로 ISIS는 '시아파가 지배하는 이라크 정부에 의해 배제당하고 학대당하고 박해받는다고 생각한 수니파가 만들고 이끄는 운동'이라고 규정할 수 있다.[123]

ISIS와 알카에다의 차이는(이제 그 둘은 경쟁 관계다) ISIS가 명시적으로 시아파를 공격 대상으로 삼는다는 데 있다. ISIS의 칼리프는 공공연하게 수니파임을 내세우며 '시아파 변절자'를 서구의 비이슬람교도를 죽이듯이 죽여야 한다고 주장한다.[124] ISIS를 세웠다고 알려져 있는 알자르카위는 미군의 공습으로 숨지기 전에 "모든 시아파는 처형당해야 한다"고 말해 오사마 빈 라덴으로부터 혐오를 샀다. 빈 라덴의 어머니는 시아파다.[125]

ISIS의 깜짝 놀랄 만한 성공은 전후 이라크의 민족 정치적인 동학을 모르고서는 이해할 수 없다. 이라크의 수니파 아랍인들은 민주주의가 그들의 권한을 약화시키고 (미국이 초안을 잡은 '민족 불문'의 헌법이 무엇이라 이야기하든 간에) 그들의 운명이 다수 민족인 시아파의 손에 좌우되게 만들리라는 것을 정확하게 알고 있었다. 미국이 이라크의 시아파가 수 세기 동안 수니파의 압제와 잔혹함을 모두 뒤로하고 미래를 향해 나가리라고 기대한 것은 순진함의 극치였다.

(대부분까지는 아니라 해도) 많은 수니파 이라크인이 ISIS를 혐오하

지만, 시아파가 지배할지 모른다는 가능성을 그것보다 더 끔찍하고 두려운 일로 여긴다.[126] 부유하고 교육 수준이 높은 수니파 의사나 교수도 ISIS를 알말리키보다 선호하곤 한다.[127] 알말리키는 2014년에 결국 축출됐다.[128] 중동 전문 기자 패트릭 콕번Patrick Cockburn은 이렇게 설명했다. "알말리키가 이라크에서 잘못한 모든 것이 다 그의 잘못은 아니다. 하지만 그는 수니파 공동체들이 ISIS의 품으로 들어가게 하는 데 중요한 역할을 했다."[129]

수니파는 계속해서 권리를 박탈당했다고 느끼고 있으며 알말리키의 뒤를 이은 하이더 알아바디Haider al-Abadi 치하에서도 주변화되고 있다고 느낀다. 카네기재단의 보고서에 따르면 2016년에도 이라크의 수니파 사람들 중 25%가 "여전히 이슬람 국가를 지지하며, 이라크에서 두 번째로 큰 도시 모술에서는 인구 다수가 이슬람 국가를 지지하거나 이 주제에 대해 무관심한 것으로 나타났다."[130] 한편, 미국이 ISIS를 격퇴하는 것에만 초점을 두고 있는 사이 이 모든 상황에서 진짜 수혜를 입은 곳은 시아파가 지배하는 이란이었다. 미국은 이라크전쟁에 1조 달러 이상을 썼고 4500명가량의 미국인이 목숨을 잃었다.[131] 그런데 사담 후세인을 축출하고서 14년이 지난 뒤에도 이란의 권력은 더 강해지고 있고, 이제는 워싱턴보다 테헤란이 바그다드에 더 큰 영향력을 행사하고 있다.

냉전 이후의 승리주의와 인종민족주의

—

이라크에서 미국이 겪은 실패는 냉전 이후 지속된 미국 외교정책의 커다란 패턴의 일부다. 구소련 붕괴 이후 승리주의에 입각한 합의가 미국 정책 결정자들을 휩쓸었다. 공산주의와 권위주의가 실패했으니 올바른 정책 조합은 그것의 정반대여야 한다고, 즉 시장경제와 민주주의여야 한다고 생각한 것이다. 당연하게도 세계에서 가장 큰 자유 시장 민주주의의 옹호자이자 남아 있는 유일한 초강대국인 미국이, 성공을 가져올 것임에 틀림없는 이 조합을 전 세계에 퍼뜨리는 일의 선두에 섰다.

더구나 이때는 미국 역사상 매우 독특하게도 초당적으로 낙관주의가 팽배해 있었다. 공화당과 민주당 모두, 시장과 민주주의가 저개발 사회의 수많은 병폐에 대해 보편적인 처방이라고 생각했다. 시장 자본주의는 세계가 이제까지 알아 온 것 중 가장 효율적인 경제 체제였고,[132] 민주주의는 가장 공정하고 개인의 자유를 가장 존중하는 시스템이었다. 시장경제와 민주주의가 손에 손을 잡고서 평화를 사랑하고 번영하는 국가들의 공동체로 세계를 바꿔 낼 것이고 세계 각지의 사람들은 시민적 정신을 갖춘 시민과 소비자가 될 것이었다. 그 과정에서 민족적인 증오, 종교적인 광신적 열정, 기타 저개발 사회의 '후진적인' 면들은 사라져 없어질 것이었다. 토머스 프리드먼은 1999년 《뉴욕타임스》 베스트셀러 1위에 오른 저서 《렉서스와 올리브 나무The Lexus and the Olive Tree》에서 메릴린치의 광고를 인용해 이 견해를 생생하게 표현했다. "전 세계에 자유 시장과 민주주의가 확산되면 모든 곳에서 더 많은 사람이 자신의 열망을 성취로 바꿔 낼 수 있게 될 것입니다. 지리적 경계만이 아니라 인간 사이의 경계도 없어질 것입니다."[133] 프리드먼은 세계화가 "모든 친구와 적을 경쟁자가 되게 만든다"고 언급했다.[134]

하지만 그런 일은 일어나지 않았다. 전 지구적 평화와 번영은커녕[135] 1991년부터 2001년까지 10년 동안 인종 분쟁이 확산됐고 민족주의, 근본주의, 반미주의의 강도가 높아졌으며 징발, 축출, 재민족화 요구 등이 벌어졌고, 나치의 홀로코스트 이후 본 적이 없는 규모의 인종 학살도 두 번이나 있었고, 진주만 공격 이래로 미국 본토에 대해 벌어진 가장 큰 공격이 있었다.

냉전 때도 그랬듯이 승리주의에 취해 있던 10년 동안 미국은 부족 정치의 강력한 힘을 고려하지 못했다. 더 중요하게, 미국은 민주주의가 인종 간, 분파 간, 그 밖의 집단 간 동학을 강화할 수 있다는 것을 알지 못했다. 세계의 많은 지역에서 민주주의는 부족적인 증오에 대해 중화 작용이 아니라 촉매 작용을 했다.

이라크와 유고슬라비아는 개발도상국에서 반복적으로 벌어져 온 패턴의 전형적인 사례다. 오랜 기간 인종적, 종교적 분열이 있었던 나라들, 그리고 특히 국가 정체성이 약한 나라들에서는 급격한 민주주의가 집단 간 증오를 격화시킨다. 득표를 하려는 선동가들은 합리적인 정책을 제시하는 것이 아니라 인종적, 민족적 정체성에 호소하는 깃이 대중의 지지를 이끌어 내는 가장 좋은 방법이라는 것을 잘 알고 있다. 역사적으로 형성된 한과 불만을 건드려서 집단의 공포와 분노를 활용하는 것이다. 1990년대에 미국이 전 지구적으로 민주주의가 확산되는 것을 축하하고 있었을 때[136] 인종적, 민족적인 슬로건이 곳곳에서 등장했다. '조지아는 조지아인에게' '에리트레아인은 에티오피아를 떠나라' '케냐를 케냐인에게' '백인은 볼리비아를 떠나라' '세르비아를 세르비아인에게' '크로아티아를 크로아티아인에게' '후투 파워' '러시아에서 유대인을 몰아내자' 등. 너무나 자주, 가난한 다수가 새로이 얻게 된 정치권력을 사용해서 그들이 증오해 마지않는 소수에게 보복을 하고, 소수는 또 소수대로 새로이 권력을 갖게 된 다수의 공격 대상이 될 것을 두려워해서 폭력에 의존한다. 이것은 로켓 과학이 아니다. 이것은 기본적인 부족 정치의 원칙일 뿐이다.

ISIS의 부상에 대해 민주주의를 '탓하자는' 것이 아니다.[137] 탓을 해야 한다면 사담 후세인의 잔인하고 억압적이던 독재에, 오랜 억압에서 오늘날 민주주의를 그토록 어려운 일이 되게 만들고 있는 시아파의 분노에, 그리고 급진 이슬람 분파의 호전적인 이데올로기에 해야 할 것이다. 그렇더라도 식민지 시기 '분열시켜 정복하라' 정책의 흔적과 부정부패, 그리고 독재의 잔재가 남아 있는 탈식민지 국가들에서 급격한 민주화는 재앙적인 결과를 낳곤 했다. 미국이 부족 정치에 눈감은 것은 아프간에서 탈레반을 일으키는 데 일조했듯이 이라크에서 ISIS를 일으키는 데 일조했다.

'테러 부족'은
어떻게 만들어지는가?

개인이 제정신이 아닌 것은 드문 일이지만 집단은 제정신이 아닌 게 정상이다.

– 프리드리히 니체

테러리스트들과 관련해 놀라운 점 중 하나는, 연쇄 살인자와 달리 테러리스트들은 일반적으로 사이코패스가 아니라는 사실이다. 전문가들에 따르면, 대부분의 연쇄 살인자는 질병으로 진단이 가능한 사이코패스적 성격장애와 부합하는 특징을 보인다.[1] 반면 테러를 연구한 심리학자들은 오래도록 테러리스트 특유의 비정상적인 성격 특질이나 특별한 변이를 찾아내려 했지만 그런 것을 발견하지 못했다.[2]

이런저런 연구가 테러리스트들이 '나르시시스트' 성향을 보인다거나[3] '우울증에서 추동되는 행동 양상'을 보인다거나[4] '자존감이 낮다'거나[5] '어린 시절에 학대받은 경험'이 있다거나[6] 하는 가설을 제시했다. 서독의 한 연구자는 "테러 집단은 오래된 공격 성향이 분출되는 통로를 나타내며 그런 성향은 어린 시절에 겪은 계부와의 갈등에 뿌리를 둔 경우가 많다"고 주장했다.[7] 19세기의 한 논평가는 '비타민 부족'이 테러리스트의 폭력과 관련 있을 수 있다는 가설을 제기하기도 했다. 최근에 한 정신의학자는 "귀 기능에 장애가 있는 것이 테러리스트들의 공통점일 수 있다"고 언급했고[8] 또 다른 전문가는 테러리스트들이 "청결에 대한 환상이 널리 퍼진 사회에서" 나오는 경향이 있다고 주장했다.[9]

하지만 이런 주장들은 수많은 반례가 나오면서 사실상 모두 반박됐다.[10] 테러 조직에 가담하거나 테러 활동을 하는 사람이 특별하게 문제적인 어린 시절을 보냈거나 비정상적인 성격을 가지고 있다고 볼 만한 증거는 없다.[11] 오히려 자살 폭탄 테러나 그 밖의 테러를 자행하는 사람들을 보면, 나중에 이 사실을 알게 된 시민과 친구들이 도저히 믿을 수 없어 하면서 그 사람이 '사랑스럽고' '친절하고'[12] '매우 매력적이고'[13] '좋은 사람'이었다고[14] 묘사하는 경우가 많다. 오늘날 연구자들은 '테러리스트는 기본적으로 정상적인 사람'이라는 데 일반적으로 동의하고 있다.[15]

'테러리스트의 전형적인 특질'이나 '테러리스트적 성격'을 짚어 내고자 하는 시도의 문제는 개인에 초점을 맞춘다는 데 있다. 테러리즘은 무엇보다 집단 현상이며[16] 부족 정치의 살인적인 표출이다. 집단 동학이 개인의 심리를 어떻게 그토록 왜곡할 수 있는지 이해하려면, 집단 심리학의 기본적인 내용을 먼저 살펴보는 게 좋을 것 같다.

집단 심리학

—

집단은 우리가 누구이고 어떤 행위를 하는지에만 영향을 미치는 것이 아니다. 집단은 객관적인 사실들에 대한 우리의 인식도 왜곡할 수 있다. 이제는 고전 반열에 오른 무자퍼 셰리프Muzafer Sherif의 '로버스 케이브' 실험은 이를 입증한 초창기 연구 중 하나다.[17] 1950년대에 11세 가량의 소년 22명이 오클라호마주에서 열린 캠프에 3주간 참여했다. 주최 측은 캠프에서 아이들을 두 집단으로 나누었고 아이들은 곧 '이글스'와 '래틀러'라고 각각 팀 이름을 지었다.

첫 주에는 두 집단이 완전히 분리되어 있었디. 하지만 두 번째 단계에서는 야구나 줄다리기 같은 신체적 게임에서 경쟁을 하도록 했다. 그랬더니 곧바로 맹렬한 집단 경쟁심(욕을 하고 깃발을 불태우고 밤에 습격을 하는 등)이 활활 타올랐다. 이 시점에서 연구자들은 실험을 수행했다. 콩 모으기 대회를 열고 각각의 소년에게 콩을 모으게 한 뒤 캠프 교사에게 가지고 가서 개수를 세도록 했다. 그러면 캠프 교사는 각 소년이 모은 콩을 프로젝터 앞에서 화면에 보이도록 쏟아 놓았다. 사실은 매번 미리 준비해 둔 정확히 동일한 양의 콩이었다. 그리고 모두에게 화면을 보면서 각각의 소년이 콩을 얼마나 많이 모았을 것 같은지 맞혀 보라고 했다. 화면에 나오는 콩의 개수는 매번 동일했지만 소년들은 일관되게 내집단 구성원의 성과를 과대평가하고 외집단 구성원의 성과를 과소평가했다.

지능이나 교육으로 이런 왜곡을 극복할 수 있을까? 안타깝게도, 그 반대가 맞는 것으로 보인다. 예일대학교 로스쿨의 댄 케이한Dan Kahan 과 공저자들은 1000명 이상을 대상으로 수행한 최근의 한 연구에서 먼저 참여자들의 정치적 성향을 조사하고 '수리 능력'(기본적으로, 수학 능력에 데이터 분석 능력과 적합한 추론을 하는 능력이 결합된 것)을 테스트했다. 그다음에 (가상의) 양적 데이터를 분석해야 하는 까다로운 문제를 참여자들에게 각각 제시했다. 일부는 정치적으로 중립적인 문제('새로운 화장품이 피부 장애를 완화시키느냐 악화시키느냐')를 받았다. 그리고 이들 평가할 수 있는 수치 데이터가 담긴 표를 받았다. 예상한 대로, 수리 능력이 뛰어난 사람들이 더 정확한 답을 내는 경향을 보였다.

일부는 동일한 수치 데이터와 함께 '총기 소유 규제가 범죄를 증가시키느냐 감소시키느냐'라는 질문을 받았다. 그랬더니 이번에는 정치적 편향이 드러났다. 진보적인 민주당 성향의 참가자들은 총기 규제가 범죄를 낮춘다고 답하는 경향이 있었고 공화당 성향인 사람들은 총기 규제가 범죄를 증가시킨다고 답하는 경향이 있었다.

그런데 여기에 중요한 점이 있다. 수리 능력이 '더 뛰어난' 사람들이 더 많은 편향을 나타낸 것이다.[18] 다시 말해서 이들이 자신의 정치적 성향 쪽으로 오류를 내는 경향이 더 컸다. 아마도 데이터를 해석하는 능력이 뛰어났기 때문일 것이다. 당신이 숫자를 다루는 데 더 뛰어날수록 주어진 증거를 당신의 집단이 가지고 있는 중요한 믿음에 맞도록 해석할 가능성이 더 크다는 의미다. 이 연구 결과는 이후에 기후 변화 같은 정치적으로 첨예한 여러 가지 사실관계를 두고 실시한 다른 실험에서도, 또 수리 능력 이외에 다른 능력에 대해 실시한 실험에서도 재현됐다.[19] 정보를 더 많이 가지고 있고 교육을 더 많이 받은 사람들이 정치적으로 논란이 일고 있는, 그러나 명백히 사실관계와 관련된 사안에서 더 양극화되는 경향을 보였고[20] 추가적인 사실 정보를 더 고집스럽게 자기 부족의 세계관에 맞춰 조정했다.

집단에의 소속이 우리의 판단에 영향을 미치는 또 다른 기제는 순응 압력이다. 솔로몬 애시Solomon Asch는 기념비적인 1951년 실험[21]에서 참가자들에게 각각 6명의 다른 사람들과 팀을 이루도록 했다. 사실 각 팀에서 참가자를 제외한 6명은 모두 가짜 참가자들이었다. 그러고서 애시는 각 팀에 선분 하나가 그려진 종이와 선분 세 개가 그려진 종이를 주고 첫 번째 종이에 있는 선분과 길이가 같은 것을 두 번째 종이에서 고르라고 했다. 답이 무엇인지는 누구라도 뚜렷이 알 수 있었다. (한눈에 보기에도 나머지 두 개의 선분은 길이가 명백히 다르게 그려져 있었다.) 그런데 6명의 가짜 참가자 모두가 틀린 선을 고르자 진짜 참가자의 75%가 앞 사람들을 따라 틀린 선을 골랐다.

스탠퍼드대학교의 롭 윌러Robb Willer는 애시의 순응성 연구를 확장해, 사람들이 그것이 가짜임을 아는 상황에서도 부정확한 정보가 집단 내에서 어떻게 전파되는지를 분석했다.[22] 내집단의 유대감을 형성하기 위해, 윌러는 참가자들이 매우 정교한 와인 맛을 감별할 수 있는, 뛰어난 취향을 가진 사람들이라고 믿게 했다. (참가자들이 취향 테스트에서 높은 점수를 받은 사람들이라고 말했다.) 참가자들은 6명씩 팀을 이뤘고 두 잔의 와인을 시음한 뒤 각자 칸막이가 있는 책상에서 컴퓨터 단말기에 자신이 매긴 점수를 입력하도록 요청받았다. 각 참가자는 자신이 6명 중 다섯 번째 시음자라고 들었고, 컴퓨터에는 먼저 시음한 4명의 점수가 올라와 있었다. 그런데 사실 앞서 매겨진 4개의 점수는 연구자들이 가짜로 입력한 것으로, 사실은 동일한 두 잔의 와인에 대해 4명이 일관되게 한쪽에 훨씬 낮은 점수를 준 것으로 나와 있었다. 이것을 본 상황에서 자신의 점수를 입력하게 하자, 참가자의 절반이 사회적 압력에 순응해 컴퓨터 화면에 보이는 가짜 점수에 동의했다. 그다음에 컴퓨터에 마지막 6번째 시음자의 응답이 나타났다. 이것도 연구자들이 입력한 가짜 점수였는데, 두 와인의 맛이 구별되지 않는다고 진실을 이야기한 '이탈적' 답변이었다. 그다음에 참가자들에게 다른 이들의 와인 감별 실력이 어떤 것 같은지 순위를 매겨 보게 했다.

결과는 매우 놀라웠다. 다른 이들이 없는 자리에서 참가자 각각에게 동료 시음자들의 실력에 순위를 매겨 보라고 했더니, 사회적 압력에 순응했던 참가자들도 사실은 자신이 '이탈적' 답변에 동의하고 있음을 드러냈다. 실제로는 이들도 두 와인의 맛이 구별되지 않는다고 느꼈던 것이다. 하지만 자신의 견해를 다른 이들이 있는 자리에서 공개적으로 표명하라고 하자 '이탈적' 답변을 한 사람의 순위를 낮게 매김으로써 이탈적 답변을 처벌했다. 실제로는 자신이 동의하지 않더라도, 공개적으로는 집단에서 합의된 '정상적인' 견해를 다른 이들에게 강요하는 것이다. 월러는 이런 유형의 순응이 특히 위험하다고 지적했다. "자기 강화적인 사회적 압력을 통해" 거짓된 진실이 진실로서 받아들여지면서, 진실을 말하는 사람이 처벌을 받고 사람들이 스스로 만든 기만 속으로 빠져들게 되기 때문이다. 이런 폭포수 효과는 "사람들이 벌거벗은 임금님을 숭배하는 데 고착되게 만든다." 아마도 "그 주술을 깨뜨려 줄 아이가 존재할 가능성이 없는 채로" 말이다.

집단에의 동일시는 순응 효과를 매우 강화할 수 있다. 애시의 연구와 비슷한 여러 실험에서 참가자들은 내집단 사람들의 의견을 먼저 들으면 그 의견에 훨씬 더 순응하고 외집단 사람들의 의견을 먼저 들으면 그 의견에 훨씬 덜 순응하는 것으로 나타났다.[23] 의견만 내집단 동조 현상을 보이는 것이 아니라 행동도 그렇다. 매우 야만적인 행동일지라도 말이다.

19세기 프랑스의 사회심리학자로, 군중 심리학을 창시한 귀스타브르 봉Gustave Le Bon의 말을 빌리면, 집단의 일부일 때 개인은 "문명의 계단에서 몇 단계를 내려간다." 혼자 있으면 "교양 있는 개인일지 모르지만" 집단으로 있으면 "즉흥성, 폭력성, 맹렬함, 그리고 열정과 영웅주의 같은 원초적 존재의 특성을 갖게 된다." 다른 이들과 함께 집단으로 행동하는 개인은 '혼자 있었더라면 억제했을 본능이 굳이 억제되지 않고 표출되도록 허용하는 막강한 권력의 느낌'을 얻게 된다.[24]

집단 정체성의 '탈억제 효과'가 촉발한 광신주의는 생물학적인 토대를 갖는 것이 거의 확실하다.[25] (그에 대한 우리의 지식은 아직 초기 단계지만 말이다.) ISIS의 젊은 남성 전사가 트럭을 타고 "검은 깃발을 흔들면서" 주먹을 불끈 쥐고 신이 나서 "저항자들을 살육하고 돌아오는" 것에 대해 묘사하면서, 심리학자이자 신경과학자인 이언 로버트슨Ian Robertson은 무장 세력에 가담한 사람들이 "생화학적으로 마약에 취한 것과 같은 흥분 상태를" 경험한다고 언급했다. 그 상태는 "연대감을 일으키는 호르몬인 옥시토신과 지배감과 관련된 호르몬인 테스토스테론의 결합에서 나온다." 이 자연적인 마약은 코카인이나 알코올보다 훨씬 더 기분을 고양시키고 낙관주의를 일으키며 집단의 일원으로서 공격적인 행동을 하도록 자극한다. 로버트슨에 따르면, 집단의 유대는 옥시토신 수치를 높이며 이 때문에 "외집단을 악마화하고 비인간화하는 경향이 두드러지게 나타나게 된다." 생리학적으로 이런 상태는 다른 경우라면 느꼈을 공감을 "마취시킨다." 로버트슨은 "야만의 역량은 개인보다 집단이 훨씬 더 크다"고 결론 내렸다.[26]

이것은 부족 본능의 가장 어두운 면이다. 이는 우리가 얼마나 쉽게 외부인을 탈인간화하고 그렇게 하면서 얼마나 만족을 느끼는지 말해준다. 강한 집단 유대감은 외집단 구성원들을 뭉뚱그려 '다 똑같다'고 생각하게 만든다(외집단 동질성 효과[27]). 그리고 그들에게 부정적인 특질이나 위험한 성향을 주로 결부시키며[28] 그들을 인간 이하라고 생각하게 만든다.[29] 사람들은 내집단 구성원에게서는 인간적인 감정(존경, 슬픔, 탐미욕 등)을 더 많이 보는 반면, 외집단 구성원에게서는 '1차적'이고 더 동물적인 감정(분노, 놀라움, 공포)만을 본다. 이런 효과는 벨기에인(내집단)과 아랍인(외집단) 사이, 백인(내집단)과 흑인(외집단) 사이, 캐나다인(내집단)과 아프간인(외집단) 사이 등을 관찰한 연구들에서 입증됐다.[30]

더 우려스러운 것은 이런 효과들이 그것도 종종 극단적인 형태로 어린아이들에게서도 나타난다는 것이다. 예를 들어 최근 이스라엘에서 아랍 아이들과 유대인 아이들을 대상으로 내집단에 대한 태도와 외집단에 대한 태도를 조사한 두 개의 연구를 살펴보자. 한 연구에서는 유대인 아이들에게 '전형적인 유대인 남성'과 '전형적인 아랍 남성'을 그림으로 그려 보도록 했다. 아직 학교도 들어가지 않은 어린아이들도 아랍인을 유대인보다 더 부정적이고 "상당히 더 공격적으로" 묘사했다.[31] 2011년에 수행된 또 다른 연구에서는 이스라엘의 아랍 고등학교 학생들에게 우연한 사망(전쟁과는 상관이 없고, 감전이나 자전거 사고 같은 우발적 사고로 인한 사망)이 아랍 아이 혹은 유대인 아이에게 발생한 (가상의) 상황을 들려주고 반응을 관찰했다. 약 64%의 아랍 고등학생이 아랍 아이의 죽음에 슬픔을 표시한 반면, 유대인 아이의 죽음에는 5%만이 슬픔을 표시했다. 오히려 거의 70%가 유대인 아이의 죽음에 대해 '행복함'이나 '매우 행복함'을 느낀 것으로 나타났다.[32]

악의 평범화

—

카이로의 중상류층 가정에서 자란 이슬람 야큰Islam Yaken은 사립 고등학교를 졸업하고 아인샴스대학교를 나왔다. 친구들은 그가 '재미있지만 존경할 만한 친구'였으며[33] 그의 꿈이 피트니스 전문가로 사업을 하는 것과 '핫한 여자 친구를 사귀는 것' 같은 평범한 것이었다고 기억한다. 야큰은 공부를 열심히 했고 동네의 헬스클럽에서 피트니스를 가르쳤다. 자신의 유튜브 채널에 "모든 남자가 식스팩을 갖고 싶어 하지요. 해변이나 풀장에서 다른 이들의 눈길이 꽂히게끔 웃통을 벗을 수 있게 말이에요"라고 말하는 헬스 동영상도 올렸다.[34] 하지만 야큰은 고전하고 있었다. 이집트 경제가 불황이어서 안정적인 일자리를 갖지 못했고 사업은 크게 휘청거렸다.

2012년에 오토바이 사고로 친한 친구를 잃고 나서 그는 극보수주의적인 어느 부족장을 만나게 됐다. 전에는 종교가 없었지만 이제 야큰은 수염을 기르고 열정적인 신앙인이 됐다. 그리고 여성과 대화하기를 거부하고, 여성을 바라보지도 않도록 스스로를 제약했다. 부끄러움과 분노에서 나온 행동이었다. 쿠데타가 일어나 무슬림형제단을 권력에서 몰아내자 야큰은 이집트 정치 체제에 환멸을 느끼게 됐고 가족이나 친구에게 아무 말도 없이 이집트를 떠나 시리아로 갔다. 가족과 친구들은 그가 트위터에서 잘린 머리를 바구니에 담은 끔찍한 사진과 지하드 전사들을 위한 헬스 동영상을 올리면서 ISIS의 영광에 대해 이야기하기 시작했을 때서야 그가 완전히 달라졌다는 사실을 알았다. 이제 ISIS의 간판 모델(이자 개인 트레이너)인 그는 기관총과 시미터 칼(Scimitar, 휘어진 큰 칼-옮긴이)을 차고 말에 앉아 있는 사진을 올린다.[35] 끔찍한 방식으로, ISIS는 야큰이 직업적인 야망을 실현하고 이집트에서 갖지 못했던 지위를 갖게 해 줬다.

테러 집단의 일원은 어느 날 갑자기 살인자가 되어 다른 사람들의 목을 자르지 않는다. 대개 친교를 맺고 이념을 주입당하고 급진화되는 점진적인 과정을 통해 차차로 끌려 들어온다.[36] 이 모든 과정에서 집단 정체성과 집단 동학이 결정적인 역할을 한다.

벨기에의 십 대 소년인 예온 본틴크Jejoen Bontinck는 유럽의 안락한 가정을 떠나 이슬람으로 개종하고 시리아의 ISIS에 합류한 수천 명 중 하나다. 야큰처럼 그도 평범한 십 대로 보였다. 하지만 리얼리티 TV쇼에서 탈락하고(그는 거기 나가서 마이클 잭슨 춤을 췄다) 여자 친구에게 차이고 나서 '블랙홀에 빠져들었다.'[37] 그는 앤트워프에 기반을 둔 이슬람 급진 조직 '샤리아4벨기에'에 들어갔다. 벨기에를 이슬람 종교 국

가로 만들겠다는 목표를 가진 조직이었다('샤리아4네덜란드'와 '이슬람
4UK'도 있다).[38]

호전적인 설교자 푸아드 벨카셈Fouad Belkacem이 이끌고 있으며 ISIS
와 연결되어 있는 이 조직은 예온에게 가장 가까운 부족(서로를 '형제'
라고 부르는 집단)을 제공했고 자신이 중요한 인물이며 막중한 임무를
수행하고 있다는 느낌을 갖게 해 줬다. 또한 존경할 만한 역할 모델과
증오의 대상으로 삼을 적도 제공했다.

24주간의 집중 훈련 기간에 예온과 그의 새로운 형제들은 '순교한'
이맘이 가르치는 온라인 강의를 들었다. 강의 내용은 세상을 '무슬림
대 반역자'로 단순하게 나누고 있었다. 또한 지하드 전사들이 아프간
과 체첸에서 싸우는 모습을 담은 동영상을 봤다. 그들은 '자신을 내던
지며 이슬람을 부패한 십자군들로부터 지켜낸 영웅'이었다.[39] 한번은
참수 동영상도 봤다. 그리고 리비아, 소말리아 등지 중 앞으로 어디에
서 싸우고 싶은지에 대해 이야기를 나눴다. 나중에 예온은 이렇게 회
상했다. "지하드가 꽤 정상적인 것으로 여겨지는 무리 속에서 몇 달을
그들과 함께 보냈다." 이 예비 전사들은 무술 훈련을 받고 킥복싱을 배
웠으며 '체제 전복 방법론' 교육도 받았다. 이 모든 것이 역량이 강화되
고 있다는 느낌과 통제력의 느낌, 그리고 자존감을 북돋워 줬다. 마지
막 4주는 동료 무슬림들에 대한 의리와 신의의 중요성을 강조하는 데
할애됐다.

예온은 몇몇 '형제들'과 함께 시리아의 알레포 바로 외곽에 있는 카
프르 함라Kafr Hamra라는 작은 마을로 보내졌다. 이곳에서는 야망 있

는 유럽 출신 지하드 전사들이 수영장이 딸린 근사한 건물에서 지내고 있었다. 운이 정말로 좋으면 한 시리아 정부 당국자로부터 무단 압류한 게 분명한 호화 건물에서 지낼 수 있었다.[40] '궁전'이라고 불리는 이곳은 옥상에 풀장이 있고 축구 경기장만 한 과수원도 있었다. 예온이 속한 팀의 리더도 벨기에 사람으로, 이름은 후시안 엘루아사키Houssien Elouassaki였다. 그는 21세의 나이에 이미 훈련소의 유럽인 중에서 2인자였다. 후시안의 형은 친구에게 "믿을 수 없을 만큼 굉장한 일"이라며 "그는 아마 세상에서 가장 어린 에미르(emir, 이슬람 국가의 수장─옮긴이)일 거야"라고 말했다.[41]

야큰, 예온, 후시안 등 불만을 품은 무슬림 청년에게 지하드 전사가 되는 것은 엄청난 출세다. 별 볼 일 없던 익명의 존재에서 존경받고 권력을 행사할 수 있는 고결한 전사가 되는 것이다. 또한 계층 사다리에서 더 위로 올라갈 수 있는 기회와 (그에 못지않게 중요한 것으로) 여성들에게 매력적인 남성이 될 수 있는 기회도 생긴다.

여기에는 의심의 여지가 없다. '칼리프'라는 브랜드는 '쿨한' 이미지를 만들어 내는 데 성공했으며 이는 젊은 무슬림 여성들에게 놀라울 정도로 효과가 있었다. ISIS는 매우 뛰어난 마케팅 수완을 발휘해 소셜미디어를 자신만만하고 건장한 전사가 AK47을 메고 있는 사진들로 도배했다(지하드 판 아베크롬비 모델이라 할 만하다). 수백 명의 서구 여성이 ISIS 전사의 아내가 되기 위해 시리아와 이라크로 향했다.[42] 이 'ISIS 아내'들은 남편이 포로로 잡아끌고 온 야지디족 소녀들(야지디족은 무슬림이 아니다)을 성노예로 삼아 강간할 때 보조를 섰다.[43] ISIS는 영국과 유럽의 꽤 많은 젊은 무슬림 여성 사이에서 테러가 '힙하게' 보이게 만드는 데 성공했다. 한 중동 기자에 따르면 이 세계에서는 "반문화가 보수적이고 이슬람이 펑크록이다. 히잡은 해방적이고 턱수염은 섹시하다."[44]

근래의 역사에서 ISIS는 다른 어떤 테러 조직보다도 소외된 젊은 무슬림들에게 가슴 뛰는 흥분과 로맨스, 위대한 역사와의 연결, 이기는 팀에 속할 기회를 성공적으로 제공했다. (ISIS는 2014년에 '세계에서 가장 부유한 테러 조직'이 됐고 어느 시점에는 석유, 조세, 징발을 통해 하루에 수백만 달러를 벌기도 했다.)[45] 시리아 북부의 한 전사는 이렇게 말했다. "이곳에는 러시아, 미국, 필리핀, 중국, 독일, 벨기에, 수단, 인도, 예멘 등 여러 곳에서 온 무자헤딘이 있다. 그들이 여기에 있는 이유는 이것이 예언자가 말씀하시고 약속하신 것이기 때문이다. 위대한 전투가 벌어지고 있다."[46]

과거의 칼리프도 궁정 시인을 뒀듯이 ISIS에도 '궁정 시인'이 있다. 유명한 여류 시인 아흐람 알나스르Ahlam al-Nasr도 그중 하나다. 알나스르는 소셜미디어에서 엄청난 화제를 일으키며 빈 출신의 ISIS 핵심 인물 아부 우사마 알가리브Abu Usama al-Gharib와 결혼했다. 그들은 테러계의 명사 커플이었다. '지하드 파워 커플'이라 할 만했다.[47] 시리아 출신인 알나스르는 2011년에 아사드 대통령에 반대하는 시위에 참여했고, 그가 쓴 많은 시가 집단의 고통을 생생하게 담고 있다.

그들의 총알이 지진처럼 우리의 머리를 깨고 들어왔다.

강한 뼈도 금이 가고 부서졌다.

그들은 우리 목구멍을 드릴로 찍었고 우리 팔다리를 찢었다.

해부학 수업처럼!

그들은 구름에서 쏟아져 내리는 듯이

아직도 강물처럼 피가 흐르는 도로에

호스로 물을 뿌렸다.[48]

　　ISIS가 모술을 점령하자 알나스르는 전통적인 아랍시 운율에 맞춰 승리의 시를 올렸고, 이것은 온라인에서 들불처럼 퍼졌다.

이슬람의 도시 모술에 물어보라.

사자들에 대해

어떻게 사자들의 격렬한 전투가 해방을 가져왔는지.

영예의 땅은 치욕을 벗고

적을 격퇴했다.

그리고 장엄하게 빛나는 옷을 입었다.[49]

　　'이슬람 국가의 여류 시인'이라고 알려진 알나스르는 분명히 뛰어난 재능을 가지고 있다. 전직 법학 교수인 알나스르의 어머니는 알나스르가 "입에 사전을 물고 태어난 듯" 언어에 재능이 있었다고 말했다. 알나스르는 생생하게 느끼고 깊이 공감한다. 숨진 무자헤딘을 위한 비가는 통렬한 아름다움으로 가득하다. 하지만 알나스르가 선택한 부족은 ISIS였다. 알나스르는 칼리프가 요르단 조종사 모아즈 알카사스베Moaz al-Kasasbeh를 산 채로 화형시키기로 한 것을 옹호하는 30쪽짜리 에세이를 쓰기도 했다.[50]

아무리 화가 나고 빈곤해지고 멸시를 받아도 실제로 테러 행위를 하는 사람은 매우 드물다. 정상으로 보이고 사람 좋아 보이는 젊은이들이, 그리고 사랑하는 가족도 있는 젊은이들이, 스스로를 폭탄으로 날려버리거나 끔찍한 참수에 즐겁게 가담하는 것은 우리 대부분에게 이해하기 어려운 일이다. 어떻게 풍부한 감수성을 가진 시인이 사람을 산 채로 불태우는 것에 대해 환희의 시를 쓸 수 있는가?

그런데 부족 본능은 이런 행동을 이해할 수 있게 해 준다. 가장 어둡게 표출될 경우, 부족주의는 탈인간화를 통해 공감과 감수성을 마비시킨다. 부족주의는 사람들로 하여금 자기 집단이 헌신하는 목표에 유리한 방식으로 세상을 보게 만들어서 현실을 대대적으로 왜곡할 수 있다. 또 집단 정체성은 순응의 압력을 일으켜 사람들이 혼자서는 상상해 본 적도 없는 일들을 하게 만든다. 개인의 책임은 집단 정체성으로 녹아들고 집단 정체성에 의해 부패한다. 그렇게 해서 잔혹하고 끔찍한 행동을 찬양하고 그런 행동에 가담하는 것이 가능해진다.

빈곤의 수수께끼

—

빈곤이 테러리즘의 주원인이라고 생각하기 쉬울 것이다. 실제로 그런 이야기가 많이 나오곤 하는데, 가령 2014년에 존 케리 당시 미국 국무부 장관은 빈곤이 "테러리즘의 근원"이라고 말했다.[51] 하지만 많은 테러 집단 지도자가 비교적 특권층 출신이다. 오사마 빈 라덴은 2500만 달러를 상속받았다고 알려져 있고[52] ISIS 지도자 아부 바크르 알바그다디Abu Bakr al-Baghdadi는 박사학위가 있다.[53] 또 많은 연구에서 빈곤과 극단주의의 상관관계가 '반박'됐다. 가령 국가의 1인당 소득이 낮은 것과 테러리즘은 상관관계가 없고[54] 개인의 빈곤도 그가 테러 행위에 가담할 가능성을 예측하는 설명 변수가 되지 못한다.[55]

빈곤 가설을 세운 연구들이 간과한 것은 부족 정치와 집단 정체성이 갖는 결정적인 중요성이다. 빈곤이 늘 폭력으로 이어지는 것은 아니다. 극단주의를 파악하는 데서 핵심은 빈곤 자체가 아니라 집단 간 불평등이다.

지난 몇십 년 사이의 주요 테러리즘 운동(스리랑카의 타밀타이거,[56] 러시아의 체첸 분리독립 운동,[57] 나이지리아의 보코하람,[58] 중동의 호전적인 이슬람 운동[59] 등)은 집단 간 불평등과 집단에 대한 권리 박탈, 집단에 대한 모욕과 집단적인 증오의 조건에서 생겨났다. 빈곤 자체만으로는 테러를 일으키지 않는다. 하지만 막대한 불평등이 기존의 인종, 민족, 종교, 분파적인 깊은 분열과 연결될 경우 강렬한 불의, 분노, 좌절의 감정이 널리 퍼지게 되고 앞에서 살펴본 집단 심리학적 현상들 전부가 자극을 받아 활성화된다.[60]

집단 정체성과 부족 정치를 고려하면, 테러 지도자 중에 부유한 집안 출신에 교육 수준도 높은 사람이 꽤 많다는 것이 이상하지 않을 것이다. 그들은 '좌절하고 모욕당하고 경제적, 정치적으로 주변화된 집단 안에서' 부유하고 교육받은 사람들이었다. 다른 모든 조직과 마찬가지로, 극단주의 조직도 남들보다 여건이 더 낫고 더 야망이 크고 더 카리스마 있고 더 유능한 사람이 지도한다.[61] 이것은 그저 조직이 작동하는 일반적인 방식이다.

따라서 현대의 이슬람 테러리즘은 단지 이슬람 근본주의 분파의 교리만이 아니라 무슬림 '집단'이 사악한 서구에 의해 공격받고 모욕당하고 박해받고 있다는 믿음이 확산되는 데 토대를 두고 있다는 것이 핵심이다. 이런 감정을 퍼뜨리는 데 결정적으로 기여한 인물이 바로 오사마 빈 라덴이다. 그는 정치적 부족주의의 달인이었다. 이집트의 시인이며 현대 이슬람 근본주의의 창시자라고도 종종 일컬어지는 사이드 쿠틉Sayyid Qutb에게 영감을 받아서,[62] 빈 라덴은 분쟁의 등장인물을 재설정했다. 이제 더 이상 악역은 이스라엘만이 아니었다. 빈 라덴은 세계에서 가장 강력한 나라 미국을 알카에다의 주적('뱀의 머리' '대사탄')[63]으로 설정했다. 빈 라덴은 무슬림이라면 누구나, 어느 나라에서건, '가능하면 언제나' 미국인을 죽여야 한다고 촉구한 것으로 유명하다.

> 미국은 가장 신성한 아라비아반도에서 이슬람의 땅을 점령해 왔다. 그곳에서 약탈을 하고 그곳 지도자들을 지배하고 그곳 사람들을 모욕하고 그곳의 이웃들을 공포에 떨게 했다. … 우리는 모든 무슬림에게 아래의 파트와(fatwa, 이슬람법에 따른 율법 명령-옮긴이)를 명한다. … 가능한 곳이면 어디에서나 미국 사람과 미국의 우방국 사람을 죽이는 것은 모든 무슬림의 의무다.[64]

빈 라덴은 글로벌 차원의 '우리 대 저들' 구도를 만들었고, 무슬림에게 고조된 역사적 전투에서 반란자들에 맞서 목숨을 걸고 싸우라고 요구했다.

한편 ISIS는 여기에 복원된 칼리프의 꿈을 보탬으로써 현재의 운동을 영광스러웠던 이슬람 제국의 과거와 직접적으로 연결시켰다. 또한 이슬람 집단들 내부의 중층적인 분열을 한층 더 강도 높게 활용했다. 우선 ISIS는 자신을 알카에다의 적수로 놓았다. 알카에다 지도자들이 ISIS 일원들을 "칼리프의 제국을 선포하면서 자신을 기망하는 단순무지한 자들"이라고 비웃자[65] ISIS 대변인은 이렇게 반박했다. "낮은 계층을 잘라 내려 하는 자는 모두 자신의 머리가 잘릴 것이다." 더 근본적으로, ISIS는 시아파는 다 죽여야 한다고 주장하면서 수니파와 시아파 사이의 오랜 분열을 재점화했다.[66]

그렇더라도 ISIS의 핵심 메시지는 무슬림의 '치욕'을 이야기하면서 전 세계 무슬림에게 수 세기 동안의 압제를 딛고 이슬람의 영예로운 재탄생에 참여하라고 촉구하는 것이다. 빈 라덴이 죽고 3년이 지난 뒤 2004년에 이슬람 국가의 '칼리프'인 아부 바크르 알바그다디는 이렇게 선언했다.

> 불명예의 대양에 빠진 채 치욕의 우유를 먹고 자라면서 가장 사악한 자들에게 지배받았던 수 세대가 지난 뒤, 무지의 어둠 속에서 기나긴 잠에 빠졌던 오랜 시간이 지난 뒤, 이제 일어설 때가 왔다.[67]

비슷하게 ISIS가 인터넷에서 퍼뜨리는 프로파간다(영어, 프랑스어, 독일어로 번역되어 전파되고 있다)도 수니파 무슬림에게 "너의 칼리프 주위로 모여서 오랫동안 너의 것이었던 자리, 전사들과 왕들의 자리로 돌아가라"고[68] 의기양양하게 촉구한다.

막대한 집단 불평등을 배경으로, 극단주의 집단은 일원들에게 정확하게 기존의 사회 제도가 제공하지 않았던 것을 제공한다. 부족, 소속감, 목적의식, 증오하고 죽여도 되는 적, 기존의 양극화를 뒤집을 기회, 치욕을 우월함과 승리로 바꿀 기회 등. 이것이 알카에다와 ISIS가 사용한 공식이다.

그들은 단순히 종교적 이데올로기만 설파하는 게 아니다. 그들은 집단 정체성을 통해 일원들에게 지위와 권력을 제공한다.[69] 영웅적 임무(거대한 사탄을 무찌르는 것이든 이슬람 칼리프 제국을 재건하는 것이든 간에)를 가진 알라의 전사가 되게 해 주는 것이다. 테러리즘 전문가인 스콧 아트란Scott Atran은 "그들을 북돋우는 것은 코란이나 종교적인 가르침이 아니다"라고 말했다.[70] "단지 대의만을 위해 죽거나 죽이지는 않는다. 그들은 서로를 위해, 그들의 집단을 위해 죽거나 죽인다. 집단의 대의는 생물학적 타인들 사이에 가상의 가족을 만든다. 즉 그들은 형제애, 부성애, 모성애, 조국애, 토템, 부족을 위해 죽거나 죽인다."[71]

ISIS는 아마도 패퇴되기 직전일지 모른다. 하지만 그것이 생겨나게 한 조건은 매우 건재하다. 이라크전쟁 시기에 스페인 세우타 지역에 사는 한 무슬림 남성의 말을 생각해 보자.

> 스페인 당국은 우리 모두를 범죄자처럼 취급한다. 우리는 여기
> 에 수백 년, 아마도 수천 년간 살아왔다. 하지만 우리보다 힌두
> 인들이 심지어 더 좋은 대우를 받는다. 우리는 늘 일자리를 찾아
> 야 한다. 우리는 팔레스타인에서, 이라크에서, 아프간에서 우리
> 사람들이 고통받는 것을 느끼지 않을 수 없다.
> 나는 맹세한다. 만약 조지 부시가 여기 내 아들 앞에 있다면, 나
> 는 기꺼이 그를 죽이고 죽을 것이다. 또한 내게 그럴 만한 수단
> 이 있다면 내 몸에 폭탄을 두르고 이라크의 미군을 폭발시켜 버
> 릴 것이다. 내가 목숨보다 사랑하는 아들이 아버지 없이 자라야
> 한다고 해도 말이다. 하지만 나는 거기에 가서 그렇게 할 수단이
> 없다.[72]

전 세계 수백 수천만 명의 무슬림이 유럽에서, 아프리카에서, 중동에
서, 희생되고 위협당한다고 느끼며 서구의 적들에 의해 빈곤해졌다고
느낀다. 그 적이 미국이건 이스라엘이건 기독교이건 서구 문명 전체이
건 간에 말이다. 물론 이런 느낌은 현실과 다르다. 이것은 집단 심리에
의한 (예측 가능한) 왜곡이고 선동적인 지도자, 이맘, 소셜미디어가 퍼
뜨리는 과장이다. 하지만 어느 정도 이런 느낌은 자기실현적인 예언이
기도 하다. 테러로 유럽과 미국에서 반무슬림 정서가 일면서 몇몇 지
역에서 실제로 무슬림들이 더 공격의 대상이 됐고 더 주변화됐고 사회
적으로 더 고립됐다. 이 악순환이 계속되는 한, 무슬림 테러 조직은 그

것이 옛 조직이든 새로 생긴 조직이든 간에 야만적인 집단 호소력에 반응할 청중을 어렵지 않게 발견하게 될 것이다.

베네수엘라:
독재자와 인종 불평등 사이에
숨은 그림들

트럼펫이 울린다. 스크린에 블록체로 단어들이 찍힌다. '인류' '투쟁' '사회주의' … 쇼의 진행자이자 스타인 한 인물이 클로즈업된다. 베네수엘라 대통령 우고 차베스다. 대개 전체적으로 붉은 옷을 입고 있다. … 이것은 국가수반이 정규적으로 나와서 자신의 통치 과정을 카메라가 실시간으로 잡도록 하는 세계 유일의 TV 프로그램이다.

– 레이철 놀란Rachel Nolan, 베네수엘라의 리얼리티 TV쇼 〈안녕하세요, 대통령님?〉에 대한 묘사[1]

현재 베네수엘라는 비극적인 혼란 상태다. 지난 20년 동안 베네수엘라에 대한 미국의 외교정책은 아무런 성과가 없었다. 한때 미국의 탄탄한 우방이었던 베네수엘라는(확인된 매장량 기준으로 세계 최대 석유 매장량을 가진 나라이기도 하다²) 1998년 우고 차베스가 정권을 잡은 이래 미국에 가시 같은 존재가 됐다. 미국이 반차베스 세력을 지원하며 수억 달러를 썼지만³ 차베스는 간단히 러시아와 중국으로 눈을 돌렸고⁴ 그 바람에 미국의 라이벌들이 이 지역에서 중요한 기반을 가질 수 있게 됐다. 20년 동안 차베스가 미국에 공개적으로 대항한 것(그는 조지 W. 부시 대통령을 '악마'라고 불렀다⁵)과 그의 엄청난 인기는 라틴아메리카의 다른 나라들에서도 비슷한 양상의 좌파 반미 운동이 촉발되는 데 영향을 미쳤다.

공정하게 말하자면 2000년대에 미국 입장에서 베네수엘라는 우선순위가 가장 높은 사안은 아니었다. 9·11 테러와 두 개의 전쟁이 미국 외교정책의 최우선 관심사였기 때문이다.[6] 하지만 베네수엘라에서도 미국은 대중이 대대적으로 미국에 등을 돌리게 만들면서 미국의 국익을 스스로 갉아먹고 있었다. 그곳에서 가장 중요했던 부족 정체성과 끓고 있던 인종적 분노에 눈을 감고 있었기 때문이다. 차베스는 바로 그 분노를 성공적으로 동원했고 거기에 목소리를 부여했다.

미인 대회와 베네수엘라의 부족 정치

—

남미 사람들은 미인 대회에 열광한다. 베네수엘라만큼 이것을 잘 보여 주는 나라도 없을 것이다. 베네수엘라는 어느 나라보다도 국제적인 미인을 많이 배출한 나라다.[7] 뷰티 산업은 베네수엘라에서 석유 다음으로 규모가 큰 산업으로 알려져 있다. 매년 베네수엘라 3000만 인구의 3분의 2가 '미스 베네수엘라 선발대회'를 본다. 어리게는 4세 때부터 수천 명의 베네수엘라 소녀가 뷰티 학원에 등록한다. 미인이 되고자 하는 집착은 베네수엘라 소녀들을 상상 초월의 극단적인 행동으로까지 몰고 간다. 어떤 16세 소녀는 음식을 덜 먹기 위해 창자를 자르는 수술을 한다. 먹을 때 고통스럽게 만들기 위해 혀에 플라스틱 망사를 꿰매 넣는 사람도 있다.[8]

베네수엘라에서 미인 대회 입상자는 비중 있는 인사로서의 무게감이 남다르다. 이레네 사에즈Irene Sáez는 미스 베네수엘라를 거쳐 미스 유니버스가 됐고 이어 '카라카스의 베벌리힐스'라고 불리는 차카오의 시장이 됐으며 이어서 주지사가 됐고 1998년에는 대통령 후보로 나섰다.[9] 라이벌은 전 육군 낙하산 부대 출신으로, 아직 세상이 들어 본 적이 없는 우고 차베스라는 인물이었다.

그때까지 미스 베네수엘라는 모두 옅은 피부색에 유럽인의 외모를 가진 사람이었다. 이들의 외모는 베네수엘라 인구의 다수를 차지하는 짙은 피부색의 사람들과 크게 다르다. 사에즈는 180센티미터의 신장에 붉은 기가 도는 금발과 초록 눈을 가지고 있다.[10] 사에즈는 베네수엘라를 수 세대 동안 지배한 상류 사회 엘리트와 매우 비슷하게 생겼고, 이 나라 인구의 대다수와는 전혀 비슷하게 생기지 않았다.

대조적으로 차베스는 인구 대다수와 매우 비슷하게 생겼다. 그 자신의 표현을 빌리면, 차베스는 "입이 크고 곱슬머리를 가졌다." 그는 "그것이 아프리카적"이기 때문에 "이런 입과 머리카락을 가진 것이 자랑스럽다"고 말했다.[11] 1998년에 차베스 같은 피부색과 '아프리카적' 외모를 가진 사람이 미스 베네수엘라가 되거나 대통령이 되는 것은 상상할 수 없었다. 그와 동시에, 이런 인종적 현실을 언급하는 것은 금기시되어 있었다. 차베스의 놀라운 압승은 장벽과 금기, 둘 다를 깼다는 점에서 실로 놀라운 일이었다.

압승을 거둬 정권을 잡자 차베스는 베네수엘라 의회와 대법원을 해산하고 수백 개 기업을 국유화했으며 석유 분야의 통제권을 장악했다.[12] 차베스 정권은 정치적 불안정을 낳았고 그가 추진한 정책들은 수십억 달러의 자본도피를 일으켰지만,[13] 2000년에 차베스는 재선에 성공했고 이후 13년간 대통령으로 재직했다. 몇 가지 커다란 성공도 거뒀다. 가령 문맹률과 영아 사망률이 크게 떨어졌다.[14] 차베스는 미국 땅 안에서도 득점을 올렸다. 2005년 그는 전 하원의원 조지프 케네디 2세Joseph Kennedy II(매사추세츠주)와 협력해 수백만 갤런의 난방유를 가난한 미국인들에게 무료로 지원하기 시작했다.[15]

하지만 오늘날 베네수엘라는 혼돈 상태다.[16] 인도적 위기에 직면해 있고 명백하게 범죄와 관련된 사람들이 국가의 주요 부분을 장악하고 있다.[17] 기아도 만연해 있다. 절망스러운 부모들은 먹일 사정이 되지 않아 아기를 남에게 보낸다.[18] 베네수엘라는 세계에서 살인율이 가장 높은 나라로도 꼽힌다.[19] (최근에는 미스 베네수엘라 출신 여성 한 명도 살해됐다.)

옥살이를 한 적이 있고 화성에 문명이 있었다면 자본주의로 절멸되었을 것이라는 희한한 생각을 거침없이 이야기하는 차베스가[20] 어떻게 권력을 잡을 수 있었을까? 그리고 나라가 위기에서 또 다른 위기로 움직이는 와중에 어떻게 연달아 재선에 성공할 수 있었을까?

이 질문은 2000년대 내내 미국 정책 결정자들을 어리둥절하게 만들었다. 워싱턴은 차베스 현상을 완전히 잘못 이해했다. 소련이 붕괴한지 10년이 지났지만 미국은 냉전 시기의 관점으로 돌아가서 차베스를 그의 친구이자 동지인 쿠바의 피델 카스트로와 함께 남미에 공산주의를 퍼뜨리고자 하는 반자본주의적 폭력배-광대라고만 생각했다.[21] 워싱턴의 세계관으로 보자면 이런 정권은 반드시 반민주주의적이어야 했다. 이 정권에 대한 대중의 지지는 진정한 것일 리가 없고 뿌리가 깊거나 지속가능한 것일 리도 없었다.

하지만 차베스는 민주주의가 낳은 산물이다. 불평등, 깊은 인종적 갈등, 시장 지배적 소수 민족의 존재라는 조건하에서 민주주의가 산출한 결과인 것이다. 이데올로기적 안경을 써서였든지 자기기만이었든지 간에, 미국은 고집스럽게 차베스의 대중적 지지를 과소평가했고 차베스가 상징하는 베네수엘라 부족 정치의 대격변을 알아차리지 못했다. 미국의 눈에 차베스는 그저 독재자일 뿐이었다. 하지만 베네수엘라의 빈민들에게는 드디어 자신과 같은 외모에 자신을 위해 말해 주는 대통령을 갖게 된 것이었다.

부족 정치의 관점에서 보면 차베스의 부상은 설명하기 어렵지 않다. 그는 베네수엘라의 지배적인 '백인' 소수 집단과 오래 편하되어 온 가난하고 교육 수준이 낮고 피부색이 짙은 토착민 및 아프리카 혈통의 대중 사이에 벌어진 전투의 산물이다. 하지만 오늘날까지도 당파적으로 손가락질하기에 여념이 없는 미국인들은 베네수엘라를 집어삼키고 있는 독재 치하의 혼돈이 어떤 기원을 가진 것인지를 거의 이해하지 못하고 있다.

'피부색 지배 정치'와 인종적 민주주의의 신화
—

남미에는 '인종주의가 없다'고들 한다. 지위가 높든 낮든 모두가 '혼혈'이기 때문이라는 것이다.[22] 남미 사람들은 백인이거나 흑인이거나 한 것이 아니라 '모두가 메스티소'라고 한다.

하지만 현실은 이보다 훨씬 복잡하다. 남미 사회는 기본적으로 '피부색 지배 정치' 사회다.[23] 사회 계층의 구성을 보면 신장이 크고 피부색이 하얗고 유럽 혈통인 지배층이 맨 위에, 신장이 작고 피부색이 짙고 토착민 혈통인 대중이 맨 아래에 있고, 그 사이에 수많은 단계가 있다.

피부색 지배 정치의 뿌리는 식민지 시기로 거슬러 올라간다. 영국 식민지였던 인도나 말레이시아와 달리 스페인 식민지에서는 본토 사람들이 토착민 여성들과의 사이에서 많은 자손을 낳았다. 처음부터 스페인과 포르투갈의 연대기 기록자들은 아메리카 인디언 여성들의 매력을 열정적으로 묘사했다. 한 기록은 인디언 여성들이 "아름답고 약간 음탕하며, 스페인 정복자들을 좋아한다"고 언급했고,[24] 또 다른 기록에는 인디언 여성들이 "매우 수려하고 굉장한 사랑꾼이며 애정이 많고 열정적인 몸을 가지고 있다"고 되어 있다.[25] 한 가지 중요한 의미에서 "스페인의 아메리카 정복은 여성에 대한 정복이었다. 스페인 정복자들은 인디언 여성을 강제로 얻기도 하고 평화적인 수단으로 얻기도 했다."[26] 때로는 인디언 지도자들이 우정의 징표로 여성을 넘겨주기도 했다. 이렇게 해서 타인종 간 결혼, 축첩, 일처다부제가 매우 일반적이었다.[27]

이러한 '인종적 혼합'이 이뤄진 것을 보고 남미의 식민주의자들이 인종에 따른 피부색의 장벽을 기꺼이 초월할 준비가 되어 있었던 모양이라고 생각하기 쉽겠지만, 현실은 전혀 그렇지 않았다. 오히려 '카스타casta'라고 불리는 신분 제도가 생겨났다. 여기에서 사람들은 인종적 '순수성'에 따라 계급이 지워지며 맨 위는 백인이다.

스페인 식민 치하의 남미에서 생겨난 각 계급의 명칭은 지역과 시대에 따라 다른데, 다음은 18세기 '뉴스페인' 지역에서 쓰이던 명칭이다.

1. 스페인 남성과 인디언의 아이는 메스티소다.

2. 메스티소와 스페인 여성의 아이는 카스티소다.

3. 카스티소 여성과 스페인 남성의 남자아이는 스페인 남성이다.

4. 스페인 여성과 니그로의 아이는 물라토다.

5. 스페인 남성과 물라토 여성의 아이는 모리스코다.

6. 모리스코 여성과 스페인 남성의 아이는 알비노다.

7. 스페인 남성과 알비노 여성의 아이는 토르나 아트라스다.

8. 인디언과 토르나 아트라스의 아이는 로보다.

9. 로보와 인디언 여성의 아이는 잠바이고다.

10. 잠바이고와 인디언 여성의 아이는 캄부호다.

11. 캄부호와 물라토 여성의 아이는 알바라사도다.

12. 알바라사도와 물라토 여성의 아이는 바르시노다.

13. 바르시노와 물라토 여성의 아이는 코요테다.

14. 코요테 여성과 인디언의 아이는 샤미소다.

15. 샤미소 여성과 메스티소의 아이는 코요테 메스티소다.

16. 코요테 메스티소와 물라토 여성의 아이는 아히테 에스타스다.[28]

스페인 남성이 '순수 혈통'이라고 여겨진 것은 아이러니하다.[29] 중세 무렵이면 이미 이베리아반도에 켈트인, 그리스인, 페니키아인, 카르타고인, 로마인, 서고트인, 유대인, 아랍인, 베르베르인, 집시 등 여러 민족이 살고 있었고 이들 사이에 결혼도 흔히 이뤄졌기 때문이다.

그럼에도 칠레와 우루과이 같은 소수의 국가를 제외하면(칠레와 우루과이에서는 유럽인이 도착하자마자 토착민이 절멸했다) '순수 백인'인 스페인 지배층이 '유색 인종'인 대중을 멸시하는 것은 모든 현대 남미 국가의 매우 뿌리 깊은 특성이다. 멕시코에서는 혼혈인 메스티소가 땅을 소유하거나 성직자가 되는 것이 오래도록 금지됐다. 페루에서는 지식인들도 '인디언은 지금도 앞으로도 기계에 불과하다'고 믿었다. 칠레에서는 태평양전쟁(1879~1883년)에서 승리한 것이 칠레의 '백인적 특성' 때문이라고 종종 설명된다. 백인적 특성 덕분에 볼리비아와 페루의 '인디언'들을 무찌를 수 있었다는 것이다. 아르헨티나에서는 1903년에 한 인기 작가가 메스티소와 물라토는 "순수하지 않고 격세유전으로 반기독교적"이라며 다음과 같이 언급했다. "그들은 아름답고 창백하고 순수한 스페인계 아메리카를 거대한 나선으로 옭아매고 제약하고 둘러싸는, 히드라의 두 개의 머리와 같다."[30]

베네수엘라는 16세기에서 19세기 사이 10만 명에 가까운 노예를 아프리카에서 수입했기 때문에 인종적 복잡성이 한층 더하다.[31] 한 역사학자에 따르면 1811년 베네수엘라가 독립했을 때 인구의 절반 이상이 흑인이었다.[32] 몇 세기 동안 베네수엘라의 지배층은 모든 사회적 병폐에 대해 '백인, 인디언, 흑인이 계속해서 섞이는 것'을 탓했고 인구를 더 '하얗게' 만들기 위해 유럽인의 이주를 적극적으로, 또 반복해서 장려했다.[33] 제2차 세계대전 이후에도 스페인, 포르투갈, 이탈리아, 독일 등에서 상당수의 이민자가 들어왔다.[34] 전후 유럽인의 유입은 "베네수엘라가 인종적 혼합을 향해 가던 긴 경향의 속도를 늦췄다."[35]

그런데도 20세기 내내 지배층과 지식인들이 촉진한, 베네수엘라가

'인종적으로 민주적인'(인종주의와 인종적 차별이 존재하지 않는) 국가라는 신화는 계속됐다. 20세기 말인 1997년에도 한 저명한 베네수엘라 기업인이자 칼럼니스트는 이렇게 언급했다.

> 우리는 우리나라에서 잘못됐다고 생각하는 많은 것에 대해 불만을 이야기한다. 하지만 우리는 다른 나라에 모범이 될 만한 것도 가지고 있다. 그중 하나는, 우리나라에서는 사람을 판단하는 데 인종이 중요하지 않다는 것이다. 베네수엘라에서는 고용에서나 사회적, 학문적 영역에서 인종 차별이 중요한 요소가 아니다. 누군가를 피부색 때문에 편견을 가지고 보는 일은 없다. 다른 나라와 달리 우리나라에서는 피부색이 장애가 아니다.[36]

베네수엘라뿐 아니라 남미 전역에 널리 퍼져 있는 '피부색 불문'의 신화, 모두가 메스티소라는 신화는 부富가 백인의 손에 막대하게 집중되어 있고[37] 인구의 80%를 차지하는 가난한 최하층민은 대개 피부색이 짙은 토착민이나 아프리카계라는 사실을 편리하게도 가려 줬다.[38] 그와 동시에 이 신화는 가난한 사람들이 인종이나 민족을 기치로 결집하는 것을 억압했다.

그래서 1998년 대선 직전에 베네수엘라 지배층은 자기 나라에 인종주의가 없다는 것을 자랑스러워하고 있었지만 사실 극소수의 코즈모폴리턴적 '백인'(스페인 식민주의자의 후손인 옛 백인과 제2차 세계대전 이후 유럽에서 들어온 이민자)이 베네수엘라의 경제, 정치, 사회를 지배하고 있었다.

백인이 지배하는 사회임을 가장 '가시적으로' 보여 주는 것이 미인 대회였다. 백인이라는 것은 완벽하다는 것과 동의어였다. 금발의 미스 베네수엘라 사에즈(대선에서 차베스에게 패배한 후보)는 언론으로부터 '전 우주의 미인 대회 역사상 가장 완벽한 여성'이라는 평가를 받았다.[39] 반대로 넓은 코, 큰 입, 펠로 말로(pelo malo, '나쁜 머리카락'이라는 뜻[40])와 같은 흑인이나 토착민의 특징을 보이는 외모는 추한 것으로 여겨졌다. (머리카락을 펴 주는 서비스는 베네수엘라에서 또 하나의 매우 수익성 있는 사업이다.) 유럽 중심적인 미의 기준은 흑인, 토착민, 그 밖의 상대적으로 짙은 피부색을 가진 많은 베네수엘라인에게도 내면화됐다.[41]

안녕하세요, 차베스 대통령님?

—

베네수엘라의 백인 지배층은 자신이 권력을 잃고 있을지도 모른다는 생각은 전혀 하지 못하고 있었을 것이다. 베네수엘라의 지배층만 접촉해 본 미국 외교 당국도 그런 생각은 전혀 하지 않았을 것이다. 어쨌거나 백인 지배층이 베네수엘라의 석유 부문은 물론이고 언론, 은행, 외국인 투자 네트워크, 가장 값나가는 땅, 가장 수익성 있는 기업을 모두 장악하고 있었으니 말이다.[42] 게다가 남미의 다른 나라도 그렇듯이 베네수엘라의 소수 지배층은 매우 조밀하게 서로 연결되어 있었다. 한 베네수엘라 사람은 이렇게 말했다. "베네수엘라에는 이사보다 이사회가 더 많다."[43]

하지만 1998년에 베네수엘라 사람들은 민주적 권력을 사용해서 우고 차베스를 압도적 표 차이로 대통령에 당선시켜 미국을 공포에 빠뜨렸다.[44] 차베스는 베네수엘라 인종주의의 방향을 뒤집었다. 혼혈을 부끄러워하기는커녕 도전적으로 스스로를 '바리나스 출신 인디언'이라고 불렀고,[45] 자신의 투착민저, 흑인저 특성을 지랑스러워했다. 한번은 인터뷰에서 이렇게 말했다. "나에 대한 증오는 인종주의와 관련이 많다."[46] 인종과 포퓰리즘과 계급적 호소력을 결합해서 차베스는 베네수엘라의 가난한 대중에게 폭발적인 촉매가 됐다. 이들 대부분은 차베스처럼 혼혈이고 '두꺼운 입술'과 지배층에 비해 명백히 더 검은 피부를 가지고 있었다. 차베스를 지지하는 세탁부, 가정부, 농민들은 '차베스는 우리 중 한 명'이라며 '우리는 이런 대통령을 가져 본 적이 없었다'고 환호했다.[47]

피부색은 상관없다던 '인종적 민주주의 국가'에 대한 그 모든 이야기가 무색하게, 베네수엘라의 지배층은 별수 없이 인종적이었다. 그들은 차베스를 '엘 네그로(깜둥이)'나[48] '에세 모노(원숭이)'라고 불렀다. '원숭이 차베스에게 죽음을'과 같은 정치 낙서가 상류층과 중산층 동네 담벼락에 나타나기 시작했다.[49] 차베스를 원숭이로 그린 정치 풍자 만화도 등장했다. 그런데 차베스는 이 모든 것을 그에게 유리하게 활용했다. 차베스는 스스로를 베네수엘라의 억압받는 사람들의 옹호자로 자리매김했다. 일단 정권을 잡자 새 헌법을 통과시켜 최초로 토착민에게 문화적, 경제적 권리를 부여했다.[50] 그의 집권기에 인종차별금

지법도 통과됐는데, 인종주의는커녕 인종 자체가 존재한다는 것을 오래도록 부인했던 나라에서 정말로 획기적인 조치였다.

논평가들은 차베스가 '부유한 사람들은 인종주의자고 그들은 당신을 혐오한다'고 반복적으로 말해서 사람들 사이에 인종 의식을 만들어 낸 것인지,[51] 아니면 이미 존재하던 '인종을 진지하게 고려할 것을 요구하는 운동'을 자신의 세력으로 끌어들인 것인지[52]에 대해 의견이 다소 갈린다. 어느 경우든, 차베스가 다른 정치인들과 뚜렷이 차이를 보이는 점은, 모이제스 나임(Moises Naim, 전 베네수엘라 무역 및 산업 상관이자 훗날의《포린폴리시》편집장)에 따르면, "다른 정치인들은 보지 못했거나, 부추기지 않으려 했거나, 아니면 (아마도 이것이 가장 가능성이 높을 것 같은데) 악화시키지 않는 데에 이해관계가 걸려 있었던 집합적 분노와 사회적 원한을 기꺼이 건드리고자 한 그의 열렬한 의지"였다.[53] 의도적으로 계급 갈등을 촉진하고 그것을 인종적 분노라는 틀로 이야기하면서, 차베스는 "다계급 정치 정당의 전통과 단절하고, 베네수엘라에서 40년간 지속됐던 사회적 조화라는 착각을 깨뜨렸다."

모든 선동가가 그렇듯이 차베스는 부족 정치의 달인이었다.[54] 유세에서 그는 열광적인 군중에게 베네수엘라의 '썩은' 지배계급인 '과두귀족'들이 '떨고 있다'고 말했다. 또 외국인 투자자들을 '꽤액거리는 돼지'나 부유한 '타락자'라고 부르며 비난했다. 차베스의 압승은 면밀히 구성된 경제정책을 공약으로 제시해서 이룬 것이 아니었다. 나임의 표현에 따르면, 그는 "깊이 탈도덕화된 나라에서 사람들의 감정적인 욕구를 건드렸다." 그는 "볼리바르에 대한 영웅담, 기독교, 집합적 유토피

아주의, 야구, 토착민의 우주 생성론 등을 한데 섞고 과두귀족, 신자유주의, 외국인 음모 세력, 세계화에 대한 적대감으로 양념을 친 서민적 혼합물을 거칠지만 매우 효과적으로 활용했다."[55]

차베스는 대통령궁에 미스 베네수엘라를 초청하지 않은 첫 번째 대통령이었다.[56] 또한 그는 백인 미스 베네수엘라의 이름을 딴 두 개의 석유 수송선 마릿사 사얄레로호(사얄레로는 1979년에 베네수엘라 최초로 미스 유니버스가 됐다)와 필린레온호(레온은 미스 월드 베네수엘라와 미스 월드 세계 챔피언을 지냈다)의 이름을 전설적인 흑인 여성의 이름을 따와 네그라 히폴리타호와 네그라 마테아호로 바꿔 부르게 했다.[57] (전설에 따르면 시몬 볼리바르를 키운 여성들이라고 한다.) 그리고 차베스 집권기에 최초로 백인이 아닌 미스 베네수엘라가 탄생했다.[58]

지배층의 반격

—

차베스의 국유화와 반기업 정책은 경제를 뒤집었다. 베네수엘라의 부유한 지배층은 징발을 우려해서 80억 달러 이상을 빼냈고[59] 대부분을 해외 은행으로 옮겼다. 하지만 차베스와 베네수엘라 지배층 사이의 진짜 전투장은 국영 석유 회사 PDVSA였다. 베네수엘라 수출 소득의 95%를 차지하는 PDVSA는 국가의 혈액이나 다름없었다.[60]

공식적으로는 '국영'이지만 PDVSA는 차베스가 '과두귀족'이라고 부른 기업계 지배층에 의해 효율적으로 경영되는 것으로 유명했다.[61] 2002년 3월에 차베스는 PDVSA의 회장 과이카이푸로 라메다

Guaicaipuro Lameda 장군을 해고했다. 그는 거대한 석유 회사를 경영하는 역량과 전문성이 뛰어나 외국인 투자자들 사이에서 널리 존경받고 있었다. 그런 라메다의 자리에 차베스는 기업 경영에는 거의 경험이 없는 좌파 성향의 학자를 앉혔다.[62]

불과 몇 주 뒤인 2002년 4월에 일어난 군사 쿠데타로 차베스는 실각했고, 한 군사 기지로 끌려갔다. 놀랍게도 부시 행정부는 이 쿠데타가 '민주주의를 위한 승리'라고 찬사를 보냈다.[63] 소문대로 미국이 배후였다면[64] 그것은 막대한 도덕적, 전략적 실수였다. 그게 아니라 부시 행정부가 주장하듯이 미국이 쿠데타와는 아무 관계가 없고 정말로 민주주의의 승리에 의해 차베스가 축출된 것이라고 믿었다면, 그것은 베네수엘라의 부족 정치의 현실을 놀라울 정도로 모르고 있었던 것이다.

그 쿠데타는 민주적으로 선출된 정부로부터 자신의 부와 권력을 위협당할 때 시장 지배적 소수 집단이 행하는 고전적인 행위였다.[65] 처음에는 노조 지도자들과 숙련 노동자들의 지지를 받았지만, 잠시 동안 차베스를 무너뜨렸던 이 정권은 "상류 사회의 컨트리클럽에서 온 것 같아 보였다." 부유한 백인인 임시 대통령 페드로 카르모나Pedro Carmona는 베네수엘라에서 가장 큰 기업 협회를 이끌던 사람이었다. 노조 대표들은 주요 자리에서 완전히 배제됐다. 짙은 피부색을 가진 한 노점상은 "그들 모두가 과두귀족이었다"며 "그들이 우리 같은 사람을 한 명이라도 임명하겠는가?"라고 냉소적으로 말했다.

미국으로서는 절망스럽게도, 그리고 처음에 차베스의 '사임'을 지지한《뉴욕타임스》나《시카고트리뷴》같은 언론으로서는 당황스럽게도,[66] 민중 봉기가 일어나 차베스가 빠르게 권좌에 복귀했다.[67] 수만이 아니라 수백만의 지지자(주로 슬럼가에 거주하는 빈민들이었다)가 대통령궁을 에워쌌고 48시간이 채 지나기 전에 차베스가 돌아왔다. 미국을 제외하고 서반구의 모든 민주 국가가 (차베스와 사이가 좋지 않았던 나라까지도) 쿠데타를 비난하는 입장을 밝힌 터였다. 미국은 민주적으로 선출된 지도자를 몰아낸 쿠데타를 지지하는 것처럼 보임으로써, 그리고 그것을 민주주의를 위한 승리라고 부름으로써, 매우 심각하게 헛발질을 한 셈이 되고 말았다. 게다가 그 쿠데타는 결국 성공하지도 못했다. BBC의 표현대로, 미국은 "꽤 멍청하게" 보였을 뿐 아니라 위선적으로 보였다.[68] 그리고 이 지역에 대한 미국의 영향력은 급격히 떨어졌다.[69]

하지만 전투는 끝나지 않았다. 이것은 한쪽이 죽어야 끝나는 전투였다. 2002년 12월에 파업이 일어났다. 석유 생산이 중단됐고 전체 경제가 멈췄다.[70] 미국에서는 블루칼라 노동자들이 더 높은 임금을 요구하며 파업을 벌이는 게 일반적이지만, 베네수엘라의 이번 파업은 부유한 기업 지배층이 반차베스 집단과 연합해 일으킨 것이었다.[71] 나는 2003년 1월에《뉴욕타임스》에 기고한 칼럼에서 이 점을 설명하며, 일반적으로 극단적인 불평등하에서의 민주주의는 '정치적, 경제적 불안정'을 야기할 수 있다고 언급했다.[72] 자유 시장에 반대하는 포퓰리스트 지도자가 선출되는 결과를 낳을 수 있기 때문이다. 이에 더해 나는 다음과 같이 지적했다.

베네수엘라의 위기에는 인종적인 측면도 있다. 약 80%의 베네수엘라 인구처럼 차베스는 '파르도'다. 여기에는 계급적 뉘앙스와 인종적 뉘앙스가 모두 존재하는데, 느슨하게 말해서 갈색 피부를 가진 아메리카 인디언이나 흑인 혈통을 지칭한다. 그런데 베네수엘라 경제는 늘 소수의 코즈모폴리턴적 백인이 지배해 왔다.

칼럼이 나가고 나서 벌어신 일에 내해 나는 전혀 대비가 되어 있지 않았다. 악랄한 혐오와 증오의 이메일이 쏟아져 들어왔다. 아마 1분에 100통은 받았을 것이다. 모두 베네수엘라 사람들이 보낸 것이었다. 여기에는 주목할 만한 점이 몇 가지 있다. 우선, 모두 영어로 쓰여 있었다. 내게 메일을 보낸 사람들이 상대적으로 베네수엘라에서 특권층이라는 뜻이다. 이들 중 많은 사람이 기업이나 대학에 종사하고 있었고 미국에 연고가 있었다. 둘째, 메일을 보낸 사람 거의 모두가 차베스가 반민주주의적인 세력이라고 주장하면서, 그가 민주적으로 선출된 대통령이라는 사실은 거의 언급하지 않았다. 셋째, 그들은 차베스에 반대하는 것이 인종과는 아무 상관이 없다고 단호하게 주장했다. 베네수엘라에는 인종주의가 존재하지 않기 때문이라는 것이었다. 비교적 온건한 이메일을 몇 통만 소개하면 다음과 같다.

베네수엘라 사람으로서, 나는 에이미 추아 박사가 1월 7일 자 신문에 쓴 '특권층에 권력을'이라는 칼럼에서 베네수엘라의 상황에 대해 피상적이고 편향된 시각을 보인 것에 매우 경악했습니다. 계급적 증오와 인종주의는 베네수엘라에서 진짜 이슈였던 적이 한 번도 없습니다. 베네수엘라는 사회적, 인종적 용광로여서 가난한 배경을 가진 아이들도 위로 올라갈 수 있고 좋은 교육을 받을 수 있고 좋은 직장과 정치적 지위를 가질 수 있습니다. 또한 이런 용광로는 계속해서 미스 유니버스와 미스 월드를 석권하는, 세상에서 가장 아름다운 여성들을 만들었습니다.[73]

인종은 베네수엘라에서 '이슈'였던 적이 한 번도 없습니다. 차베스가, 그러니까 당신이 '파르도'라고 묘사하는 사람이(차베스는 파르도가 아닙니다만) 더 짙은 피부색을 가진 것은 베네수엘라 사람들의 사회적인 행동에서 편견으로 작용하지 않고 있으며 전에도 늘 그랬습니다. 따라서 추아 교수님은 자신이 하는 말이 무엇인지를 전혀 모르는 게 틀림없습니다. 그런데 차베스 본인이 그의 독재적 행위를 정당화하기 위해 자신의 피부색을 공공연히 이슈로 삼았습니다. 당신은 여기에 넘어간 것입니다.[74]

베네수엘라에서 자라고 30년을 살아온 나는 이곳에 인종적 구분이 거의 존재하지 않는다고 증언할 수 있습니다. 오늘날 흑인과 '파르도'는 코카서스 사람과 동일한 기회와 생활 양식을 가지고 있습니다.[75]

이와 같은 편지가 문자 그대로 수백 통은 왔다. 이 이메일 운동은 조직적인 것 같았다.[76] 정해진 프로토콜을 따르듯이, 대부분 예일대 총장과 교수진 모두에게 (물론 힐러리 클린턴과 유엔 사무총장에게도) 복사, 발송됐다. 그때 나는 막 예일대학교 로스쿨에서 강의를 시작한 참이었는데, 새 동료들이 이상한 표정을 하고는 내게 와서 무슨 일이냐고 물었다. 살해 협박도 있었다. 그중 하나는 "베네수엘라 사람들이 시카고에서 당신을 잡을 것이다"라고 되어 있었다. 내가 시카고에 강연을 하러 갈 예정이라는 것을 그들이 알고 있었던 것이다. (강연 주최 측은 내게 경호원을 붙여 줬다.) 펜실베이니아대학교에서 강연을 했을 때도 베네수엘라 사람들이 몰려와서 항의를 했다.

오늘날에는 이야기의 기조가 달라졌다. 베네수엘라에 존재하는 극명한 인종 불평등은 이제 널리 받아들여지고 있다. 차베스의 인기가 상당 부분 백인 엘리트층의 오랜 지배에 맞서 온 인디언과 흑인의 유산을 자부심, 정체성, 그리고 정치적 동원의 원천으로 바꿔 낸 그의 능력에서 기인했다는 것에도 대개 동의한다.[77] (차베스는 인종 카드를 쓴 유일한 남미 지도자가 아니다. 인종적 담론을 불러일으키는 데 기반한 포퓰리즘 정치 운동은 페루에서 알레한드로 톨레도Alejandro Toledo의 압승을 가져왔고 볼리비아에서도 에보 모랄레스Evo Morales를 대통령으로 당선시켰다.[78])

차베스는 2006년에 압도적인 표 차이로 재선됐고 2012년에도 재선에 성공했다. 그가 남긴 영향을 어떻게 평가하든 간에, 차베스는 틀림없이 가난한 유권자들을 위해 많은 것을 했다. 2012년에 차베스는 "빈곤은 절반으로 줄였고, 극빈곤은 70%나 줄였다." 대학 등록률은 두 배가 됐고 수백만 명이 처음으로 의료 서비스를 접할 수 있게 됐다. 그해에 브라질의 룰라 대통령이 말했듯이 '차베스의 승리는 베네수엘라 국민의 승리'였다.[79] 차베스가 여러 해 동안 이어진 고유가의 득을 본 것도 사실이지만(베네수엘라 지도자들의 운은 유가에 따라 등락한다는 말도 있다), 많은 면에서 베네수엘라는 차베스 시절이 그 전보다 더 민주적이었다.[80]

그와 동시에 차베스가 독재자였으며 그가 달성한 성취에는 막대한 경제적 비용이 따랐다는 것도 분명하다.[81] 2006년에는 정부 지출이 정부 수입을 훨씬 능가하고 있었다.[82] 파산하지 않기 위해 차베스는 중국과 러시아에서 550억 달러 이상을 빌려 왔다.[83] 인플레가 치솟자 가격 통제를 실시했는데, 많은 전문가에 따르면 이는 제조업에서 인센티브를 크게 줄였고 오늘날 벌어지고 있는 재앙적인 물품 부족 사태로 가는 길을 열었다.[84] 석유 산업도 전문가와 외국인 투자자가 빠져나가 운영에 계속 문제가 생기면서 생산량이 급감했다.[85]

그럼에도 차베스는 사망하기 직전까지 놀라운 인기를 누렸다. 차베스는 2013년에 대장암으로 갑자기 사망했는데, '차비스타(차베스 지지자)'와 베네수엘라의 많은 빈민층이 깊은 애도를 표했다.[86] 차베스는 가난한 사람들의 마음을 얻었다. 베네수엘라에서 오래도록 무시받아 온 다수의 사람을 끌어안음으로써 차베스는 사랑받는 지도자가 될 수 있었고 그들은 차베스의 결점을 충분히 그냥 넘어가 줄 용의가 있었다.

차베스 집권기의 몹시도 놀라운 특징 중 하나는 리얼리티 TV쇼 〈안녕하세요, 대통령님?Aló Presidente〉이다. 이 프로그램은 매주 일요일 오전 10시에 시작해 차베스가 원하는 만큼 오래 방영됐다. 일반적으로는

4~8시간이었다. 당시에는 완전히 전례 없는 일이었지만, 방송에서 차베스가 한 역할(엔터테이너이자 국가수반)은 오늘날 미국인에게 희한하게도 익숙하게 느껴진다. 이 방송은 베네수엘라 국민들이 '혁명'의 전개 과정을 알 수 있도록 매주 생방송으로 차베스가 거리에서 또는 대통령궁에 모인 청중 앞에서 이야기하고 농담하고 노래하고 대통령령을 발표하고 투옥 명령을 내리는 등의 모습을 보여 준다는 기발한 포맷으로 되어 있었다. 차베스가 오프라 윈프리 스타일로 외국의 국가수반을 인터뷰하기도 했다. 그가 방송 중에 실제 정책을 사전 예고도 없이 만들어 공표하는 경우가 많았기 때문에 각료들은 정책을 따라잡으려면 그 방송을 꼭 봐야 했다. 또 그가 어느 건물을 가리키며 "저것을 징발하세요!"라고 말하면 생방송의 청중은 환호했다.[87]

2010년에 차베스는 트위터를 시작했고 매우 성공적이었다.[88] 그는 다른 나라들을 모욕하는 메시지부터 점심에 무엇을 먹었는지('방금 생선 수프를 한 사발 먹었어요')까지 다양한 글을 올렸다. 한번은 19세 여성에게 300만 번째 팔로워가 된 기념으로 아파트를 선물했다. 걸러지지 않은, 그리고 눈살 찌푸리게 하는 그의 트위터 글은 여행부터('여러분 잘 지내시나요? 저는 브라질에 있어요')[89] 혁명('우리는 승리할 것입니다'), 그리고 위장 통증까지('아이고 배야') 종횡무진이었다. 지배층은 혐오했지만, 사망할 때까지 그는 계속해서 민중의 남자였다.

차베스는 2013년에 대장암으로 사망했다. 그가 미국이 비밀리에 남미 좌파 지도자들을 암세포에 감염시켜서 죽이려 한다고 언급한 지

1년이 약간 넘은 시점이었다.[90] 뒤를 이은 부통령 니콜라스 마두로 Nicolas Maduro는 차베스의 정책을 이어갔지만 차베스의 카리스마나 명민함은 갖고 있지 못했다. 2014년에 국제 유가가 폭락하자 베네수엘라의 위기는 완전한 붕괴로 이어졌다.[91] 베네수엘라는 대대적인 기아가 벌어지고 범죄가 만연하는 나라가 됐다.[92] 2016년에는 인플레가 800%에 달했다.[93] 우유, 쌀, 고기, 휴지 같은 기본 생필품 부족으로 각지에서 저항이 벌어졌고 정부는 이를 무력으로 진압했다.

오늘날 베네수엘라는 사실상 파탄 국가가 됐다. 마두로는 자신도 '차비스타'의 옷을 입고 있다고 주장하지만, 대중의 지지를 얻지 못하고 있는 것처럼 보인다.[94] 상당수의 골수 차베스 지지자도 마두로가 차베스의 이름에 먹칠을 하고 있다며 그의 사임을 요구하고 있다.[95] 2017년 7월에 마두로가 (그의 아들과 아내를 포함해 지지자로만 구성된) 새로운 '제헌의회'를 소집했는데, 이것은 독재 권력을 강화하고 반대자를 억누르기 위한 반민주적인 조치로 여겨졌다.[96] 그뿐 아니라 나임에 따르면, 마두로는 더욱더 쿠바의 꼭두각시, 그리고 베네수엘라를 실질적으로 지배하는 권력인 군부와 마약 거래 세력의 꼭두각시가 되어 가고 있다.[97]

민주주의가 실제로 시장 지배적 소수 집단에 맞서 전투를 벌일 때 (베네수엘라에서 차베스 시절에 그랬듯이) 종국적인 결과는 재앙일 수 있다. 가장 안 좋게는, 경제와 민주주의 둘 다 망가질 수 있다. 안타깝게도 이 최악의 시나리오가 지금 베네수엘라에서 벌어지고 있는 듯하다.

불평등이 만든
부족적 간극이
미국을 갈라놓다

POLITICAL
TRIBES

7장

그렇다면 인간이란 얼마나 키메라와 같은 존재인가! 인간이란 얼마나 새롭고, 얼마나 괴물 같고, 얼마나 혼돈이고, 얼마나 모순이며, 얼마나 천재인가! 나약한 지상의 벌레, 진리의 저장고이자 불확실성과 오류의 하수구, 우주의 영광이자 우주의 쓰레기.

— 블레즈 파스칼

그들은 스스로 지혜 있다 하나 우둔하게 되어…….

— 로마서 1장 22절

미국인에게 중동, 동남아시아, 남미는 아주 먼 곳의 이야기로 들릴지 모르지만 그곳들을 갈가리 찢어 놓고 있는 부족 정치적 요인에서 미국도 자유롭지 못하다.

모호하게나마 미국인은 미국에서 벌어지고 있는 깊은 분열의 핵심에 불평등이 있다는 것을 다들 알고 있다. 하지만 정확히 어떻게 그런지는 잘 모른다. 미국에서는 부족 정체성이 '가진 자'와 '못 가진 자' 사이에 나타난다. 이 두 부족 사이의 간극도 많은 개도국과 비서구 국가에서 정치적 혼란을 일으키고 있는 부족적 간극과 동일한 종류다.

베네수엘라에서처럼 미국에서도 많은 사람이 '기득권'(정치, 경제적 지배층)과 자신은 매우 다르고 심지어 자신에게 위협적이라고 생각한다. 베네수엘라에서처럼 미국에서도 당선 가능성이 극히 낮아 보이던 후보가 정치 경력도 없는 상태에서 기득권을 공격해 '혁명'이라고까지 불린 움직임을 이끌면서 대통령이 됐다.

물론 차베스의 혁명은 사회주의적인 것이었고 도널드 트럼프의 혁명은 전혀 그렇지 않았다는 점에서 차이가 있다. 미국의 포퓰리즘은 반자본주의적이지 않다. 미국의 가난한 사람들은 부자를 증오하지 않는다. 많은 가난한 이가 부를 원하며 적어도 자녀들이라도 부를 가질 수 있게 되기를 바란다. 현 시스템이 그들에게 불리하도록 '조작'되어 있다고 생각하면서도 말이다. 흑인이건 백인이건 라틴계이건 간에 가난한 노동자 계급 미국인은 옛날식의 아메리칸 드림에 굶주려 있다. 그래서 〈아메리칸 아이돌〉〈보이스〉〈어프렌티스〉〈엠파이어〉〈후프라노〉〈퀴즈쇼 밀리어네어〉〈샤크 탱크〉〈덕 다이너스티〉 같은 프로그램이 식을 줄 모르는 인기를 누린다. 아메리칸 드림이 그들에게서 멀어질 때, 아니 심지어 그들을 비웃거나 그들의 얼굴에 침을 뱉을 때도 그들은 아메리칸 드림을 공격하는 게 아니라 기득권을, 법을, 이민자나 그 밖의 외부인을, 심지어는 이성과 합리성을 공격한다.

미국에서 아메리칸 드림이 허구에 불과하다며 비판하는 쪽은 오히려 진보적인 지배층이었다. 이것은 그들의 부족주의의 한 형태다. 소득 수준이 높은 진보 진영 운동의 상당 부분이 엘리트층의 집단 정체성을 형성하는 도구로 기능한다. 그런데 이런 형태의 진보적 부족주의가 2016년에는 잘 작동하지 않았다. 언론인 데이비드 레온하트David Leonhardt가 자신의 칼럼 〈민주당은 어떻게 매력을 다시 얻을 것인가〉에서 언급했듯이, 대학을 나오지 못한 백인들은 "대거 트럼프 쪽으로 쏠렸고" 대학을 나오지 못한 흑인들은 "대거 투표에 참여하지 않음으로써 선거 결과에 영향을 미쳤다." "두 결정 모두 부분적으로는 소외의 결과였다."[1]

그렇다. 불평등이 미국을 갈라놓고 있다. 하지만 미국의 외교정책 기득권이 해외의 많은 사람에게 몹시 중요한 집단적 현실을 반복적으로 이해하지 못했듯이, 국내에서도 미국의 지배층은 대부분의 평범한 미국인에게 몹시 중요한 집단 정체성을 알지 못했거나 사소한 것으로 폄하했다. 미국이 현재 겪고 있는 정치적 요동을 이해하려면, 미국의 부유한 사람과 가난한 사람 사이에 존재하는 막대한 집단 정체성의 차이를 인식해야 한다.

'점령하라' 운동

뉴욕시립대학교가 2012년 5월 1일에 대규모로 열렸던 '점령하라' 시위 참여자들을 조사한 결과,[2] 4분의 1이 학생이었다. 학생이 아닌 사람 중에서는 76%가 대졸자였고 이 중 절반 이상이 대학원 졸업자였다. 또 '점령하라' 운동 참여자들은 인구 비례 대비로 볼 때 부유한 사람 비중이 높았다. 참가자 절반 이상의 소득이 7만 5000달러가 넘었고 2만 5000달러 미만은 8%에 불과했다. 뉴욕 시민 전체 중에서 소득 2만 5000달러 미만 인구는 30%다. 뉴욕 주코티공원에서 열린 시위 참여자들을 대상으로 또 다른 조사를 수행한 미국 민주당의 저명한 여론조사 전문가 더글러스 숀Douglas Schoen은 "우리의 연구 결과, 명백하게 이 운동은 실업 상태에 있는 미국인을 대표하지 않는다"며 참여자 중 "압도적인 다수가 사실 직장을 가진 사람이었다"고 언급했다.[3]

'점령하라' 운동 웹사이트OccupyWallStreet.org 방문자 5000명을 대상으로 한 다른 조사에서도 90.1%가 고졸 이상이고 81.2%가 백인인 것으로 나타났다(겨우 1.6%만 흑인이었다).[4] 다른 조사에서는 이보다 인종 구성이 다양하게 나타났지만,[5] '점령하라' 운동 참가자 중 백인, 젊은이, 고학력자 비중이 인구 비례 대비 훨씬 더 높다는 데는 연구 결과들이 대체로 일치한다.[6] '점령하라' 운동이 테크놀로지를 능숙하게 사용한다는 점이 자주 언급되곤 하는데, 이 특징도 참가자의 인구 구성을 보면 어느 정도 설명이 된다.

눈에 띄는 또 한 가지 특징은 '점령하라' 운동 참가자들이 미국인 전체 평균보다 월등하게 정치적으로 활발하다는 점이다. 앞서 언급한 뉴욕시립대학교의 연구에 따르면 응답자의 94%가 전에 다른 정치 집회에 참여해 본 적이 있다고 답했고, 42%가 "이제까지 이런 집회에 나와 본 적이 30회 이상"이라고 답했다.[7] 또 거의 50%가 이민자 권리 단체, 여성 권리 단체, 반전 단체 등 정치 조직에 활발하게 참여하고 있었다. 이 연구는 '점령하라' 운동이 "자생적으로 갑자기 생겨난 운동이 아니라 경험 있는 정치 활동가들이 신중하게 계획한 운동"이라고 결론 내렸다.[8]

미국의 여타 불평등 반대 운동도 비슷한 특징을 보인다. '나머지 98%The Other 98%' 운동은 스스로를 "경제적 불의, 기업의 부당한 영향력, 그리고 민주주의에 대한 위협에 불을 밝히고자, 관심 있는 사람들이 모인 풀뿌리 네트워크 비영리 기관"이라고 소개한다.[9] 또 "워싱턴 DC에서 기업 로비스트를 몰아내고, 선출직 공직자들에게 책무성을 갖게 하며, 미국이 우리 98%를 위해 돌아가는 나라로 만들고자 한다"
고 밝히고 있다. 이 운동을 이끄는 6명의 유능한 리더에 대한 소개도
웹사이트에 올라와 있는데,[10] 그들은 전직 월가 애널리스트, 전직 은행
웹 디자이너, 명문 자유교양대학인 바드칼리지 졸업생 두 명, 경험 많
은 사회 운동 조직가, 전직 그린피스 활동가다. 그 그린피스 활동가는
"공해상부터 레인보우 워리어호, 또 시애틀의 거리까지 전 세계에서
강력한 비폭력 활동들에 깊이 관여하는 행운을 가질 수 있었다"며 지
금은 "퓨젓사운드의 조용하고 작은 섬에 있는 집에서 일을 하면서 아
내 제네비브와 함께 8세의 쌍둥이 아이들을 홈스쿨링으로 가르친다"
고 한다.

'점령하라' 운동의 주도자 중 한 명인 미카 화이트Micah White에 따
르면 이 운동은 "실패"했다.[11] 그의 평가는 좀 지나친 것인지도 모른다.
'점령하라' 운동은 불평등을 공공 담론의 전면에 가져왔고 2016년 대
선에서 '월가의 탐욕', 빚더미에 시달리는 학생들, 최저임금 인상 같
은 사안이 주목을 받게 만든 주요인이라고 많은 이가 인정한다.[12] 하지
만 저널리스트 조지 패커의 설명대로 '점령하라 운동은 하늘을 가로질
러 번개가 한 번 번쩍하고 지나간 것이었고, 운동이라기보다는 밈이었
다.'[13]

왜 '점령하라' 운동이 실패했는지에 대한 가장 일반적인 설명은 그
들에게 강력하고 가시적인 지도자가 없었고, 구체적으로 밀어붙일 어
젠다가 없었으며, 온라인 위주의 행동이 집중되지 못하고 분산되어 있
었다는 점이 흔히 언급된다.[14] 이 모든 요인이 영향을 미쳤겠지만 종종

간과되는 것은 (그리고 내 생각에 더 중요한 것은) 이 운동이 사회적으로 불이익을 받는 집단들을 위해 싸운다고 하면서도 정작 그 집단에 속하는 사람들을 거의 끌어들이지 못했다는 점이다.

서프러제트 운동이 상당수의 여성을 포함하지 못했다고 생각해 보라. 민권 운동이 아주 소수의 흑인밖에 끌어들이지 못했다고 생각해 보라. 성소수자 인권 운동에 아주 소수의 성소수자밖에 참여하지 못했다고 생각해 보라. 이 모든 운동에서 내부적 응집은 진정성 있고 강력한 집단 정체성을 부여했고 이것이 끈경에 저해시도 불글의 투쟁을 계속하게 만들어 결국 유의미한 결과들을 달성하게 했다.[15] 대조적으로 '점령하라' 운동 참가자들은 굶주리거나 착취당하는 사람들이 아니었고 오히려 상대적으로 특권층인 자칭 활동가들이었다. 그래서 투쟁을 해야 할 다음번의 커다란 사안이 나타나자 간단히 그리로 옮겨 갔다. (때로는 물리적으로 옮겨 갈 필요조차 없었다. 가상공간에서 옮겨 가면 되었기 때문이다. 화이트가 2015년 6월에 언급했듯이 "소셜미디어에는 부정적인 면이 있다. … 사람들이 '점령하라' 집회에 직접 가는 것보다 트위터와 페이스북에 포스트를 올리는 것을 더 편안하게 느끼기 시작한 것이다."[16])

'점령하라' 운동이 진짜 운동이 아니었다거나 참가자를 북돋우고 자극하고 동원할 수 있는 집단 정체성이 없었다는 말이 아니다. 미국의 많은 젊은이와 상대적으로 특권층인 사람들 중 상당수가 오늘날 그들이 처한 세계에 대해 실망하고 환상이 깨져 좌절하고 있다. 마이클 엘릭Michael Ellick은 "빚이 잔뜩 있는 상태로 고등학교와 대학교를 졸업했는데 마땅한 취직자리가 더 이상 존재하지 않는 상황에 직면한 세대, 이제는 존재하지 않는 세상을 위해 교육을 받은 세대가 생겨났다"
고 말했다.[17] '점령하라' 운동은 이런 사람들에게 유의미한 '부족 집단'
을 제공했다. 이 운동은 참가자들에게 소속감과 지위감을 느끼게 해
줬다. 주코티공원부터 오클랜드까지 모든 곳에서 시위대는 자신이 거
대하고 악한 적에 맞서는 커다란 운동의 일부라고 느꼈다(이 운동의 모
토는 '우리는 지배 계층의 엉덩이를 걷어찰 것이다'였다[18]) 하지만 이 운
동은 그 소속감과 지위감을 교육 수준이 높고 상대적으로 특권을 가진
사람들에게만 제공했다.[19]

이는 단순히 가난한 사람들이 참여하지 않아서가 아니었다. 상당히
많은 경우 가난한 사람들은 활동가 운동을 싫어한다. 더 아이러니하
게도, 노동자 계급 출신인 한 작가의 말을 빌리면 "낮은 계층의 미국
인 다수가 저항 운동을 하는 사람들이 존경할 만하지 않고 도움이 안
된다고 생각한다. 그들은 이 '전문 활동가들'이 자신의 삶에서 한 번
도 투쟁을 경험해 보지 못했기 때문에 실제로는 노동자 계급과 아무
런 연결이 없고, 주로는 개인적인 정당성을 얻기 위해 저항에 참여하
는 것일 뿐이라고 생각한다."[20] 비슷한 맥락에서 나이지리아계 미국인
인 테주 콜Teju Cole은 트위터에 이런 글을 올렸다. "'백인 구세주 산업
복합체'는 정의와 관련 있는 것이 아니다. 그것은 특권을 정당화해 주
는 커다란 감정적인 경험을 갖는 것과 관련이 있다."[21]

'점령하라' 참가자들이 정치적으로 매우 활발한 것과 대조적으로 미
국의 빈민들은 정치적 관여도가 훨씬 낮다.[22] 정치 활동 참여도 훨씬

적고,[23] 선출직 공무원과의 접촉도 훨씬 적으며,[24] 투표에도 훨씬 적게 참여한다. 오래도록 주변화되어 온 가난한 사람들이 먼 곳의 거대 조직들과 알 수 없는 사람들이 권력의 지렛대를 움직이고 있다고 생각해 그들을 신뢰하지 않는 것이 한 이유다.[25] 어느 정당이 정권을 잡든 내 삶이 달라지지 않는데 선거나 정치에 관심을 갖기는 어려운 일이다.

이에 더해, 저소득층 미국인들은 전통적인 공동체나 시민적 활동에서도 떨어져 나오고 있는 것으로 보인다. 2015년의 베스트셀러 《우리 아이들Our Kids》에서 로버트 퍼트넘Robert Putnam은 미국에서 가난한 사람들이 운동 경기에 덜 참여하고 청년 모임이나 자원봉사 조직에도 참여 횟수가 낮은 것으로 나타났으며, 이에 따라 이들은 훨씬 적은 사회적 접촉 기회와 네트워크를 갖게 된다고 언급했다.[26] 또한 퍼트넘은 가난한 사람들과 노동자 계급 사람들이 교회에 가는 비중도 줄어들고 있으며 특히 청년층에서 이런 현상이 두드러진다고 설명했다.[27] 이는 찰스 머리Charles Murray가 《분열되다Coming Apart》에서 밝힌 바와도 일치한다. 이런 현상을 두고 퍼트넘은 미국의 가난한 사람들 사이에서 "개인주의로의 거대한 전환이 벌어지고 있다"고 결론 내렸다.[28] 하지만 이 결론은 잘못된 결론이다.

미국의 최하층 계급은 강렬하게 부족적이다. 우선 이들은 굉장히 애국적이다. 내 삶에 대해서는 아는 게 아무것도 없는 먼 곳의 지배층에 내 나라를 빼앗기고 있다고는 생각하지만 말이다. 집단 충성심으로 둘째가라면 서러울 두 집단,[29] 경찰[30]과 군대[31]에서 하위 직급은 거의 압도적으로 상류층이 아닌 사람이 차지하고 있다. 그 밖에도 (지배 엘리트들은 잘 모르는) 집단 정체성들의 커다란 세계가 존재한다. (가난한 사람들이 공동체적이지 않다고 생각하는 것은) 단지 엘리트 계층이 가난한 사람들에게 소속감을 느끼게 하는 집단이 존재한다는 것을 모르고 있거나, 안다고 해도 그런 집단을 반사회적이고 불합리하고 경멸스럽다고 여기고 있어서일 뿐이다.

소버린 시티즌

—

2014년에 미국 전역의 경찰 수백 명을 대상으로 설문조사가 하나 실시됐다. 자신의 공동체에서 가장 큰 위협을 하나만 꼽으라고 했을 때 경찰들은 무엇이라고 답했을까?[32] 이슬람 극단주의자나 폭력적인 갱단이 아니라 '소버린 시티즌'이라고 불리는, 반정부적 성향의 희한한 집단이었다.[33] 소버린 시티즌 운동의 역사는 1980년대로까지 거슬러 올라가지만 규모가 급증하기 시작한 것은 2008년의 경기 침체 이후다. 전문가들은 이 운동의 빠른 성장을 높은 실업과 경제 불안정 때문으로 본다.[34] 2016년에 배턴루지에서 경찰관 6명을 총으로 쏜 개빈 롱 Gavin Long은(6명 중 3명이 숨졌다) 이 운동의 기원이 백인 우월주의라는 사실을 알지 못한 채 이 운동에 가담하고 있는 수많은 흑인 중 한 명이다.[35]

이 운동은 30만 명의 추종자가 있는 것으로 알려져 있으며 매우 정교한 음모론에 기반을 두고 있다. 이들이 믿는 몇 가지 핵심적인 주장을 살펴보자.[36]

1. 미국 역사의 어느 시점에 건국의 아버지들이 만든 사법 시스템이 부당한 정부에 의해 몰래 바뀌치기 됐다. 우리가 이것이 사실임을 알고 있는 것은 법원에 있는 성조기의 금장 장식 덕분이다.

2. 현재 권력을 가지고 있는 그 부당한 정부는 미국인들을 꾀어서 연방의 노예가 되는 여러 '계약'을 하도록 만든다. 그런 계약은 예를 들면, 사회보장번호를 신청함으로써 형성될 수 있다.

3. 미국 정부는 아기가 태어나면 출생증명서를 이용해 각 아기의 이름으로 비밀 법인 신탁을 구축한다. 그다음에 이것은 그 아기의 미래 소득을 비밀 은행 계좌로 보내는 데 사용된다. 다행히도 소버린 시티즌은 매우 복잡하지만 합법적인 조작을 통해 비밀 은행 계좌에 접근할 수 있다.

4. 신생아의 법인 신탁이 만들어지면 두 개의 실체가 창출된다. 법인으로서의 개인과 자연인으로서의 개인. 이것은 운전면허증이나 세금 고지서 같은 대부분의 정부 서류에 이름 철자가 모두 대문자로 쓰여 있는 것을 보면 알 수 있다.

5. 정당성 없는 정부에 속지 않는 것은 가능하다. 자신을 분명하게 자연인으로만 규정하고 법인이 되는 것을 거부하면 된다. 예를 들면, "나는 스펜서 토드Spencer Todd다. 내가 '스펜서 토드© SPENCER TODD©'를 대표한다"고 구체적으로 특정하는 것을 통해 가능하다.

6. 법적 서류들을 정확하게 구성함으로써, 소버린 시티즌은 자연인(자유인)으로서의 개인을 법인(노예인)으로서의 개인과 분리

해 정부의 사법 시스템에서 스스로를 해방시킬 수 있다. 가령, 고지서의 수신인으로 되어 있는 'JOHN SMITH'는 법적으로 자연인인 존 스미스와 분리된 별도의 실체라고 주장함으로써, JOHN SMITH 앞으로 온 세금 고지서나 케이블TV 고지서에 돈을 지불하는 것을 피할 수 있다.

7. 오늘날 미국에서 실제로 정당성이 있는 유일한 당국은 카운티 보안관이다.

소버린 시티즌은 '서류 테러리즘'이 전문이다. 이들은 반려견 소유 허가증 수수료와 같은 아주 사소한 분쟁에 대해서도 일부러 법원에 소송을 건다. 의도적으로 법원을 소송 서류에 파묻히게 하려는 것이다. 소버린 시티즌이 관여된 세금 관련 사건의 서류는 종종 1000쪽이 넘어서 "검사, 국선 변호사, 판사들을 압도한다." 양으로도 압도하지만 "서류 내용이 도무지 말이 되질 않아서도 그렇다."[37]

미국의 저명한 법관 중 한 명인 리처드 포스너(Richard Posner, 현재는 은퇴했다)는 2015년에 소버린 시티즌 한 명이 형사 기소를 당한 사건을 하나 맡게 됐다. 이 피고는 온갖 사유를 들어 법원에 소송 각하 청구를 냈고, 포스터는 이에 대한 판결에서 피고의 주장을 다음과 같이 요약했다.

… 또한 그는 "개인(계약에 의해 생성된 법인으로서의 주체 대 자연적으로 태어난 사람으로서의 주체)에 대해 사법관할권이 없다"

고 주장한다. 이게 무슨 의미든 간에 하여튼 그의 주장은 그렇다. 또한 그는 "영국 여왕이 연방정부와 조약을 체결해 미국에서 판매되는 주류와 담배에 조세를 부과하고 있다"고 주장한다. 이 조약은 '인지조례Stamp Act'라고 불린다고 하며, "이 법에서 영국 여왕이 자신의 신민들, 즉 미국인들이 연방정부의 다른 세금은 모두 면제받도록 명령했다"고 한다. "따라서 연방 소득세, 주 소득세 등 모든 미국인에게 부과되는 세금은 국제 조약 위반이며 주권자로서의 여왕의 명령에 위배된다"고 한다.

위와 같은 피고의 주장에 대해, 포스너는 다음과 같은 답변을 판시했다.

인지조례는 1765년에 대영제국 의회가 입법했다. 이것은 미국인에게 어떤 세금도 면제해 주지 않았다. 오히려 이 법은 미국인들이 쓰는 종이에 대해 종합세를 물렸다. 이 법은 영국과 미국 연방정부와의 조약이 아니다. 당시에는 미국이 존재하지 않았기 때문이다. 당시에는 13개 주의 영국 식민지가 있었고 독립을 선언한 것은 11년 뒤다. 인지조례로 면제되는 연방 세금은 없었다. 연방 세금 자체가 없었기 때문이다. 영국의 주권자는 당시에 여왕queen이 아니었다. 당시 영국 국왕은 남자였고 그의 아내 메클렌부르크 슈트렐리츠 대공국의 샬럿 공주는 대영제국의 왕비queen였지만 정치 행정에 관여할 권한은 없었다.[38]

소버린 시티즌이 믿는 바가 몹시 불합리하고 어이없기는 하지만, 이 운동이 갖는 심리적 호소력을 이해하는 건 어렵지 않다. 이들에 따르면 소버린 시티즌은 별 볼 일 없는 사람들이 전혀 아니다. 이들이야말로 정말로 무슨 일이 벌어지고 있는지 아는 사람들이다. 또 건국의 아버지처럼(소버린 시티즌은 자신을 건국의 아버지와 비견해 말하는 것을 좋아한다) 압제적인 정부에 맞서는 혁명가다.[39] 그들은 외부인에게 공개하지 않는 자체 콘퍼런스를 열어서 믿음을 공유하는 이들과 유대를 다지고 전략을 짠다. 이 운동 내의 흑인 모임인 '워시토네이션'은 특히나 고상한 기원을 주장한다.[40] 최근에 워시토네이션을 이끈 한 여성 지도자(스스로를 베르디아세 티아리 와시토우 터너 고스톤 엘-베이 여제라고 부른다)에 따르면, 워시토네이션의 일원들은 유럽인이 미 대륙에 오기 수만 년 전에 북미를 점령하고 있던 흑인들인 '고대의 일원들'의 후손이기 때문에 그들에게는 연방정부의 권한이 미치지 않는다고 한다.

화룡점정으로, 소버린 시티즌은 엄청난 돈줄을 잡을 수 있는 가능성도 이야기한다. 법적으로 손볼 것이 조금 더 남아 있긴 하지만 머지않아 그들이 비밀 은행 계좌에 접근할 수 있으리라는 것이다. 남부빈곤법센터가 언급했듯이 "소버린 시티즌은 단어, 구두점, 종이, 잉크 색, 타이밍의 정확한 조합을 발견하기만 하면 원하는 것은 무엇이라도 할 수 있다고 믿는다. 세금을 안 내든지, 무한한 부를 얻든지, 면허, 인증 수수료, 법이 없는 삶을 살 수 있든지, 무엇이든지 말이다."[41]

세계 어디에서나 음모론의 내용은 희한하게도 공통적이지만 소버린 시티즌에는 독특하게 미국적인 면이 있으며 소버린 시티즌이라는 집단의 존재는 미국의 계급 분열에 대해 많은 것을 말해 준다. 소버린 시티즌 일원들은 미국에서 가장 불이익을 받는 계층이다. 실업자이고, 빚이 있고, 위로 올라갈 기회가 거의 혹은 전혀 없는 사람들, '점령하라' 운동 참가자들이 돕고자 하는 바로 그 사람들인 것이다. 이들은 부에 반대하지 않는다. 부가 자신에게 오기를 바란다. 또 이들은 기득권에 대해 깊은 의구심을 가지고 있다. 이들은 정부 전체가 자신을 하층에 묶어 놓고 아메리칸 드림으로 가지 못하게 가로막는 거대한 미로 같은 시스템과 관련되어 있다고 믿는다.

갱단과 마약의 수호성인

—

미국에서 야망 있고 진취적인 도시 젊은이가 크립스, 블러즈, 수레뇨스, 아시안보이스 등 마약 밀거래나 기타 범죄 행위에 종종 관여하는 갱단(미국에 2만 7000개가 있다고 알려져 있다)[42]에 너무나 많이 들어간다는 사실은 이 사회에 대한 통렬한 고발이다. 갱단보다 더 '부족적'인 집단은 없을 것이다. 또 미국에서 갱단은 종종 흑인, 아이티인, 캄보디아인, 도미니카인, 소말리아인, 베트남인, 엘살바도르인(MS-13으로 더 잘 알려진, 매우 폭력적인 '마라 살바트루차'가 엘살바도르 갱단 출신이다[43])과 같은 인종적 혹은 민족적인 정체성을 가진다.[44]

'캐시Cash의 모든 것' '캐시 애비뉴' '캐시 머니 보이스' 같은 이름[45]이 암시하듯이 갱단 일원들은 최신 유행 제품이나 으리으리한 자동차를 사기 위해서 자신이 쓸 수 있는 어떤 방법으로든 돈을 많이 버는 것에 매우 집착한다. 또한 갱단의 일원들은 야망이 있고, 기꺼이 거친 일에 나서며, 위험을 감수하고, 위계의 사다리를 올라갈 기회를 얻기 위해 희생을 한다. 어느 면에서 갱단은 '암울한 결말이 예정된 아메리칸 드림'이다. 가장 활발한 일원들은 스무 살 이전에 감옥에 가거나 목숨을 잃는다.[46] 하지만 직업이 없고 (매우 높은 가능성으로) 소수 인종이며 불만을 품은 젊은 남성이 '가진 기술은 없고 저임금 일자리에 대해서는 경멸을 가지고 있는' 경우에, 갱단은 합법적인 시스템이 제공하지 않는 바로 그것들을 그들에게 제공한다.[47] 지위, 강한 부족, 그리고 실질적인 계층 상승의 가능성 말이다.[48] 그들에게 갱단은 가장 전망 있는, 그리고 아마도 유일한 계층 상승의 길이다.

갱단과는 사뭇 다른 또 다른 집단이 마약 밀거래와 관련이 있다. 미국의 빈민들, 특히 히스패닉계 사람들 사이에서 인기가 있는 '누에스트라 세뇨라 데 라 산타 무에르테Nuestra Señora de la Santa Muerte' 즉 '죽음의 성녀'라는 민속신앙 신도들이다. 샌프란시스코의 미션디스트릭트,[49] 로스앤젤레스 중심의 멜로스에비뉴,[50] 뉴올리언스의 미드시티 등을 걸어서 돌아다니다 보면, 문 앞에 여성 해골 전신상을 전시해 놓은 허름한 점포들을 볼 수 있을 것이다. 실물 크기의 해골이 검은색이나 흰색, 혹은 붉은색의 긴 망토를 입고 대개 커다란 낫을 들고 있다.[51] 이 해골상이 있는 곳들은 '죽음의 성녀'를 믿는 사람들을 위한 예배당이거나 가게 한쪽에 '죽음의 성녀'에게 빌 수 있는 제단이 마련된 곳들이다. '죽음의 성녀'는 멕시코에서 시작됐지만 지금은 히스패닉 인구가 많은 모든 미국 도시에 퍼져 있다.[52] 종교학 교수 앤드루 체스넛Andrew Chesnut에 따르면 산타 무에르테는 "미국 전체에서 가장 빠르게 성장하고 있는 종교 운동이다."[53]

가톨릭과 메소아메리카 전통이 혼합된 산타 무에르테는 "비행자들과 부랑자들을 위한 멕시코의 수호성인"이다.[54] 뉴스 매체《바이스》의 보도에 따르면 도둑, 성매매 업자, 갱단, 밀수업자, 마약 밀매업자들에게 열광적으로 인기가 있으며 이들은 목, 팔, 등에 산타 무에르테를 문신으로 새긴다. 가톨릭교회와 달리 동성애를 금기시하지 않기 때문에 산타 무에르테는 트랜스젠더 성노동자를 포함해 많은 성소수자에게도 수호성인이다.[55]

체스넛은 "산타 무에르테는 차별하지 않는 성녀이며 따라서 모든 사람을 받아들인다"고 설명한다.[56] 신도 대부분은 마약 거래인이 아니지만 산타 무에르테는 마약 밀매업자들을 돕는다는 의미에서 '마약 성녀'라고도 불린다. 산타 무에르테는 성모 마리아보다 훨씬 더 이해심이 많다. 체스넛에 따르면, "산타 무에르테에게는 가령 이번에 들어오는 메스암페타민 물량에 축복을 내려 달라는 것까지 무엇이든 빌 수 있다." (산타 무에르테는 미국 드라마 〈브레이킹 배드〉 시즌3의 첫 장면에도 등장한다. 산타 무에르테 상에 주인공 하이젠베르크를 그린 스케치가 핀으로 꽂혀 있다.)[57]

지난 10년 동안 산타 무에르테 신도의 증가세가 일약 두드러졌다. 해골 성녀('보니 레이디' 또는 '스키니 걸'이라고도 불린다[58])를 믿는 신도는 1000만~1200만 명에 달하는 것으로 추정된다.[59] 신도들은 페이스북에서 산타 무에르테에게 기도를 하고 담배나 럼주, 바비 인형, 재떨이 등을 제단에 바친다.[60] NBC에 따르면 최근에는 마이애미에도 이 운동이 등장했고[61] 휴스턴에서는 영구적인 예배당 건립을 위해 기금을 모으는 풀뿌리 운동이 전개되고 있다.[62]

산타 무에르테 말고도 마약 수호성인은 많다. 또 다른 예로 북부 멕시코와 남부 캘리포니아에서 인기 있는 전설적인 폭력배 헤수스 말베르데Jesús Malverde가 있다.[63] 그는 '가난한 이들의 천사' 또는 '마약 거래인의 수호자'라고도 불린다. (헤수스 말베르데도 〈브레이킹 배드〉에 등장한다. 시즌2의 한 회에서 마약 단속국 요원의 책상 위에 그의 흉상이 있다.)

헤수스 말베르데를 신봉하는 컬트 문화는 멕시코 북서부 해안 지역인 시날로아주에서 기원했다. 이곳은 강력한 시날로아 마약 카르텔의 근거지이고 악명 높은 마약 거물 호아킨 '엘 카포' 구스만Joaquin 'El Chapo' Guzman이 수감됐을 때 휘하들이 그의 탈옥을 계획한 곳이기도 하다.[64] 시날로아주의 주도 쿨리아칸에 있는 헤수스 말베르데의 사원에는 매년 수백 명의 가난한 순례자가 찾아온다. 사원에는 사진과 석판이 가득하다. '말베르데님, 저를 마약에서 구해 주셔서 감사합니다' '말베르데님, 제가 팔다리를 잃지 않게 해 주셔서 감사합니다'와 같은 내용들이 쓰여 있다.[65] 간절하게 비는 편지도 있다. 로스앤젤레스에서 왔다는 한 사람은 이렇게 빌었다. '기적을 일으키는 신성한 분이신 말베르데님, 이 편지를 굽어보시고 제가 친구들 때문에 겪는 괴로운 문제에 대해 저를 좀 도와주세요. 그들이 다시는 저를 찾지 않게 해 주세요. 그들이 우리 문제를 잊게 해 주시고 제발 저희 부모님과 누이와 저

를 가만히 놔두게 해 주세요.'

지배 엘리트 계층은 마약 수호성인을 믿는 민속신앙을 보고 그 불
합리함에 경악하거나 조롱을 보낼지 모르지만, 이런 신앙은 가난한 사
람들이 겪는 고통과 주변으로 내몰린 그들의 사회적 지위에 조응했다.
또 그들이 느끼는 사회적 소외감에 호소력이 있었고 그들이 필요로 하
는 바에 정확히 공명하는 집단 소속감을 제공했다. 한 멕시코계 변호
사는 이렇게 말했다. "오늘날 대부분의 멕시코계 미국인은 깊은 사회
적 고립 속에서 산다. 지금 나는 압도적 다수에 내해 밀하고 있는 것이
다. 멕시코계 미국인의 압도적 다수가 교육을 잘 받지 못했고 주거 환
경이 열악하고 임금이 매우 낮다. 이들 사이에는 미국의 정치에 대한
분명한 불신이 있다. 극소수가 나라를 좌지우지하고 나머지 사람들은
그 극소수 지배층을 위한 노동력으로 소모되고 있을 뿐이다."[66] 마약
수호자 컬트는 소버린 시티즌이나 갱단이 위험한 것과는 또 다른 방
식으로 위험하다. 마약 수호자 컬트는 미국의 사회제도나 시민적 삶에
연결고리가 있다는 느낌이 전혀 없는 채로 자기 인종이나 민족의 공동
체에 고립되어 살아가는, 소외되고 가난한 미국인이 증가하고 있음을
보여 주는 증거다.

지금까지 알아본 가난한 사람들은 미국 주류 문화의 외부에 있는 사
람들이다. 이들은 사회 통념과 너무 다르거나 사회적으로 너무 주변화
되어 있기 때문에 정치적인 영향력은 사실 거의 없다. 하지만 저소득
층 미국인들에게 인기 있는 또 다른 집단들이 있는데, 이 경우는 이야

기가 다르다. 미국 지배 엘리트는 역시나 존재조차 모를 수 있겠지만, 이 중 어떤 집단들은 정치적으로 훨씬 더 두드러지며 도널드 트럼프의 부상과 실제로 밀접한 관련이 있다.

번영 복음

미국에는 매주 1만 명 이상이 예배를 보러 오는 대형 교단이 65곳 있다.[67] 그중 거의 절반이 번영 복음을 설교한다. 번영 교회는 평균적으로 8500명의 신도를 가지고 있다. 명사 반열에 오른 목사 조엘 오스틴Joel Osteen이[68] 이끄는 휴스턴의 레이크우드 교회는 신도가 무려 3만 5000명이며, 매주 700만 명이 그의 설교 동영상을 시청한다.[69] 막상막하로, 흑인 목사 크레플로 달러Creflo Dollar가 조지아에 세운 월드체인 저스 교회는 신도가 3만 명이다.[70]

대부분의 지배 엘리트는 번영 복음에 대해 들어 본 적도 없겠지만 도널드 트럼프는 그것을 자신에게 유리하게 활용했다. 2016년 대선에서 번영 복음 방송 설교자 마크 번스Mark Burns는 트럼프를 다음과 같은 열광적인 말로 소개했다.[71] (버락 오바마에 대한 소개에 이은 희한한 반전이었다.) "흑인도 백인도 황인종도 붉은 인종도 없습니다. 오로지 녹색인만 있습니다. 녹색은 돈입니다. 녹색은 일자리입니다!"[72]

번영 복음은 기독교지만 여러 종파를 초월하며, 부자가 되는 것이 신성한 것이라고 설교한다. 마태복음에 나오기를 예수는 '신과 돈은 함께 섬길 수 없다'고 했고 '낙타가 바늘구멍에 들어가는 것이 부자가 천국가는 것보다 쉬울 것'이라고 했다는 점을 생각하면 번영 복음의 신학적 기반은 다소 모호하다. 하지만 번영 설교자들은 꽤 창조적이었다.

어떤 설교자들은 예수 자신이 겉보기와 달리 부자였다고 주장한다. 그 증거로 예수 탄생 때의 상황을 이야기한다. 롤스로이스 두 대와 개인 비행기를 가지고 있는 달러[73]는 이런 주장을 내세운다. "예수가 오시자마자[74] 번영을 위해 성유를 바른 것이 자석처럼 현명한 사람들을 이곳으로 이끌었다. 그들은 금, 유향, 몰약 등을 선물로 가지고 왔다. … 이것들은 값싼 선물이 아니었다. … 번영은 아기 예수가 던생히 자마자 즉각적으로 아기 예수에게 딱 달라붙었다. 그리고 그리스도의 후예인 우리에게도 바로 그러한 번영의 선물이 주어져 있다."[75] 마찬가지로 〈신도들의 승리의 목소리Believer's Voice of Victory〉라는 인기 있는 TV 프로그램에서 번영 복음 저술가 존 아반지니John Avanzini는 예수가 좋은 집("그와 함께 많은 사람이 밤에 머물 수 있을 만큼 큰 집")을 가지고 있었고 디자이너 브랜드의 명품 의복("그가 입은 옷은 아무 옷걸이에서나 구할 수 있는 게 아니다. 그것은 맞춤옷이다")을 입었다고 말했다.[76]

어떤 설교자들은 구약의 내용을 근거로 댄다. 영향력 있는 번영 목사 케네스 헤이긴Kenneth Kagin은 "신명기에 따르면" 빈곤은 "신에게 복종하지 않는 사람에게" 신이 내린 벌이라고 말했다.[77] 에덴동산에서 신은 "아담과 이브가 필요로 하는 모든 것에 대해 모든 물질적인 축복을 주시지 않았는가."[78] 타락한 이후에 인류에게 비참함을 부여한 것은 사탄이었다. 예수의 죽음과 부활은 인류를 죄에서만 구원한 것이 아니라 질병과 빈곤에서도 구원한 것이었다. 또 흑인 목사 르로이 톰슨Leroy

Thompson은 "예수가 빈곤 속에 있는 당신의 자리를 차지하고 당신이 번영 속에 있는 예수의 자리에 가게 해 주셨다"고 말했다.[79]

번영 교회 예배의 큰 특징 중 하나는 사람들이 부자가 되게 해 달라고 공공연히 빈다는 것이다. 케이트 보울러Kate Bowler는 저서《축복받은 자들Blessed》에서 노스캐롤라이나주의 흑인 교회 승리신앙센터에서 열린 어느 일요 예배를 묘사했다. 대개는 목사가 열정적인 설교로 사람들을 황홀경에 빠뜨리는데 이날은 특이하게도 앞줄에 앉아 있던 목사의 아내가 갑자기 일어서더니 회중을 향해 말했다.

> 목사의 아내는 놀라운 목청으로 신앙은 행동을 필요로 한다고 선언했다. 회당이 점점 더 흥분에 휩싸이면서 그의 작은 체구는 점점 더 커지는 것 같았다. 그가 "돈아!"라고 외치면 모인 사람들은 그와 함께 이렇게 후렴구를 외쳤다. "내게로 오라!" 목사의 아내는 기대에 차서 잠시 멈추더니 "당장"이라고 말했다. 그러면서 춤을 추기 시작했다. 그러자 80명 정도의 남녀노소 신도들도 주저함을 모두 함께 버리고 춤을 췄다. 너도나도 자신에게 필요한 것을 외치며 소원을 비는 통에 장내가 소란스러워졌다. 사람들은 자신이 무엇을 원했는지, 원했던 것 중 무엇을 잃었는지를 떠올리면서 눈물을 쏟아 냈다. "돈아 내게로 오라, 당장!" 사람들은 다시 한 번 외쳤다.[80]

부자가 되는 것을 대놓고 강조하는 것을 두고 많은 이가 번영 복음을 멸시한다.[81] 번영 복음 신도 중 북동부의 명문 대학을 다니는 사람은 거의 없다. 북동부 명문 대학에서는 자신이 매우 반물질주의적이라고 주장하는 백만장자의 자녀들을 찾기가 더 쉽다. 하지만 번영 복음은 가난한 사람들에게 막대한 호소력을 가지며[82] 사회적으로 불이익을 겪는 소수 집단 사람들에게 매우 인기가 있다.[83]

살아가는 것 자체가 고투인 사람들에게 번영 복음은 희망, 방향성, 그리고 처지가 비슷한 사람들과의 공동체 의식을 제공한다. 이것은 전혀 그들을 대표하지 않는 '불평등에 반대하는 저항 운동' 집단들과는 매우 다르다. 동시에 번영 복음은 그들에게 더 근엄하고 위엄 있는 지아 이미지를 갖게 해 준다. 보울러가 설명했듯이, 번영 복음의 가르침은 "신도들이 고개를 빳빳이 들고 어깨를 쫙 펼 수 있게 해 준다."[84] 오스틴은 자신의 회중에게 그들이 '희생자'가 아니라 '승리자'라고 말한다.[85] 크레플로 달러는 가난한 사람도 자신의 운명을 통제할 수 있다고 가르친다.[86] 번영 복음 신도들은 자신을 '사회의 억압받는 사람' '99%' '가진 것 없는 사람'이라고 묘사하지 않고, 축복받았고 희망이 있고 신이 더 사랑하시는 사람이라고 생각한다.

나스카의 나라

—

스포츠는 늘 부족적인 속성을 가지고 있었다. 하지만 축구, 농구, 야구가 사회 계층 전반에 걸쳐 인기가 있는 것과 달리 나스카(팬이 7500만 명에 달하며 프로 미식축구 리그인 NFL에 이어 두 번째로 관객이 많은 스포츠다[87])는 백인 노동자 계급에 기원을 둔 것을 자랑스러워한다.

나스카의 전설에 따르면 애팔래치아의 주류 밀매업자들이 사법당국을 피해서 밀주 위스키를 실어 나르려고 스톡카(일반 승용차를 개조해 만든 경주용 차-옮긴이) 경주를 시작했다고 한다.[88] 팬층의 인구 구성이 빠르게 달라지고 있긴 하지만(오늘날 나스카 팬의 40%가 여성이다[89]) '나스카네이션'은 백인, 남성, 남부, 농촌이라는 스테레오 타입의 이미지를 유지하기 위해 애쓴다. 여전히 팬의 압도적 다수가 공화당 지지자고[90] 경주 용어는 마초의 분위기를 풍기는 말들로 가득하다.[91] 이를테면 '비벼대지 않으면 경주가 아니지' '신사 여러분, 달립시다' '소년들, 덤벼서 먹어 버려' '신사 여러분, 시동 거세요'와 같은 말들이 그렇다.

　　나스카는 부족주의가 전부라고 해도 과언이 아니다.[92] 팬들은 경주용 자동차 제조업체(쉐보레, 포드, 닷지, 도요타 등)와 차를 모는 선수에게만 충성심이 있는 것이 아니라 대회를 후원하는 스폰서 기업들에도 충성심이 있다. 여기에는 굿이어, 홈디포, 맥도날드, 가이코, 밀러, 마운틴듀, 버거킹 등 여러 거대 기업이 포함된다. 최근의 한 연구에 따르면, 다른 어떤 스포츠 팬보다도 나스카 팬들은 브랜드 충성도가 높고[93] 스폰서 기업의 제품을 구매하는 것이 자신이 응원하는 팀에 기여하는 것이라고 생각한다. 한 나스카 팬은 "나는 내 차 세 대 모두에 인터스테이트 배터리를 써요"라고 말했다.[94] 또 다른 사람은 "버드와이저를 드세요. 안 그러면 여기에 속하지 않는 거예요"라고 말했다. 팬들은 자신이 응원하는 팀의 후원사 제품을 다른 제품보다 세 배 더 많이 구매한다.[95] 휴대전화부터 아침 식사용 식품까지 모든 것이 그렇다. "나는 넥스텔 폰을 씁니다. 내가 큰 지지자라는 것을 아시겠지요? 또 나는 타이드 세제를 써요."[96] 한 나스카 팬은 이렇게 말했다. "경기장에서 보이는 거라면 나는 다 사용합니다. 나는 치리오 과자를 먹어요."

나스카 팬의 헌신은 종교에 종종 비견될 정도로 강렬하다. 미국의 자동차 경주 문화를 연구한 사회학자들은 '나스카 예배회'[97]라든가 '나스카 복음' 숭배, 또 팬들이 레저용 차를 타고 경주가 열리기 전 금요일에 도착해 주말까지 지내는 '순례'[98]에 대해 이야기한다. 한 연구자는 수많은 나스카 팬에 대한 면접 조사를 하고서 이렇게 결론 내렸다. "중요한 주제는 소속감이 있다."[99]

25만 명이 스타디움에서 경주를 관람할 때 느끼는 신체적인 강렬함 자체도 나스카 팬들의 집단적인 경험에서 빼놓을 수 없다. 자동차가 시속 200마일도 넘는 속도로 질주하는 동안 자신이 응원하는 경주자를 향해 소리를 지를 때 느끼는 감정 말이다. 한 팬은 이렇게 말했다. "거기에서는 자신이 생각하는 소리도 들을 수가 없어요. 그래서 나스카의 슬로건이 '천둥을 느껴라'인 것입니다. 가 보지 않으셨다면 이해할 수 없을 거예요." 팬들은 함성 위로 서로에게 소리를 지르고 때로는 순수한 환희에서 비명을 지른다.[100]

요즘 나스카는 집단 정체성과 관련해 문제를 겪고 있다. 부유한 소유주이자 CEO인 브라이언 프랜스Brian France는 더 부유한 계층과 여성, 또 소수 집단으로 나스카의 저변을 넓히려고 노력해 왔다.[101] 하지만 나스카 경주에는 특수한 지역적, 문화적 정체성을 내보이는 것에 대한 자부심이 여전히 강하게 존재한다. 2015년 6월 플로리다주에서 열린 '데이토나 인터내셔널 스피드웨이'에서 주최 측은 바로 얼마 전에 벌어졌던 찰스턴 교회 총기 난사 사건을 염두에 두고 남부 연맹 깃발을 들지 말라고 요청했지만 많은 팬이 이에 따르지 않았다. 폭스뉴스는 "남부 연맹 깃발을 찾는 것이 기념품 가게, 화장실, 맥주 스탠드 찾는 것보다 쉽다"고 보도했다.[102] 남부 연맹 깃발을 들고 있던 한 팬은 이렇게 말했다. "우리 식구는 앨라배마 출신이고, 앨라배마에 있는 탈레디가카운티로 늘 경기를 보러 간다. 이 깃발은 남부 연맹을 상징한다기보다 나스카를 상징한다. 그래서 내가 남부 연맹 깃발을 들고 있는 것이다."

그와 동시에 나스카 경기는 지극히 애국적이기도 하다. 성조기가 휘날리고 '지구상 가장 위대한 나라'에 대한 선언이 나부낀다. 물론 이 두 정체성의 결합, 즉 '나스카의 미국'이 '진정한 미국'이라는 개념은 나스카가 어떤 이들에게는 매우 매력적이고 어떤 이들에게는 매우 혐오스러운 이유다.

프로레슬링과 트럼프 현상
—

번영 복음 신도들처럼 나스카 팬들도 도널드 트럼프를 아주 좋아하고 트럼프에게서 자신이 지지하는 미국의 모습을 본다. 브라이언 프랜스는 대선 때 트럼프 지지를 공식적으로 천명했다.[103] 하지만 트럼프의 놀라운 정치적 성공과 그 뒤에 있는 계급적 차원을 가장 잘 보여 주는 '스포츠'는 나스카가 아니라 프로레슬링이다.

세계프로레슬링협회WWE는 미국의 부유한 사람과 가난한 사람 사이의 문화적 분열을 보여 주는 가장 좋은 사례일 것이다. 엘리트 계층 사람들에게 WWE는 도무지 이해할 수 없을 정도로 생소하고 경악스럽다. 가짜인 데다 천박하고 맹렬하고 폭력적이고 마초적인 남성성을 극도로 강조한다. 그래서 엘리트 계층에게 프로레슬링은 단지 조롱의 대상이 아니라 관음증적인 연구의 대상이다. 롤랑 바르트(Roland Barthes, 사랑받는 포스트구조주의 사상가이자 저명한 기호학자)가 기념비적인 저서 《신화론Mythologies》에서 프로레슬링에 대해 언급하면서[104] 학자들 사이에서는 프로레슬링의 호소력과 이미를 (점점 더 알 수 없는 용어로) 분석하는 작은 유행이 생겼다.

좌파 학자들은 '프로레슬링 관람의 현상학'에 매우 매력을 느꼈고 때로는 (아마도 경악해서) 집착했다. 노동자 계급 미국인들은 자신이 가짜를 보고 있다는 것을 알고 있을까?[105] 진짜가 아니라고 인정하는 것을 단지 유예하고 있는 것일까, 아니면 어떤 이들은 정말로 속아서 자신이 실제 대결을 보고 있다고 생각하는 것일까? 문화 이론가들은 프로레슬링이 진짜와 허구의 구분을 어떻게 흐릿하게 하는지,[106] 그것이 현대의 로맨스 서사를 어떻게 연기하는지,[107] 그것이 어떻게 멜로드라마의 현대적 형태를 나타내는지,[108] 그것이 어떻게 저소득층 노동자 계급 관람객에게 선과 악, 힘 있는 자와 옳은 자의 싸움이라는 드라마의 상연 기회가 되어 주는지[109] 등에 대해 분석했다.

대조적으로 도널드 트럼프는 프로레슬링에 대해 머리로 이론을 내놓는 대신 몸으로 직접 경기에 나섰다.[110] 한번은 링에 들어가서 WWE 설립자 빈스 맥마흔Vince McMahon을 때려눕히고 목 조르기로 승리를 거뒀다. 《허핑턴포스트》에 올라온 어느 글에 따르면 그 쇼는 "매혹적이면서도 역겨웠다."[111] 트럼프는 2013년에 'WWE 명예의 전당'에 올랐고 WWE 웹사이트에도 'WWE 슈퍼스타'라고 언급되어 있다.[112] 트럼프와 프로레슬링과의 관련성은 그가 백악관에 들어가고 나서도 끝나지 않았다. 트럼프 대통령의 첫 각료 임명자 중에 WWE의 전직 CEO가 있었다. 창립자의 아내이기도 한 린다 맥마흔Linda McMahon을 중소기업청장으로 임명한 것이다.[113] 트럼프는 프로레슬링 링에 올라갔던 것을 부끄러워하기는커녕 2017년 7월 자신의 트위터에 빈스 맥마흔과 대결했던 동영상을 올렸다. 동영상에서 그가 두들겨 패고 있는 맥마흔의 머리에 자막으로 CNN 로고가 들어가 있었다.[114]

트럼프 현상과 WWE 인기의 유사성은 명백하다. 흑인, 라틴계, 노동자 계급 팬도 상당하긴 하지만[115] 전형적인 WWE 팬은 백인, 남성, 미혼, 노동자 계급, 상대적으로 젊은 층,[116] 그리고 몇몇 전문가의 말에 따르면 불만이 많은 사람들이다.[117] 지리적으로는 예전의 제조업 중심지와 남부에서 특히 인기가 많다. 반면 다문화적인 캘리포니아주에는 거의 팬이 없다.[118] 이렇게 보면, WWE 팬층이 트럼프 지지자층과 겹친다는 것은 그리 놀라운 일이 아니다.

언론을 포함해서 연안 지역 엘리트들이 트럼프와 WWE를 똑같이 혐오스러워한다는 것도 놀랍지 않다. 《뉴욕타임스》에 게재한 칼럼에서 게일 콜린스Gail Collins는 린다 맥마흔이 "강간, 간통, 근친 폭력 등을 주제로 하는 하위 플롯으로 짠 각본과 낭자한 피, 반쯤 벗은 여성에 특화한 오락 비즈니스로 돈을 번 정치 초심자"[119]이며 "이 집이 소유한 요트는 이름이 섹시 비치Sexy Bitch"라고 비난했다. 대조적으로 트럼프는 린다를 중소기업청장으로 임명하면서 린다가 "미국의 선도적인 여성 경영자로서 전 세계에서 저명한 경영 자문 역할을 하고 있으며 뛰어난 경험과 배경을 가지고 있다"고 설명했다.[120]

트럼프와 WWE의 관계, 그리고 그가 WWE 팬들에게 가졌던 호소력을 이해하는 것은 2016년 선거의 소우주를 이해하는 것이다. 프로레슬링 대회인 '레슬 매니아Wrestle Mania'가 그렇듯이 트럼프 지지자에게도 정작 중요한 것은 쇼맨십과 상징이다. 진보주의자들이 트럼프의 성적인 과감함, 연속되는 거짓말, 상대에 대한 악랄한 비방에서 비문명과 야만을 봤다면, 트럼프 지지자들은 익숙하고 유쾌한 장관을 봤다. 또 프로레슬링의 세계에서와 마찬가지로 트럼프의 세계에서도 불합리하기 짝이 없는 '대안적 사실'은 거짓이 아니라 오락적 서사를 한층 더 활성화해 주는 스토리라인이었다. 이런 렌즈로 보면 트럼프는 프로레슬러 헐크 호건이나 '스톤 콜드' 스티브 오스틴'Stone Cold' Steve Austin 같은 영웅이다. 악의 세력을 짓밟고 '정치적 올바름political correctness'에 맞서 성스러운 전쟁을 치르며 공격적인 남성성을 다시 한 번 유행이 되게 만들겠다고 약속하는, 힘 있는 거인인 것이다. 정치 평론가 살레나 지토Salena Zito는 언론이 트럼프를 "액면 그대로 보면서 진지하게 취급하고 있지는 않은" 반면 트럼프 지지자들은 트럼프를 "액면 그대로 보지 않으면서 진지하게 취급한다"고 말한 적이 있다. 이 말을 비틀어서, 트럼프 후원자이자 짧은 기간 동안 백악관 소통 담당자였던 앤서니 스카라무치Anthony Scaramucci는 이렇게 말했다. "트럼프를 액면 그대로 보지 말고 상징으로 보라."[121]

미국에 존재하는 두 개의 백인 부족

—

좌파는 누군가가 트럼프의 당선에 경제적인 요인이 있었다고 언급하기만 하면 인종주의자라고 (적어도 인종주의를 가능케 하거나 유지되게 한다고) 길길이 뛴다. 뉴스 매체《복스》의 어느 기사는 이렇게 언급했다. "이 선거가 먼 기억으로 사라지면서, 우리는 무시당하던 백인 집단이 희생자 입장에서 단지 변화를 원했고 그 변화를 요구하는 수단으로 투표를 사용했다는 집합적인 동화를 만들어 냈다. 그들을 '이해해야 한다'는 당위적 압력이 생길 것이고 그들을 이해하는 것은 성숙하고 도덕적인 일이 될 것이다. 그리고 사람들이 그들을 '이해하고 나면' 즉 그 결과를 가져온 극심한 편견을 잊거나 '이해해서' 납득하고 나면, 다시 한 번 인종주의가 승리할 것이다."[122]

하지만 오늘날 미국 사회가 보이는 분열과 트럼프의 당선을 가져온 요인을 인종주의만으로 설명하고 불평등의 역할을 무시한다면, 전체 그림에서 너무 많은 것을 간과하게 된다. 경제적 요인은 차치하더라도 '백인 대 백인'의 적대와 분노가 미친 영향을 간과하게 되는 것이다.

가령 2016년《내셔널리뷰》에 쓰인 한 기고문이 '백인 노동자 계급'을 어떻게 묘사하고 있는지 보자.

아무도 그들에게 그렇게 하지 않았다. 그들 스스로가 실패한 것이다. … 복지 의존, 마약 중독, 알코올 중독, 가정 파탄 등의 사례를 솔직하게 보라. 사람의 아이를 길거리 똥개의 존경과 지혜 정도만을 가지고 낳아 대는 상황을 보라. 그러면 끔찍한 현실을 깨닫게 된다. … 아무 일도 그들에게 일어나지 않았다. … 전쟁도 기근도 없었다. … 심지어 경제적 변화도 지난 몇십 년 동안 가난한 미국 백인의 이해할 수 없는 악덕과 기능 불능과 무지를 거의 설명하지 못한다. … 이 역기능적이고 퇴락하는 집단에 대한 진실은, 그들이 죽어도 싸다는 것이다. 경제적으로도 사회에 마이너스 자산이고, 도덕적으로도 옹호 가능한 수준을 넘어섰다. … 백인 미국인 최하층 계급은 사악하고 이기적인 문화에 빠져 있고 그들이 산출하는 것이라곤 비참함과 쓰고 난 헤로인 주사바늘뿐이다.[123]

  정치적 올바름이 중요한 우리 시대에, 다른 어느 집단을 향해서도 이런 유의 언어가 사용된다는 것은 상상하기 어렵다. 명백한 진실은 백인 미국인들은 문화적 분열의 구도에서 자신과 반대편에 있는 또 다른 백인 미국인들을 가장 심하게 경멸하는 경향을 보인다는 점이다. 2017년 1월에 실리콘밸리 회사의 경영자인 멀린다 비얼리Melinda Byerley는 트위터에 왜 '우리'(비얼리 자신과 같은, "관용과 다양성을 결코 희생하지 않을" 사람들)가 미국 중서부에 살고 싶어 하지 않는지를 다음과 같이 설명해서 격렬한 후폭풍을 불러일으켰다. "교육을 받은 사람이라면 누구도 멍청이들의 거지소굴에 살고 싶어 하지 않는다. 특히 폭력적이고 인종주의적이고 여성 혐오적인 사람들이 있는 곳에서 말이다."[124]

이런 적대와 경멸은 상호적이다. 중서부의 트럼프 지지자들은 진보주의자들을 잘난 척하고, 엘리트주의적이며, 위선적이고, 위압적이고, 오냐오냐해 줘서 버릇이 없다고 생각한다. 또 많은 이가 '진보주의자들은 미국을 혐오한다'고 진심으로 믿는다. 《뉴욕타임스》 베스트셀러 1위에 오른 작가 앤 콜터Ann Coulter는 진보주의자들을 일컫어 '반역자'라고 불렀다.[125] 콜터에 따르면 "미국 리버럴들은 미국을 혐오한다. 그들은 '성조기 흔드는 사람들'을 혐오한다. 그들은 낙태에 반대하는 사람들을 혐오한다. 그들은 (9·11 테러 이후) 이슬람을 제외한 모든 종교를 혐오한다. 이슬람 테러리스트도 미국 리버럴보다 미국을 더 혐오하지는 않을 것이다."[126]

요컨대 '백인 미국인'은 하나의 집단이 아니라 둘로 분열되어 있다. '농촌/중서부/노동자 계급'인 백인과 '도시/연안 지역'의 백인 사이에는 상호작용도, 공통점도, 상호 간의 결혼도 너무 없어서, 이들 사이의 차이는 사회과학자들이 말하는 '민족적ethnic' 차이라고 볼 수 있을 정도다.[127] 그들은 자신이 상대와 반대되는 정치 부족에 속해 있다고 생각한다. 애팔래치아 출신 작가 J. D. 밴스는 《힐빌리의 노래》에서 이렇게 언급했다. '나는 백인이긴 하지만 나를 북동부의 와스프와 동일시하지 않는다. 나는 수백만의 노동자 계급 백인과 나를 동일시한다. 스코틀랜드, 아일랜드계이고, 대학을 나오지 못하고 … 조상들은 남부의 노예제 경제에서 일용직 노동자였고, 그다음에는 소작농, 그다음에는 광부였던, 그런 백인들 말이다.'[128]

미국의 부족주의는 도널드 트럼프를 갑자기 백악관으로 밀어 올렸다. 이 부족주의를 이해하고자 한다면 불평등이 미국 백인들 사이를 어떻게 분열시키고 있는지 파악해야 한다. 중서부의 백인이 보기에 '연안 엘리트'는 시장 지배적 소수 집단이다. 그리고 많은 개도국에서 보았듯이 시장 지배적 소수 집단은 반드시 민주주의에 의한 반발을 불러온다.

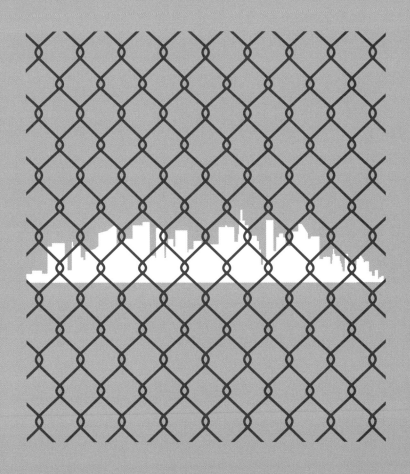

정치적 부족주의는
어떻게 국가의 운명을
좌우하는가

내가 무엇보다 두려워하는 것은 미국이 두 개의 커다란 정당으로 분열되는 것입니다. 각자 자신의 지도자 아래 뭉쳐서 서로에게 반대하기 위한 정책들만 만들어 내는 상황 말입니다. 나의 미천한 견해로는 이것이 우리 헌법하에서 가장 큰 정치적 악이며, 나는 이것이 매우 두렵습니다.

– 존 애덤스John Adams, 조너선 잭슨Jonathan Jackson에게 보낸 편지, 1780년[1]

미국은 수많은 가닥으로 직조되어 있다. 나는 그것들을 잘 인식할 것이고 그것들이 잘 유지되게 할 것이다. … 우리의 운명은 하나이자 다수다. 이것은 예언이 아니라 묘사다.

– 랄프 엘리슨Ralph Ellison, 《보이지 않는 인간》[2]

그렇지만 미국의 정치적 부족주의의 핵심에는 인종이 있다. 전에도 늘 그랬지만, 오늘날에는 특히 더 그렇다. 미국은 인구 구성상으로 전례 없는 전환에 직면해 있고, 이 전환은 사회의 직조에 강한 긴장과 압력을 일으킬 것이다.

미국은 주요 강대국 중 유일하게 '슈퍼 집단'이다. 미국은 부족 정치를 초월하는 국가 정체성을 만들어 냈다. 이 국가 정체성은 어느 하위 집단에도 귀속되지 않으며 놀랍도록 다양한 배경의 인구를 포괄할 수 있을 만큼 강하고 넉넉하다. 한마디로, 이것은 미국인 모두를 '미국인'이 되게 만드는 정체성이다. 슈퍼 집단이라는 위치는 매우 힘들여 일군 것이며 매우 소중한 것이다.

그런데 미국 정치를 움켜잡고 있는 파괴적이고 분절적인 부족주의가 이것을 위험에 빠뜨리고 있다. 미국은 영국이나 EU처럼 당장 실제로 찢길 위험에 직면해 있지는 않다.[3] 하지만 그보다 더 중요한 무언가를 잃을 위험에 처해 있다. 바로 미국의 정체성이다.

좌파는 우파 부족주의(극심한 편견, 인종주의 등)가 미국을 갈기갈기 찢고 있다고 생각하고 우파는 좌파 부족주의(정체성 정치, 정치적 올바름 등)가 미국을 갈기갈기 찢고 있다고 생각한다. 둘 다 맞는다.

갈색이 되는 미국
—

미국 역사상 처음으로 곧 백인이 미국 인구 중 다수가 아니게 될 것으로 보인다.

1965년에 백인은 미국 인구의 84%를 차지했고 나머지는 주로 흑인이었다.[4] 하지만 그때 이래로 이민자가 폭발적으로 증가했다. 지난 50년 사이 거의 5900만 명의 이민자가 합법적, 불법적인 방법으로 미국에 건너왔다.[5] 미국 역사에서 가장 큰 이민의 파도였다. 또한 이전의 파도들과 달리[6] 이때의 이민자는 대개 아시아와 남미 출신이었다. 1965년에서 2015년 사이 미국 내 아시아 출신 인구는 130만 명에서 1800만 명으로 기하급수적으로 증가했다.[7] 히스패닉 인구도 800만 명에서 거의 5700만 명으로 늘었다. 그 결과 미국의 피부색은 '갈색이 되고 있다.'

인구가 가장 많은 두 개의 주 텍사스와 캘리포니아는 이미 비非히스패닉 백인이 인구의 다수가 아니며, 뉴멕시코, 하와이, 워싱턴DC 같은 도시, 또 수백 개의 카운티도 그렇다.[8] 2020년이면 18세 미만 미국 아동 중 절반 이상이 비백인일 것으로 예상된다.[9] 퓨 리서치 센터는

2055년이면 백인이 미국 인구에서 다수가 아니게 될 것으로 예측하며,[10] 미국 인구총조사는 그 시점을 2044년으로 내다본다.[11]

물론 '미국이 갈색이 되는 것'은 불변의 법칙으로 딱 정해져 있는 것은 아니다. 미국 인구 구성에서 어느 시점에 다수와 소수가 바뀔 것인지에 대한 예상은 그 예상 시점을 뽑는 데 적용된 가정들에 따라 다르며, 그 가정들은 현실에서 그대로 이루어지지 않을 수 있다. 가령 인구총조사는 다문화 아동을 소수자로 분류하는데(이것이 일반적이다[12]) 이 아이들 중 상당수는 자신을 백인이라고 생각할지 모른다.[13] 또한 신규 이민자 중 아시아인 비중이 히스패닉을 능가하면서[14] 이미 '갈색'이 되고 있는 게 아니라 '베이지'가 되고 있는지 모른다.[15] 이는 또 다른 종류의 두려움, 함의, 동학을 일으키게 될 것이다.

어쨌든 이런 일이 발생하고 있다는 것은 분명하다. 2044년일 수도, 2055년일 수도, 더 늦을 수도 있지만 통상적인 개념에서의 '백인'(히스패닉이 아닌 백인)은 미국 역사상 처음으로 미국 인구 중 다수가 아니게 될 것이다.

미국 백인들이 이에 대해 어떻게 느끼는지는 가늠하기가 매우 어렵다. 아마 어떤 백인은, 특히 다문화적인 지역의 백인은 미국의 피부색이 달라지는 것을 진심으로 환영할 것이다. 1998년에 빌 클린턴 대통령은 포틀랜드주립대학교에서 열린 연설에서 이렇게 말했다.

> 50여 년 정도 지나면 미국에는 다수 인종이라는 것이 없어질 것입니다. 역사상 어느 나라도 이렇게 짧은 시간 안에 이렇게 큰

규모의 인구 전환을 겪지 않았습니다. … 새로운 이민자들은 우리의 문화에 활력을 주고 우리의 세계관을 넓혀 줍니다. 그들은 우리의 가장 기본적인 가치를 다시금 새롭게 해 주고 우리 모두에게 '진정으로 미국인이 된다는 것'이 어떤 의미인지 상기시켜 줍니다.[16]

많은 활동가와 학자가 이보다 한 발 더 나아간 견해를 지지할지도 모른다. 가령 "백인 정체성에는 긍정적인 것이 아무것도 없다"고 말한 급진적 (백인) 역사학자 노엘 이그나티에프Noel Ignatiev의 견해나,[17] 미국이 갈색이 되는 것은 "미국의 인종 질병"을 고치기 위해 이미 오래전에 돼야 했을 일이라고 말한 작가 윌리엄 윔샛William Wimsatt의 견해처럼 말이다.[18]

하지만 정치적 부족주의에 법칙이 하나 있다면, 지배 집단은 자신의 권력을 쉽게 포기하지 않는다는 것이고, 미국이라고 예외일 리 없다. 실제로 미국 역사에는 이를 보여 주는 증거가 아주 많다. 미국 전체적으로는 백인이 다수자의 지위를 잃는 현상이 전례 없는 일이지만, 주 단위에서는 진작부터 그런 곳들이 있었다. 가령 남북전쟁 이후 남부의 앨라배마주, 플로리다주, 조지아주, 루이지애나주, 미시시피주, 사우스캐롤라이나주에서 해방된 흑인들이 갑자기 유권자 수에서 백인을 능가하기 시작했다.[19] 이들 주에 사는 백인은 인구의 다수를 차지하게 된 흑인이 사회를 지배하게 될 가능성에 대해 막대한 공포를 느꼈다. 남부의 정치인들은 흑인이 "다수가 되면서" "흑인 주지사, 흑인 의원, 흑인 판사 등 모든 자리에 흑인이 들어서게 될지 모른다"며 "그러면 우리는 완전히 소멸되고 이 땅은 황야로 돌아가서 아프리카나 산토도밍고처럼 보이게 될 것"이라고 우려했다.[20]

이런 위협을 느낀 남부 백인들의 반응은 '짐 크로우'라고 불리는 시기로 나타났다.[21] (20세기에도 미국 남부에서는 남아프리카공화국에 대표단을 보내 인구 중 다수인 흑인의 투표권을 박탈하고 그들을 백인에게 종속시킬 수 있는 '팁'을 배워 오려고 했다.) 백인들은 투표 자격에 재산 기준과 문해율 기준을 적용하고, 인두세를 도입하고, 인종 분포를 고려해 투표구를 재확정하는 등의 제도적인 방법은 물론, 직접적인 겁박과 물리적인 린치까지 가해 가며 남부의 모든 주에서 흑인의 투표권 행사를 매우 성공적으로 막았다. 일례로 루이지애나주에서는 등록한 흑인 유권자가 1896년에는 13만 334명이었는데 1904년에는 겨우 1342명으로 줄었다.

물론 이것은 오래전이고, 이런 시절은 바람과 함께 사라진 것처럼 보일지 모른다. 이것은 '브라운 대 교육 위원회' 판결 전이고, 1964년 민권법이 제정되기 전이고, 1965년 투표권법이 제정되기 전이고, 차별철폐조치가 나오기 전이고, 미국 최초의 흑인 대법관이 임명되기 전이고, '정치적 올바름'이 부상하기 전이고, 미국 최초의 흑인 대통령이 나오기 전이다.

하지만 이런 진보는 양날의 칼이었는지도 모른다. 많은 이가, 흑인이 성취해 온 것들이 일부 백인, 특히 저소득층 백인이 위협을 느끼게 만들었다고 생각한다.[22]

'화이트래시'

—

어떤 이들에게는 어처구니없어 보이겠지만, 백인 노동자 계급의 3분의 2는 '오늘날 백인에 대한 차별이 흑인이나 다른 소수 집단에 대한 차별만큼 큰 문제'라고 생각한다.[23] (흥미롭게도 흑인도 29%나 여기에 동의한다.) 사실 상당수의 백인 미국인이 '흑인에 대한 인종주의보다 백인에 대한 인종주의가 더 심하다'고 생각한다.[24] '거의 어떤 지표로 보나 통계는 흑인이 백인보다 상황이 훨씬 더 안 좋다는 것을 보여 주고 있는데도 그렇다.'[25]

밀려나고 있고, 수적으로 압도되고 있고, 차별받고 있다고 느끼는 백인의 불안이 미국에서 보수주의 포퓰리즘 운동을 촉발시킨 연료였음이 여러 연구에서 실증 근거로 뒷받침됐다. 스탠퍼드대학교의 사회학자 롭 윌러의 연구팀은 '백인성의 쇠퇴'가 티파티(Tea Party, 조세 저항 운동을 중심으로 활동하는 극우적 성향의 풀뿌리 보수 운동-옮긴이)의 부상을 설명해 주는 요인이 되는지 알아보기 위해 일련의 설문 실험을 실시했다.[26] 백인들을 대상으로 진행한 한 실험에서 오바마 대통령의 피부색이 더 짙어 보이도록 보정한 사진을 본 사람은 오바마 대통령의 피부색이 더 옅어 보이게 보정한 사진을 본 사람보다 티파티를 지지한다고 밝히는 경향이 컸다. 또 다른 실험에서는 '미국 인구 중 백인이 여전히 가장 다수 집단이다'라는 이야기를 들은 참가자가 '2042년이면 소수 인종이 수적으로 백인을 넘어설 것으로 보인다'는 말을 들은 참가자보다 티파티를 지지한다고 밝히는 경향이 덜했다.

이와 비슷한 동학이 2016년 대선에 영향을 미쳤음이 많은 연구에서 드러났다. 《월스트리트저널》은 도널드 트럼프가 "빠른 인구 변화가 야기한 불안정성이 가장 높은 카운티"에서 특히 많은 지지를 얻었다고 보도했다.[27] 전에는 백인 위주였는데 최근 비백인 이민자가 급증한 아이오와주, 인디애나주, 일리노이주, 미네소타주, 위스콘신주의 중소 도시들이 그런 경우였다. 또 선거 직후에 공공종교연구소가 실시한 조사(《애틀랜틱》에 보도됐다)에서는 "트럼프에게 투표한 사람의 52%가 미국이 너무 많이 변해서 내 나라에 있으면서도 이방인이 된 것처럼 느껴진다"고 답했다.[28]

반反백인주의로 차별을 받고 있다는 백인의 불안감은 지지 정당을 막론하고 나타난다. 2016년 퓨 리서치 센터의 조사 결과 공화당 지지자의 절반이 백인에 대한 차별이 '많이' 혹은 '다소' 존재한다고 답했고[29] 민주당 지지자 중에서도 30%나 그렇게 답했다. 그렇더라도 유고브·허핑턴포스트의 놀라운 공동 조사 결과를 보면 2016년 12월에 트럼프에게 투표한 사람들은 '흑인이 사회에서 마땅한 몫을 받지 못하고 있다'고 믿기보다 '평균적인 미국인(심리학 연구에서 이 용어는 '백인 미국인'의 암묵적인 유의어로 쓰인다)이[30] 사회에서 마땅한 몫을 받지 못하고 있다'고 믿는 경향이 다섯 배나 높았다. 실제로, 정치학자 마이클 테슬러Michael Tesler는 "백인 중에서 자신이 소수 인종에 비해 불공정한 대접을 받고 있다고 인식하고 있는지 여부는 트럼프 지지 여부와 특히 강한 상관관계를 보이는 변수였다"고 밝혔다.[31]

백인들이 주변화되고 있다는 불안감을 느끼는 데도 이유는 있다. 적어도 백인 중 일부에 대해서는 그렇다. 가난한 노동자 계급 백인은 다른 인구 집단에 비해 실업률과 약물 중독자 비율이 가장 높은 축에 속한다.[32] 심지어 고졸 이하인 백인들 사이에서는 기대수명도 줄고 있다.[33] 다른 어떤 인구 집단에서도 찾아보기 어려운 일이다. 다른 인종 집단은 고등학교 중퇴자들도 기대수명이 줄고 있지 않다. 가난한 백인 아이들은 교육 전망도 극히 암울하다.[34] 사교육이나 1000달러짜리 SAT학원은 비용 때문에 아예 언감생심이다. 빈곤층 백인은 물론이고 노동자 계급 백인도 그렇다. 게다가 가난한 백인은 차별철폐조치의 혜택도 받지 못한다. 대부분의 명문 대학은 명시적으로 인종적 소수자 집단의 접근성을 높이려는 정책을 취하고 있지만[35] 켄터키주 시골로 입학 설명회를 하러 가는 경우는 거의 없다. 예일대학교의 경우 2019년 졸업 예정인 로스쿨 학생 약 200명 중 가난한 가구 출신 백인은 1명뿐이었으며 연방 빈곤선 바로 위까지 포함해도 3명에 불과했다.[36] 그런데 학교 당국에 따르면 이 기수가 예일대 로스쿨 역사상 인구 구성의 '다양성'이 가장 높은 기수다.

미국의 명문 대학들과 일부 경제권에서 추진하는 '다양성' 정책이 백인들에게 불리한 영향을 미친다는 것은 사실이다. 노동자 계급 백인, 특히 보수적인 주 출신의 백인 기독교인은 미국의 명문 대학 학생 중 인구 비례 대비 숫자가 가장 적은 집단이다.[37] 학생뿐 아니라 백인 노동자들도 다양성 촉진 정책 때문에 자신이 희생되고 있다고 느낀다.[38] 역차별을 받는다는 것이다. 미국 대법원도 코네티컷주 뉴헤이븐이 다양성 촉진을 위해 시도하려 했던 특이나 대담한 조치(흑인 소방관이 승진을 못 하자 백인 소방관도 승진을 못 하게 한 것)에 대해 불법이라고 판결했다.[39] (백인 소방관들이 승진 시험에서 좋은 성적을 내 승진이 확실시되고 있었는데 흑인 소방관이 필기시험을 한 명도 통과하지 못하자 시험을 백지화한 바 있었다—옮긴이)

물론 전체적으로는 여전히 백인이 의회, 언론, 기업계에서 인구 비례 대비 압도적으로 많은 수를 차지하고 있지만, 노동자 계급 백인으로 한정해 보면 절대로 그렇지 않다.[40] 1999년에서 2008년 사이 783명의 의원 중 성인 시기의 4분의 1 이상을 블루칼라 직업에 종사해 본 적이 있는 사람은 13명뿐이었다.[41] 정치학자 닉 칸스Nick Carnes는 이렇게 말했다. "20세기 말인 지금도 여전히 인구 비례에 비해 여성과 소수 인종 의원 수가 적긴 하지만, 전후에 이들이 획득해 온 성취는 노동자 계급 사람들이 인구 비례에 비해 수가 줄곧 적은 것과 극명히 대조된다. 지난 100년간 이들은 인구 중 50~60%를 차지했지만 의회에서의 비중은 불과 2%였다."[42]

이 모든 것의 결과로 노동자 계급 미국인은 계층의 상향 이동성이 가장 낮은 집단이 됐다.[43] 자녀들에 대한 전망을 어떻게 생각하는지에 대한 설문조사에서 백인이 라틴계나 흑인보다 압도적으로 비관적인 것은 놀랄 일이 아니다. 백인 응답자의 24%만이 자녀 세대가 부모 세대보다 금전적으로 상황이 낮거나 같을 것이라고 예측했는데, 흑인과 라틴계의 응답이 각각 49%, 62%인 것과 대조적이다.[44]

많은 백인이 경제적 불안뿐 아니라 문화적 불안도 강하게 느낀다. 미국의 문화 전쟁은 누가 국가 정체성을 규정할 자격이 있느냐와 큰 관련이 있다. 그리고 이것은 인종과 깊이 관련된, 고통스러운 전투다.
비욘세가 2016년 슈퍼볼 중간 공연에서 '흑인의 목숨도 소중하다' 운
동에 대한 퍼포먼스를 하자 미국의 절반은 맹렬히 찬사를 보냈고 절
반은 비욘세가 '경찰 살해 엔터테인먼트'를 한다며 맹렬히 비난을 퍼
부었다.[45] 2017년 오스카 시상식에서 작품상이 〈라라랜드〉(과거를 회
상하는 뮤지컬 영화로 재즈에 대해 백인이 아는 척 설명하려 드는 '화이츠
플레인'을 한다는 비난을 받기도 했다[46])에 가야 하느냐 〈문라이트〉에 가
야 하느냐도 막대한 함의를 가진 문제처럼 보였다. 또 시상식에서 〈라
라랜드〉가 수상작으로 잘못 발표된 것도 의미심장한 사건으로 보였다.
(〈문라이트〉가 수상작이었는데, 여우주연상 봉투가 잘못 전달되어 〈라라랜
드〉가 호명되는 해프닝이 벌어졌다-옮긴이) 대중 매체에서 존 웨인John
Wayne 같은 백인 남성 영웅은 사라지고 멍청해 보이는 백인이 자신이
얼마나 인종적인지를 인식조차 못 하다가 조롱을 사는 모습만 (〈새터
데이 나이트 라이브〉 같은) TV 프로그램에 일상적으로 등장한다.[47] 오
늘날 수천만의 백인 미국인에게 주류 대중문화는 '비기독교적이고 소
수자를 영예화하며 LGBTQ 일색인 미국', 즉 그들로서는 도저히 나의
나라라고 인정할 수 없거나 인정하고 싶지 않은 미국을 보여 준다. 그
리고 그런 미국이 나를 적으로 여기면서 배제하고 있다고 느낀다.

이 모든 것이 2016년 대선을 앞둔 시점에 부글부글 끓고 있었다. 밴
존스Van Jones가 선거 날 밤에 말했듯이 "어느 면에서 트럼프의 승리는
백인들의 집단 반발White lash이었다."[48]

지금 미국에서는 모든 집단이 위협받고 있다

—

분명히 말하자면, 미국에서 오늘날 위협을 느끼는 집단은 백인만이 아니다. 사실 많은 소수 집단이 보기에 백인이 위협을 느낀다는 개념 자체가 솔직하지 못하거나 분노를 자아내는 개념이다. '흑인의 목숨도 소중하다' 운동은 미국이 건국 초기부터 내내 흑인에 대해서 폭력, 학대, 테러를 자행해 왔다는 것을 전제로 한다. 작가 타네히시 코츠Ta-Nehisi Coates가 '아들에게 보내는 편지'에 쓴 말을 빌리면 미국은 흑인들이 일상을 살면서 일상적으로 살해당하는 나라다. 흑인들은 "담배를 팔다가 목 졸려 죽고" "도와 달라고 하다가 총 맞아 죽고" "백화점을 둘러보다가 총 맞아 죽는다."[49]

백인도 위협을 느낄지 모르지만, 인구 비례에 비해 압도적인 비중으로 대대적인 수감을 경험하지는 않는다. 작가이자 민권 변호사인 미셸 알렉산더Michelle Alexander에 따르면 '현재 미국은 아파르트헤이트가 한창이던 남아프리카공화국보다 더 많은 비중으로 흑인을 잡아 가두고 있다.'[50] 워싱턴DC에서 "흑인 젊은이 4명 중 3명이 (그리고 가난한 동네에서는 거의 모두가) 생애 중 어느 시기를 감옥에서 보내게 된다."[51] 미국에서 백인 부모는 많은 흑인 부모가 느끼는 두려움, 즉 자신의 아이가 아무 이유도 없이 경찰이 쏜 총에 맞아 죽지는 않을까 하는 두려움 속에서 살지 않는다.

짐 크로우 법은 공식적으로 끝났지만 흑인의 투표권을 박탈하려는 시도는 계속되고 있다. 2016년에 연방 항소법원은 노스캐롤라이나주의회가 의도적으로 흑인 유권자들을 겨냥해 투표자 신원 확인 요구사항을 만들었고, 당일 유권자 등록, 거주지 외 조건부 투표, 사전 투표 등을 제한하는 조치를 도입했다고 밝혔다. 이 조치들은 의회가 인종별 투표 패턴에 대한 데이터를 모은 다음에 도입한 것이었다. 법원은 이런 투표 제약이 "외과 수술적 정확성을 가지고 흑인을 목표로 삼았다"고 지적했다.[52] 비슷한 일이 텍사스주에서도 있었다.

심리학자 베벌리 테이텀Beverly Tatum이 보여 줬듯이, 아주 어린 나이부터도 미국의 유색인종은 일상에서 물리적으로 처하는 환경이 다르다. 세 살배기 백인 아이는 왜 자신의 피부가 '더러워 보이는지' 질문을 받는 경우가 없을 것이다. 백인들은 가게에서 누가 나를 따라오며 살펴보거나 다른 사람에게는 요구하지 않으면서 나에게만 신분증을 보자고 하는 일도 당하지 않을 것이다.[53] 택시가 나를 태우지 않고 그냥 지나치거나 매체에서 나와 비슷한 외모를 가진 사람이 수갑을 차고 나오는 것을 계속해서 봐야 하지도 않을 것이다. 거리를 지날 때 나를 보고 사람들이 지갑을 꽉 움켜쥐면서 빠르게 지나가는 경험을 하지도 않으며 경찰의 잔혹함에 일상적으로 노출되지도 않을 것이다.[54] 앤지 토머스의 베스트셀러 소설《당신이 남긴 증오》의 주인공은 이렇게 말한다. "아무도 봄방학이 어땠냐고 내게 묻지 않았으면 좋겠어. 그들은 타이페이, 바하마, 해리포터월드에 가는데 나는 후드티를 입고 여기에서 경찰이 내 친구를 죽이는 것을 봤지."[55] 오늘날 미국에서 많은 백인이 불안을 느낀다면, 많은 흑인은 영원히 끝나지 않을 것 같은, 존재 자체에 대한 위협을 느낀다.

무슬림 미국인도 오늘날의 미국에서 위협을 느낀다. 2016년 선거날 오메르 아지즈Omer Aziz는《뉴리퍼블릭》에 쓴 글에서 무슬림 미국인이 트럼프의 승리를 보고 어떤 심정이었는지에 대해 이렇게 설명했다. "우리는 미국이 우리를 배반했다는 깊은 배신감을 느꼈다. 우리가 누구인지를 미국이 부인했다고 말이다. 몇 분 사이에, 반짝이는 낙원의 도시였던 곳이 우리의 존재에 반대하고자 결연히 마음먹은 무장한 요새가 됐다. … 사회의 가장자리에서 온 사람들인 우리는 백인 테러가 어떤 것인지 잘 안다. 트럼프의 승리가 우리의 미래에 무엇을 의미하는지 잘 안다. 우리에게는 희망이 없다."[56]

멕시코계 미국인도 위협을 느낀다. 내 나라 대통령이 강렬한 반멕시코 화법으로 당선된 것이다. 이민세관집행국 직원들이 멕시코계 미국인들을 무차별적으로 잡아가 억류한다는 보도가 넘쳐나면서,[57] 많은 사람이 본인 혹은 소중한 사람이 끌려가 추방당할지도 모른다는 두려움 속에 살고 있다.

미국에 사는 여성도 (전부는 아니라 해도 많은 수가) 위협을 느낀다.[58] 그들은 공공연한 성차별주의가 정상적인 것이 되는 정도를 넘어 '정치적 올바름'에 반대하는 것으로서 유행이 될까 봐 두려워한다. 또 미국이 성적인 착취와 공격의 새로운 시대로 들어서고 있는지 모른다고 두려워한다. 게이와 트랜스젠더 미국인도 위협을 느낀다.[59] 보수적인 인사로 구성이 바뀐 대법원이 이제껏 자신들이 어렵게 싸워 얻은 것들을 무효로 돌려서, 새로이 적대, 낙인, 차별의 대상이 되지 않을까 두려워한다. 진보 진영의 사람들도 두려워한다. 그들은 '백인 남성 지배적'인

반동적 성향의 행정부가 들어서서 관용, 개방, 다문화적인 미국이라는 진보 진영의 비전을 파괴하려 한다고 우려한다.

마지막으로, 선거에서는 승리했지만 트럼프 지지자도 진보 진영으로부터 맹렬하고 신랄한 공격을 지속적으로 받으면서 위협을 느낀다. 이스턴워싱턴 거주자들을 대상으로 실시한 여론조사에서 트럼프에게 투표했다는 한 중소기업 소유주는 이렇게 말했다. "사람들은 인종차별주의자, 호모포비아, 이민족 혐오자 등으로 불릴까 봐 정작 중요한 사안들에 대해 공개적으로 이야기하기를 꺼린다. 실제로는 그가 그중 어느 것도 아닌데도 말이다." 또 다른 사람은 이렇게 말했다. "시카고대학교에서 제작한 동영상을 유튜브에서 봤는데, 학생들과 몇몇 교수가 아이들에게 트럼프 대통령 그림을 놓고 눈을 가린 채 그것을 쳐서 넘어뜨리는 피냐타Piñata 게임을 하고 있었다. 트럼프 그림이 넘어지자 어른들은 아이들에게 그것을 갈가리 찢으라고 했다. 어린아이들에게 어떤 종류의 메시지를 주고자 하는 것인가?"[60] 전에는 민주당이었고 두 번 다 클린턴에게 투표했지만 2016년에는 트럼프에게 투표했다는 또 다른 사람은 이렇게 말했다. "나는 지금 우리가 일종의 내전 상태에 있다고 생각한다. … 이제 민주당은 알아볼 수 없을 정도로 달라졌다. … 내게는 민주당이 이슬람 테러리스트보다 더 무섭다."[61]

이렇듯 미국은 전례 없이 부족적인 불안감이 만연한 시기에 들어섰다. 200년 동안 미국의 백인은 논란의 여지없이 정치적, 경제적, 문화적으로 지배적인 다수였다. 하나의 정치적 부족이 매우 압도적으로 지배적일 때는 마음대로 남들을 박해할 수도 있지만 한편으로는 매우 너그러울 수도 있다. 더 보편 지향적이고 더 계몽적이고 더 포용적일 수도 있는 것이다. 1960년대에 와스프가 부분적으로는 그게 옳은 일이라고 생각해서 더 많은 유대인, 흑인, 기타 소수자에게 아이비리그의 문을 열었듯이 말이다.[62]

그런데 오늘날 미국에서는 어느 집단도 지배력을 안전하게 확보하고 있지 못하다. 모든 집단이 공격받는다고 느끼고 다른 집단의 공격 대상이 됐다고 느낀다. 일자리나 기타 경제적 이득에 대해서만이 아니라 국가의 정체성을 규정하는 자격에 대해서도 그렇다. 이런 상황에서, 민주주의는 집단 간의 제로섬 경쟁으로, 순수한 정치적 부족주의로 퇴락한다.

좌파 정체성 정치와 우파 정체성 정치
—

어느 면에서 미국 정치는 늘 정체성 정치였다. '정체성 정치'를 집단 정체성에 기반한 문화적, 사회적 운동으로 폭넓게 정의한다면, 20세기 전환기의 서프러제트 운동이 여성들의 정체성 정치였듯이 노예제와 짐 크로우 체제도 백인의 정체성 정치였다고 볼 수 있다.

그럼에도 과거에 미국의 좌파와 우파는 집단 초월적인 보편 가치들을 옹호했다. 그러나 오늘날은 둘 다 그렇지 않다.

50년 전에 민권 운동의 화법이던 '위대한 사회Great Society'는 국가의 통합과 평등한 기회라는 언어로 집단을 초월하는 가치를 표현했다.

1964년 민권법이 되는 법안을 발의하면서 존 F. 케네디는 다음과 같은 유명한 말을 했다. "미국은 하나의 나라입니다. 우리 모두가, 그리고 이곳에 온 모든 사람이 자신의 재능을 계발할 동등한 기회를 가졌기 때문에 미국은 하나의 나라가 됐습니다. 인구의 10%를 잘라서 당신들은 권리를 가질 수 없다거나 당신의 아이는 자신의 재능을 키울 수 없다고 말할 수는 없습니다."[63] 또 마틴 루서 킹 주니어는 가장 유명한 연설에서 이렇게 말했다. "공화국인 이 나라를 설계한 사람들이 헌법과 독립선언문이라는 위대한 문서를 썼을 때, 그들은 모든 미국인이 상속받게 될 약속 증서에 서명을 한 것입니다. 이 증서는 모든 인간이, 네, 그렇습니다, 백인뿐 아니라 흑인도 양도할 수 없는 생명권, 자유권, 행복추구권을 가지고 있다고 말합니다."[64] 급진적인 블랙파워 운동을 이끈 말콤 X나 스토클리 카마이클Stokely Carmichael, 또 흑인 이슬람 운동을 이끈 엘리야 무함마드Elijah Muhammad 등이 인종적, 친흑인적, 심지어는 반백인적 어젠다를 명시적으로 이야기하기도 했지만, 대중의 마음과 상상력을 사로잡아 진정한 변화를 불러올 수 있었던 이상은 마틴 루서 킹의 이상이었고, 그 이상은 집단 사이의 분열을 초월하고 미국을 피부색이 상관없는 나라가 되도록 만들자는 것이었다.

마찬가지로 이 시기의 진보주의 철학 운동도 집단을 초월하는 보편주의적 성격을 띠었다. 매우 영향력 있었던 존 롤스John Rawls의 1971년 저서 《정의론A Theory of Justice》은 "원초적 입장"에 자신을 놓아 보는 사고 실험을 제안했다. "무지의 베일" 뒤에서,[65] 즉 자신이 그 사회에서 "어느 인종, 성별, 종교, 또 얼마만큼의 부를 갖게 될지 모르는 상태로"

어느 사회의 기본적인 원칙을 정할 수 있다면 어떤 사회를 선택하게 될지 생각해 보라는 것이었다.[66] 거의 비슷한 시기에, 정의로운 국제 질서의 토대로서 모든 '개인'의 존엄을 증진시키려 한 '보편 인권' 개념이 번성했다. 나중에 윌 킴리카Will Kymlicka가 지적했듯이, 국제 인권 운동은 "취약한 집단을 그 집단 성원을 위한 특별한 권리들을 통해 직접적으로 보호하기보다 집단에 상관없이 모든 개인에게 시민적, 정치적 기본권을 보장하고자 함으로써"[67] 의식적으로 집단의 권리가 아닌 개인의 권리를 촉진했다.

요컨대, 좌파는 늘 소수자들이 받는 억압에 관심이 있었고 불이익을 받는 집단의 권리에 관심을 기울였지만, 그렇더라도 이 시기의 지배적인 이상은 '집단 불문'의 접근을 취했고 많은 사람이 인종, 민족, 성별 장벽뿐 아니라 국가 장벽도 초월하자고 촉구하면서 종종 코즈모폴리턴적인 특성을 보였다.[68]

그러는 동안 보수주의자들도 '집단 불문'의 접근 방식을 옹호하기 시작했다. 좌파에 비해서는 더 국가적이고 '애국'적인 방식이긴 했지만 말이다. 로널드 레이건은 이 운동에서 신과 같은 존재가 되는데, '자유 시장을 통한 기회의 평등'이라는 개념을 가져오면서 '이상적인 사회'로서의 미국 예외주의와 단호한 개인주의적 가치를 동시에 강조했다.[69] 명시적으로 인종주의를 거부하고, 심지어 자신이 마틴 루서 킹 주니어를 이어받았다고 주장한 레이건은 다음과 같이 말하면서 차별철폐조치와 소수자를 의무적으로 고용하도록 규정한 법에도 반대했다. "우리는 모든 남성과 여성이 성공의 기회를 평등하게 갖는 사회를 원한다.

우리는 할당제에 반대한다. 우리는 피부색이 상관없는 사회를 원한다. 닥터 킹이 말했듯이, 우리는 사람들을 피부색으로 판단하지 않고 개개인이 갖고 있는 역량으로 판단하는 사회를 원한다."[70]

물론 많은 좌파가 우파의 '인종 무관' 화법은 언제나 솔직한 것이 아니었다고 주장한다. 예를 들어, 레이건은 그 유명한 '복지 여왕welfare queens'을 인종적인 뉘앙스를 강하게 풍기는 말로 비난했다.[71] 그렇더라도 레이건은 이후 수십 년간 미국 우파가 따르게 될 '인종 무관'의 가치를 내걸었다. 그래서 2013년에 오바마 대통령이 "드레이븐 미틴 Trayvon Martin은 35년 전의 나일 수도 있었다"(2012년 살해당한 흑인 소년. '흑인의 목숨도 소중하다' 운동의 계기가 됐다─옮긴이)라고 말했을 때, 폭스뉴스 라디오 진행자 토드 스탄스Todd Starnes는 오바마 대통령을 "최고 인종주의자Race-Baiter in Chief"라고 불렀고[72] 뉴트 깅그리치는 오바마의 연설이 "불명예스럽다"고 말했다.[73]

아마도 레이건주의에 대한 반작용으로, 1980년대와 1990년대에 좌파 쪽에서 집단의식, 집단 정체성, 집단 주장을 강조하는 새로운 운동이 펼쳐지기 시작했다. 좌파의 많은 사람은 보수주의자들이 '피부색 무관'의 주장을 과거의, 그리고 끈질기게 지속되는 잘못을 바로잡기 위한 조치들에 반대하고 인종 불평등을 유지하기 위한 수단으로 남용하고 있다는 것을 절실히 깨닫고 있었다. 또한 법조, 정부, 학계 어디를 봐도 압도적으로 백인 남성 위주이며, 시장의 보이지 않는 손, 즉 중립적이고 집단을 상관하지 않는 손의 작동이 오랜 불균형을 바로 잡는 데 도움이 되지 않는다는 것도 많은 사람이 깨닫게 되었다. 소련이 붕괴하면서 반자본주의적 경제 논의 위주이던 구좌파의 담론은 억압의 구조에 대한 새로운 이해에 자리를 넘겨줬다. '분배의 정치'는 '인정recognition의 정치'(자신의 정체성이 유의미함을 인정받고 싶다는 정치－옮긴이)로 대체됐다.[74] 이렇게 해서, 오늘날의 정체성 정치가 탄생했다.

오벌린대학 교수 소니아 크룩스Sonia Kruks는 "오늘날의 정체성 정치가 이전의, 즉 아이덴테리안 이전pre-identarian의 운동과 다른 점은 이제까지 인정을 부인당해 왔다는 바로 그 사실에 기반해 인정을 요구하고 있다는 데 있다. 여성, 흑인, 레즈비언은 여성으로서, 흑인으로서, 레즈비언으로서 인정을 요구한다. … 이 요구는 '보편 인류'에 통합되게 해 달라는 요구가 아니며 … 차이에도 '불구하고' 인정하라는 요구 또한 아니다. 이것은 그들을 다른 존재로서 인정하라는 요구다."[75]

하지만 정체성 정치는 집단 기반의 화법 때문에 처음에는 민주당에서 주류가 되지 못했다. 1992년 선거에서 빌 클린턴은 여성 흑인 래퍼이자 활동가인 시스터 술자Sister Souljah가 인종을 부각하며 LA 폭동을 정당화하는 말을 했을 때 이를 정면 비판했다. 시스터 술자는 "흑인은 매일 흑인 손에 죽는데, 한 주 정도 백인을 죽이는 것은 왜 안 되는가?"라고 언급했다.[76] 이에 대해 클린턴은 "그 발언에서 백인과 흑인의 자리만 바꾸면 (극우 백인 우월주의자) 데이비드 듀크David Duke가 한 말로 들릴 것"이라고 말했다. 그리고 2004년 민주당 전당대회에서 버락 오바마는 유명하게도 다음과 같이 선언했다. "흑인 미국, 백인 미국, 라티노 미국, 아시안 미국은 없습니다. 여기에는 미합중국만이 있습니다."[77]

좌파의 새로운 부족주의

—

15년가량 지난 지금의 미국은 오바마가 말한 미국과 거리가 멀다. 사실 오늘날의 좌파에게 '집단 불문'은 궁극의 죄악이다. 미국에 엄연히 존재하는 집단 간 위계와 억압의 현실을 가리기 때문이라는 것이다. 작가 캐서린 크룩Catherine Crooke은 이렇게 설명했다.

> 미국은 늘 생시와 권력을 징체'성의 위계에 따라 분배해 왔다. …
> 유럽계 미국인은 미국 인디언을 학살하면서 땅을 획득했다. 미
> 국은 흑인 노예 노동력을 수입해 부자가 됐다. 이들 흑인은 한편
> 으로는 성적인 억압과 폭력이 만연했기 때문에 부인할 수 없게
> 미국 가족의 일부가 됐지만 다른 한편으로는 수 세대 동안 미국
> 정치 체제에서 법적으로, 사회적으로 배제됐다. … 현실이 이럴
> 진대, 하나의 미국을 주창하는 것은 폭력적인 과거도, 현재 벌어
> 지고 있는 배제의 악영향도 모두 부정하는 것이다. 진보주의자
> 라면 '백인적인 세뇌'를 거부해야 한다. 그 세뇌가 비백인, 비남
> 성 미국인이 겪어 온 경험을 지우는 것이기 때문이다.[78]

백인, 특히 개신교 백인 남성이 미국 역사 대부분에서 지배적인 위치를 차지했으며 그것도 종종 매우 폭력적으로 그랬다는 것은 부인할 수 없는 사실이다. 그 흔적은 아직도 끈질기게 남아 있다. 따라서 좌파에게 정체성 정치는 "미국 역사와 사회의 추악한 측면을 모호하게 덮어 버리지 않고 제대로 직면하는" 수단이다.[79]

하지만 최근에 세력이 커져서든지 진보의 부재에 대한 좌절이 증가해서든지 간에, 좌파는 정체성 정치의 강도를 한 피치 더 올렸다. 어조, 화법, 논리가 달라지면서 정체성 정치가 이제까지 늘 좌파의 핵심 개념이었던 '포용'에서 멀어져 배제와 분열로 넘어간 것이다. 오늘날 상당히 많은 좌파가 누구라도 '집단 불문'을 옹호하기만 하면 단칼에 반대편으로 치부한다. 억압에 대해 무지하거나 억압에 일조하는 사람으로 여기는 것이다. 어떤 이들(특히 대학에 있는 이들)에게는 '반억압'이라는 정통 화법을 곧이곧대로 삼키지 않으면 곧 '백인 우월주의'가 존재함을 인정하지 않는 것이 되고, 따라서 인종주의자가 된다. 진보의 아이콘 버니 샌더스도 이를 피할 수 없었다. 그가 지지자들에게 "누군가가 후보로 나와서 '나는 라티노니까 나를 찍으라'고 말하는 것은 충분하지 않다"고 말하자,[80] 힐러리 클린턴 정치 자금 모금 단체 '레디 포 힐러리'의 흑인 유권자 담당 디렉터였던 쿠엔틴 제임스Quentin James는 정체성 정치에 대한 샌더스의 발언이 "어쩌면 그 또한 백인 우월주의자일지 모른다는 것을 보여 준다"고 말했다.[81]

일단 추동력을 얻고 나면 정체성 정치는 불가피하게 더 작은 부분으로 세분화된다. 그래서 저마다 인정을 요구하는 집단 정체성이 더욱더 많아진다. 오늘날 좌파 학자들 사이에서 중요하게 여겨지는 개념 중에 '교차성intersectionality'이라는 것이 있는데, 이것은 억압에 다양한 축이 동시적으로 작용하는 것을 뜻한다. 25년도 더 전에 이 말을 처음 만든 컬럼비아대학교 법학 교수 킴벌리 크렌쇼Kimberle Crenshaw는 '흑인 여성'의 경험이 전형적인 '여성의 경험'에도, 전형적인 '흑인의 경험'에도 반영되지 않기 때문에 흑인 여성의 주장이 종종 페미니스트 운동과 반인종주의 운동 모두에서 배제된다는 점을 지적했다.[82] 비슷하게, 정치 활동가 린다 사소어Linda Sarsour는 여성에게도 동일 임금을 지급하라는 운동 또한 중요하지만 "백인 여성이 흑인 여성이나 라틴계 여성에 비해 임금을 얼마나 많이 받고 있는지도 봐야 한다"고 말했다.[83]

하지만 1990년대에 매우 획기적이었던 '교차성' 개념은 오늘날 잘못 해석되고 있고 원래의 의도와 다르게 쓰이고 있다. 2017년에 크렌쇼 본인이 말했듯이, 이제 그것은 사람들을 인종, 민족, 젠더, 성적 지향 등의 교집합에 따라 점점 더 특수한 하위 집단으로 계속 가르면서 '한마디로 스테로이드를 주입한 듯 초강력해진 정체성 정치'가 됐다.[84] 오늘날 좌파 진영에서 정체성의 어휘는 점점 더 확장되고 있다. 페이스북은 현재 '젠더 퀴어' '인터섹스intersex' '팬젠더pangender' 등 50개의 젠더 범주를 사용자들이 고를 수 있게 제시하고 있다. LGBTQ라는 약어의 사용도 그렇다. 원래는 LGB였는데, 선호되는 용어가 달라지고 누가 포함되어야 하고 누가 앞에 나와야 하는지에 대해 갑론을박이 벌어지면서 GLBT였다가 LGBTI였다가 LGBTQQIAAP(Lesbian, Gay, Bisexual, Transgender, Queer, Questioning, Intersex, Allies, Asexual, Pansexual의 머리글자)가 됐다.[85]

좌파는 늘 이전의 좌파보다 더 좌파적이고자 하므로, 이런 움직임의 결과는 누가 특권을 가장 덜 가지고 있는지 겨루는 제로섬 경쟁이 될 수 있다. '억압당하기 선수 올림픽Oppression Olympic'이라도 하는 듯이 말이다.[86] 대개 이런 과정은 진보를 분열시키고 서로 적대하게 만든다.

이 모든 동학이 2017년 1월 21일 '여성의 행진Women's March'에서 드러났다. 놀랍게도 무려 420만 명이 모여 연대의 행진을 했고 워싱턴 DC에만도 50만 명이나 모인 것으로 추산된다.[87] 많은 면에서 이 행진은 놀라운 성공이었고 통합된 진보의 표현이었다.[88] 《뉴요커》는 "토요일에 모인 군중은 너무나 막대했고 너무나 사랑과 저항으로 빛나서, 주변화된 모든 집단이 함께 모이는 것이 실제로 가능한 일일 거라는 생각이 들었다"고 언급했다.[89]

하지만 표면 아래서는 부족적 긴장이 흐르고 있었다. 원래 행진의 이름은 '백만 여성 행진Million Woman March'이었는데, 이는 1997년에 있었던 매우 중요한 흑인 여성 저항 운동의 이름이었다.[90] 흑인 여성들은 즉시 조직위원들이 이 이름을 '도용appropriation'했다고 주장했다. 페이스북에서 한 비판자는 이렇게 적었다. "흑인 여성이 우리의 투쟁을 말할 때 썼던 이름을 백인 페미니스트가 갖다 쓰는 것에 대해 나는 이의를 제기한다. 이것은 도용이다. … 주최 측이 교차성을 인정하고 창조적인 새 이름을 가져오지 않는다면 나는 이 운동을 지지하지 않겠다."[91] 주최 측을 인종주의자라고 비판하는 사람도 있었다. "이는 백인 우월주의가 백인 페미니즘의 가면을 쓰고 흑인의 신체, 흑인의 문화, 흑인의 허스토리(herstory, 여성의 역사라는 뜻으로 'history'에 대비되는 말—옮긴이)에 얼마나 크게 해를 끼칠 수 있는지 보여 주는 완벽한 사례다."[92]

주최 측은 비판을 수용해서 행사 이름을 바꾸고 비백인 활동가를 공동 위원으로 받아들였다.[93] 하지만 갈등은 계속됐다.[94] 특히 백인 여성 중 트럼프를 지지한 사람이 53%나 됐다는 것을 상기하면서, 많은 흑인 여성이 백인 여성의 의제에 자신이 이용당하고 있다고 생각했다.[95] '백인 여성들의 대중 동원에 일부가 되고 싶지 않다'며 참여를 거부하는 흑인 여성도 있었다.[96] 또 어느 흑인 활동가는 이 운동의 공식 페이스북 페이지에 올린 글에서 백인 여성은 더 소극적인 역할만 하는 게 좋을 것이라고 요구하면서 백인 여성의 역할은 이 투쟁에 오래전부터 나서 왔던 사람들의 이야기를 더 많이 듣고 배우는 것이라며 "단지 당신들이 이제 막 겁에 질리기 시작했다고 해서 여기에 발을 걸칠 수는 없다. 나는 섭에 실린 채로 태어났다."[97]고 말했다. 또 '시시 로스ShiShi Rose'라는 필명을 쓰는 브루클린의 한 블로거는 이렇게 적었다. '지금은 당신들이 말은 줄이고 더 많이 들어야 할 때다. 당신들은 우리의 책을 읽어야 하고 인종주의와 백인 우월주의의 뿌리를 알아야 한다. 당신은 우리의 시에 자신을 푹 담가야 한다.'

예상하다시피, 이런 비판은 일부 백인 여성들의 반발을 촉발했다. 이들은 자신이 '환영받지 못한다고' 느꼈으며 왜 유색인종 여성들이 그렇게 '분열적'으로 구는지 이해할 수 없었다.[98] 원래 비행기까지 타고 워싱턴DC에 가서 참여할 생각이었다가 마음을 바꾼 여성도 있었다. 사우스캐롤라이나주에 사는 한 50세 여성은 딸들과 함께 참여할 생각에 매우 들떠 있었지만 온라인에 올라온 글들을 보고 가지 않기로 마음을 바꿨다. "이것은 여성의 행진이에요. 우리는 공정한 임금, 결혼, 입양 등을 위해 연대를 해야 합니다. '백인 여성은 흑인 여성을 이해하지 못한다'가 지금 왜 튀어나오죠?"[99] 추진 위원회가 온라인 공지를 통해 백인 여성들에게 "백인 여성의 특권을 인식하고 유색인종 여성들이 직면하고 있는 고투를 인정해 달라"고 요청한 것에 대해서도 반발이 쏟아졌다. 한 백인 여성은 "그걸 보자마자 든 생각은 '놀고 자빠졌네'였다"고 적었고 또 다른 여성은 "당신들은 트럼프 지지자들보다 나을 게 없다"고 비난했다.[100]

여전히 궁극적인 목표가 '포용'이라는 것은 아마도 사실이겠지만, 현재의 좌파는 명백히 배제적이다. 2016년 7월에 '흑인의 목숨도 소중하다' 시위가 필라델피아 민주당 전국위원회에서 열렸을 때 시위를 이끈 한 지도자는 "이것은 흑인과 유색인종의 저항 운동"이므로 백인 동지들은 "적절하게 뒤로 물러서 주기를 바란다"고 요청했다.[101] '문화적 도용'을 둘러싼 전쟁은 어느 집단의 역사, 상징, 전통에 대해서는 그 집단만이 배타적인 권리를 갖고 있다는 믿음에서 나온다. 문화적 도용의 전형적인 사례를 이야기하자면, 백인이 솜브레로(챙이 넓은 멕시코 모자-옮긴이)를 쓰고 가짜 턱수염을 하고 핼러윈 파티에 가는 것을 들 수 있을 것이다. 하지만 오늘날 어떤 좌파는 이성애자 백인 남성이 라틴계 동성애자가 주인공인 소설을 읽는 것도 자신의 특권을 이용한 공격적이고 잘못된 행동이라고 생각할지 모른다. 이런 식의 '선을 넘는 행동'에 대한 지적은 소셜미디어에 언제나 넘쳐나며 누구도 여기에서 자유로울 수 없다. 비욘세는 인도의 신부가 입는 전통 의상 같은 것을 입었다가 비판을 받았다.[102] 에이미 슈머Amy Schumer는 비욘세의 〈포메이션〉(흑인 여성의 자긍심과 역능을 이야기한 노래-옮긴이)을 패러디했다고 비난을 받았다.[103] 오벌린대학의 학생들은 한 식자재 공급업자가 아시아 요리에 대한 존중 없이 조리법을 수정해서 '문화적 다양성'과

'문화적 도용' 사이의 선을 흐리게 했다고 비난했다.[104] 루이지애나주립대학교의 한 학생은 학교신문에 쓴 칼럼에서 백인 여성이 "많은 소수 인종 여성처럼" 눈썹을 짙게 그리는 것은 "미국에서 나타나는 문화적 도용의 주된 사례"라고 언급했다.[105]

오늘날 정체성 정치가 가고 있는 방향에 모든 좌파가 동의하는 것은 아니다. 많은 사람이 문화적 도용에만 온통 초점이 쏠리고 있는 상황에 힘 빠져 한다. 한 진보적인 멕시코계 미국인 법대 학생은 "만약 우리가 옷차림 문제 가지고 라노 스스토를 징치받게 된다면 어떻게 주거퇴거 요구서에 대한 트라우마를 다룰 수 있겠는가?"라고 말했다.[106] 이어서 그는 이렇게 덧붙였다. "진보 진영은 '늑대다!'를 너무 많이 외쳤다. 모든 것이 인종차별적이고 성차별적이면 아무것도 인종차별적이고 성차별적이지 않게 된다. 그래서 진짜 늑대인 트럼프가 나타났을 때 아무도 그들의 외침을 듣지 않았다."

우파의 새로운 부족주의

—

한편 우파 역시 정체성 정치에 포획됐다. 오랫동안 '피부색 불문'이라는 화법을 펴 온 것과 180도 달라진 것이다. 이런 전환을 가져온 핵심 인물을 꼽으라면 정치학자 새뮤얼 P. 헌팅턴Samuel P. Huntington을 들 수 있을 것이다.[107] 논쟁적이었던 1996년 베스트셀러《문명의 충돌》에서 헌팅턴은 이슬람 문화가 서구의 가치들에 적대적이라고 간주했다. 더 논쟁적이었던 2004년 베스트셀러《미국, 우리는 누구인가》에서는 히스패닉 이민자가 대거 들어오면서 앵글로색슨 개신교 문화가 위기에 처했다고 경고했다. 당시에는 많은 이가 경악했지만, 헌팅턴이 드러낸 '우리 대 저들'의 구분, 그리고 반무슬림, 반이민자 정서는 2016년 대선에서 보수주의자들에게 일용할 양식이고 주식이었다.

'미국에 무슬림이 들어오는 것을 전적으로, 완전하게 닫아 버리겠다'[108]고 한 트럼프의 유명한 공약을 생각해 보라. 그는 메시코게 불법 이민자들을 '강간범'이라고 불렀고 미국 인디애나주에서 태어난 연방 판사 한 명을 경멸조로 '멕시칸'이라고 부르면서 트럼프에 대해 제기된 소송을 그 판사가 판결하는 것은 '근본적인 이해상충'의 문제가 있으므로 부적절하다고 주장했다.[109] (트럼프가 백악관에 들어가기 위해 정체성 정치를 이용했다고 주장하는 것은 아주 쉬운 일이다.) 짧은 기간 동안 트럼프의 국가안보보좌관으로 일한 마이클 플린Michael Flynn은 2016년 8월에 "(이슬람주의는) 지구상 17억 명의 몸에 들어온 사악한 암"이라며 "잘라 내야 한다"고 말했다.[110] 마르코 루비오Marco Rubio 상원의원은 이슬람과의 전쟁을 '나치와의 전쟁'에 빗댔다.[111] 젭 부시Jebb Bush 같은 온건 공화당원도 기독교 난민이 더 우대받을 수 있도록 난민 인정 심사에 종교 심사를 추가해야 한다고 제안했다.[112]

그와 동시에 우파의 정치적 부족주의는 '너무 성공한' 것으로 보이는 소수 집단도 겨냥한다. 특히 알트라이트(Alt-right, 극단적인 백인 우월주의, 반이민주의, 반여성주의, 반유대주의, 반세계화주의 등을 추구하는 온라인 중심의 대안 우익 세력-옮긴이)가 그렇다. 버지니아주 샬러츠빌에서 열린 '우파여 뭉치자' 집회에서 데이비드 듀크는 열광하는 군중에게 "미국 언론과 정치 시스템이 작은 소수 집단, 유대인 시온주의자 소수 집단에 지배당하고 있다"고 말했다.[113] 트럼프의 전 백악관 핵심 전략가 스티브 배넌Steve Bannon은 미국의 "공과대학은 온통 일자리를 가지러 미국에 온 남아시아, 동아시아 사람들로 가득하다"며 그 바람에 "미국인들은 공학 학위를 받을 수 없고 … 일자리도 가질 수 없다"고 비난했다.[114] 그는 "실리콘밸리 CEO의 3분의 2나 4분의 3 정도가 남아시아나 아시아 출신"이라고 주장하면서 "국가는 (단지 경제가 아니라 경제보다) 더 큰 무언가이고, 우리는 시민 사회이어야 한다"고 언급했다.[115] 3분의 2니 4분의 3이니 하는 것은 사실이 아니다.[116] 그러나 이것은 시장 지배적 소수 집단을 효과적으로 겨냥하는 전략이고, 우리는 이러한 전략을 개도국에서 흔히 보아 온 바 있다.

이는 오늘날 우파의 정치적 부족주의가 갖는 가장 놀라운 특징을 보여 준다. 백인 정체성 정치가 백인이 위험에 처해 있고 백인이 차별당하는 집단이라는 개념을 중심으로 조직되고 있는 것이다. 백인 정체성 정치는 백인 부족주의의 오랜 전통을 이어가는 것이기도 하지만, 최근에 좌파로부터 막대한 자극을 받은 면도 있다. 좌파가 우파 부족주의를 끊임없이 지적하고 비난하고 창피를 줬던 것은 득보다 실이 컸는지도 모른다. 트럼프에게 투표했다는 어떤 사람은 이렇게 말했다. "어쩌면 나는 그냥 권위적인 좌파들이 나를 몰아붙이고 언제나 나더러 편견 덩어리라고 말하는 것에 화가 나고 진절머리가 나서 이 결함투성이 후보에게 투표했는지도 모른다."[117] 빌 마허Bill Maher도 이렇게 설명했다. "민주당은 백인 노동자들이 '맨스플레인'을 하고 있고 특권을 인식하지 못한다고 하면서 그들의 문제는 진짜가 아니라고 느끼게 만든다. 하지만 당신의 인생이 엉망이라면 그것은 '진짜 문제'가 맞다."[118] 또 흑인들이 노예제에 대해 백인을 비난하면서 배상을 요구하면 많은 백인은 과거 세대의 잘못에 대해 자신이 부당하게 공격받는다고 느낀다.

〈아메리칸 컨서버티브〉 블로그에 올라온 글 하나를 보자. 좀 길지만, 시사하는 바가 매우 크므로 전문을 인용해 보도록 하겠다.

> 나는 백인 남성이다. 학력이 높고 작은 예술 영화관에서 상영하는 영화를 좋아하며 커피하우스와 클래식 블루스를 좋아한다. 여기까지 듣고서 당신은 아마 내가 도시 좌파 힙스터라고 잘못 생각할 것이다.
>
> 하지만 알트라이트가 하는 주장 중 어느 것은 내게도 상당히 호소력 있게 느껴진다. 그 주장의 이면을 파악할 수 있을 만큼 충분히 지식과 지능이 있는데도 그렇다.
>
> 알트라이트의 주장은, 내가 권력층이나 특권층이 아닌데도 끊임없이 내가 사회의 암 덩어리고 모든 것에서 내가 문제라고 말하는 메시지에 난타당하는 상황에 있기 때문에 매혹적이다.
>
> 나는 매우 중하층 계급이다. 새 자동차를 가져 본 적이 없고, 최대한 돈을 아끼려고 집수리도 직접 한다. 잔디도 직접 깎고 설거지도 내 손으로 한다. 옷은 월마트에서 산다. 은퇴라는 것을 할 수 있을 만큼 충분히 돈을 모으는 날이 오기는 할까 싶다. 하지만, 오, 여러분, 언론이 하는 말을 들어 보면 내가 노력하지도 않고 얻은 특권과 권력을 흠뻑 누리고 있다고 한다. 그리고 그냥

내가 죽어 없어지면 미국이 더 밝고 평화롭고 사랑스러운 나라가 될 거라고 한다.

과장이 아니다. 이런 말을 한참 들은 뒤에, 알트라이트의 주장은 따뜻하고 위안을 주는 목욕과도 같다. 일종의 '안전 공간'(safe space, 주변화되고 소외된 사람들이 모여서, 다른 이들의 억압 없이 자신의 경험을 이야기하고 공유할 수 있는 공간-옮긴이) 같은 느낌이랄까.

알트라이트의 더 추한 부분들에 대해서는 나도 몸서리를 치게된다. 하지만 '이봐, 백인 남성들은 사실 괜찮아! 백인 남성들, 자신감을 가져!'라고 말해 주는 부분들은 정말이지 매우 유혹적이다. 내가 이 유혹에 저항할 수 있는 것은 머리로 열심히 생각을 해서다. … 나 같은 사람도 이 유혹을 이기기가 이렇게 힘든데, 교육 수준이나 문화적 노출이 나보다 덜한 사람들은 이 유혹에 저항하는 것이 거의 불가능하리라고 생각한다.[119]

좌파가 늘 '포용'을 주장해 왔다는 점에서 좌파의 배타적인 정체성 정치가 아이러니하듯이, 우파에서 최근 떠오르는 '백인' 정체성 정치도 아이러니하다. 수십 년 동안 우파는 개인주의의 성채를 자처했고, 그런 면에서 우파는 좌파의 분열적인 정체성 정치를 거부하는 사람들의 공간이었다. 그래서 보수주의자들은 오늘날의 백인 정체성 정치가 좌파의 전술에 의해 떠밀려서 어쩔 수 없이 생긴 것이라고 주장한다. 한 정치 논평가는 다음과 같이 설명했다.

여전히 대부분의 우파는 어떤 종류든 인종적으로 집단을 나누는 것이 매우 혐오스러운 일이라고 생각한다. 그들은 여전히 개인주의가 미국의 가장 위대한 강점이라고 생각하고 인종 정체성에 기반해 조직된 정치 운동을 경멸한다. … 하지만, 그와 동시에 많은 사람이 현 사회가 비백인적인 것을 너무나 영예화하고 백인적인 모든 것은 악마화하기 때문에 자기라도 맞서 싸우지 않으면 아무도 싸우지 않을 것이라고 느낀다. 간단히 말해서, 많은 우파 사람이 자신의 피부색 때문에 끝없이 공격을 받는다고 느끼면서, 자신의 '백인성'을 공격적으로 수호하려 하게 됐고, 그것이 수 세대 동안 존재하지 않았던 방식으로 그들 개개인의 정치에 스며들게 만들었다.[120]

문제의 핵심은 간단하지만 근본적이다. 지난 수십 년 동안 흑인, 아시아계, 히스패닉, 유대인 등이 미국에서 자신의 인종적, 민족적 정체성에 기반해 자부심과 연대감을 느낄 수 있게 허용된, 아니 독려된 반면, 백인 미국인은 절대로 그러면 안 된다는 경고를 들었다. 사람들은 자신이 속한 부족이 고유하고 자랑스러워할 만한 무언가를 가졌다고 믿고 싶어 한다. 이것이 부족적인 본능의 모든 것이다. 수십 년 동안 미국에서 비백인 인구는 이런 식으로 부족 본능에 빠져들도록 독려받았다. 하지만 백인 미국인은, 적어도 공개적으로는, 그렇지 못했다. 오히려 그들은 백인 정체성이란 누구도 자랑스러워해서는 안 되는 것이라는 말을 들었다. 인기 있는 풍자 블로그 '백인이 좋아하는 것들Stuff

White People Like '을 운영하는 크리스천 랜더Christian Lander는 이렇게 언급했다. "아 그래, 알았다 알았어. 백인 이성애자 남성인 나는 지구 최악의 존재다."[121]

하지만 부족 본능은 억누르기가 쉽지 않다. 바사대학의 후아 수Hua Hsu 교수가 《애틀랜틱》에 기고한 '백인 미국의 종말?'이라는 글에서 언급했듯이, "그 결과로 나타난 것은, 대놓고 이름을 붙이지는 못하고 문화적인 실마리로만 자신을 규정하는 종류의 인종적 자부심이었다."[122] 현재 미국에서 벌어지고 있는 인구의 대전환과 결합해, 백인 미국인의 억압된 충동(다른 사람들처럼 자신의 집단 정체성에 연대와 자부심을 느끼는 것)은 오늘날 특히나 우려스러운 부족적인 동학을 만들어 냈다.

인종민족주의의 아류가 등장하다
—

2017년 초에 《포린폴리시》에는 다음과 같은 제목의 머리기사가 실렸다. '공화당은 백인 민족주의 아메리카 당이다.'[123] 또 《바이스》는 트럼프를 "인종민족주의 대통령"이라고 칭하면서 이제 무슬림, "남미 출신 이민자" 그리고 "모든 비백인"은 "환영받지 못하고 종속적인 존재"가 됐다고 지적했다.[124] 자멜 부이Jamelle Bouie도 《슬레이트》에서 "백인 민족주의가 도래했다"고 한탄했다.[125]

오늘날 미국에서 공개적으로 백인 민족주의를 주창하는 운동이 두드러지게, 적어도 대담하게 나타나는 것은 놀랍고 두려운 일이다. 불과 몇 년 전만 해도 상상하기 어려운 일이었다. 이 운동의 지도자이며 고학력에 말재간도 유려한 리처드 스펜서Richard Spencer는 나치의 상징물을 선동에 이용하는 지경까지 갔다. 그는 인종 간 결혼을 반대하고, '파시(파시스트 머리 스타일)' 머리를 하고 다니며, 모든 백인이 인종 청소를 통해 '인종 국가'를 건설해야 한다고 주장한다.[126] 인종 청소를 '평화적인 방법으로' 하겠다고는 하지만,[127] 2016년 11월에 그는 《워싱턴포스트》 기자에게 이렇게 말했다. "글쎄요, 그것은 끔찍하게 피가 낭자하고 무서운 것이 될 수도 있을 것입니다. 모든 가능성은 열려 있어요."[128] 많은 사람이 트럼프 대통령의 측근, 가령 스티븐 밀러Steven Miller와 지금은 자리에서 물러난 스티브 배넌 등의 말에서 스펜서의 말을 들었을 때와 비슷한 느낌을 받는다.[129]

이것은 단지 화법에만 그치는 것이 아니다. 2017년 2월에 캔자스에서는 백인 퇴역 해군이 "우리나라에서 꺼져!"라고 외치면서 두 명의 인도계 여성 엔지니어를 총으로 쐈다.[130] 몇 주 뒤에는 인도계 미국인이 사우스캐롤라이나주의 자기 집 바로 앞에서 살해당했다.[131] 워싱턴주에서는 한 백인이 "너희 나라로 돌아가, 이 테러리스트야!"라고 외치면서 시크교도 미국인의 팔에 총을 쐈다.[132] 2017년 5월에는 어떤 남자가 포틀랜드의 통근 열차에서 칼을 휘두르며 무슬림을 비방하는 욕설을 외치다가 그것을 제지하려던 두 사람을 찔러 숨지게 했다.[133] 또 2017년의 첫 석 달 동안 모스크에 '협박, 반달리즘, 방화'가 벌어진 사건이 35건이나 발생했다.[134]

물론 스펜서가 주장하는 종류의 백인 민족주의를 도널드 트럼프를 지지한 미국 유권자 절반에게 그대로 대입하는 것은 불합리하다. 그런

종류의 백인 민족주의는 미국 인구의 3분의 1에서 절반 정도를 쫓아
내거나 몰살해야 가능한데, 6200만 명의 미국인이 그런 일을 지지했
다고 보는 것은 어불성설이다. 그렇게 주장한다면, 그 또한 당파적인
비난일 뿐이다. 2017년 NPR/PBS마리스트의 여론조사 결과 미국인
중 백인 민족주의를 지지하는 사람은 4%에 불과했다.[135] 또 퓨 리서치
센터에 따르면 공화당 지지자의 다수(56%)는 '향후 25~30년 사이에
흑인, 라틴계, 아시아계가 미국 인구의 다수가 되는 것'이 '좋지도 나쁘
지도 않다'고 답했다.[136]

하지만 현재 미국이 '인종민족주의적 순간'에 들어섰다고 믿는 사람
들이 완전히 틀린 것은 아니다. 일종의 '인종민족주의의 아류'가 오늘
날 백인 미국인 사이에 널리 퍼져 있다. 이들은 백인만으로 구성된 미
국을 꿈꾸지는 않는다. 인종주의에 반대하고 관용을 옹호하며 '이민자
의 나라'로서 미국의 이미지를 찬양한다. 하지만 소수자들의 목소리가
그리 크지 않았던 시절, 소수자들이 그리 많은 것을 요구하지 않았던
시절, 소수자들의 숫자가 그리 많지 않았던 시절을 그리워한다. 한마
디로 소수 집단이 더 고마워할 줄 알았던 시절을 그리워한다.

고마워할 줄 알라는 요구는 최근 폭스뉴스 출연진이 된 25세의 논
쟁적이고 보수주의적인 정치 평론가 토미 래런Tomi Lahren의 말에서 잘
드러난다. 방송 등에서 두드러지게 목소리를 내는 다른 친트럼프 여성
들처럼, 래런은 백인이고 금발이고 매력적인 외모를 가지고 있다. 미
식축구팀 포티나이너스의 쿼터백이었던 콜린 캐퍼닉Colin Kaepernick이
미국 국가가 울릴 때 일어서기를 거부한 모습을 담은 동영상이 널리

퍼지자 래런은 보수 매체《더 블레이즈》의 동영상 방송에서 다음과 같이 언급했다.

> 콜린, 나는 수정헌법 1조를 지지합니다. 당신의 표현의 자유와 발언의 자유를 지지합니다. 그러니 계속하세요. 이것이 미국입니다. 당신이 그토록 경멸하는 이 나라가 바로 이렇게 당신이 마음속 생각을 드러낼 수 있게 해 주는 나라입니다. 당신이 징징대고, 막되게 굴고, 관심을 끌려고 난동 부리는 아이처럼 행동할 권리를 보호해 주는 곳이 미국입니다. 또한 미국은 그것에 대해 조목조목 비판할 수 있는 나의 권리도 보호합니다.
>
> 국기와 국가國歌는 흑인의 미국, 백인의 미국, 황색의 미국, 보라색 미국의 상징이 아닙니다. 모든 인종의 사람이 이 나라를 위해 애국적으로 싸우고 죽었습니다. 우리는 그들을 기리기 위해 국기에 경의를 표하고 국가를 부릅니다. 그러니 콜린, 이 나라가 그렇게 싫다면 떠나세요. 내가 장담하는데, 전 세계에 당신이 떠난 자리를 채우고 싶어 할 사람이 수백만 명은 될 것입니다.[137]

무려 6600만 명이 이 동영상을 봤다.[138] 미국, 특히 백인 미국이 그들에게 얼마나 많은 것을 베풀어 줬는지에 대해 고마워하지 않고 되레 백인을 비난하는 소수 집단을 래런이 비판했을 때, 많은 백인 미국인이 공감한 것이 틀림없다. 또 다른 동영상에서 래런은 '얼마나 많은 우리 조상이 남북전쟁에서 너희의 조상을 자유롭게 해 주기 위해 싸웠는지 아느냐?'며 '미국 역사상 가장 비참했던 전쟁은 무엇이 옳은가에 대

한 것이었고 대체로 백인들이 싸웠다'고 일갈했다.[139]

래런의 말이 왜 이렇게 인기를 얻는지는 이해하기 어렵지 않다. 래런은 미국을 도덕적이고 예외적인 헌법을 가진, 도덕적이고 예외적인 위대한 나라라고 찬양한다. 그리고 백인 미국이 저질렀던 나쁜 일들은 모두 무시한다. 심지어 노예를 해방시킨 것도 백인 덕이라고 한다. 애초에 그들을 노예로 만든 것이 백인이라는 것은 이야기하지 않고서 말이다.

소수 집단에게 고마워하라고 요구하는 것은 복종을 요구하는 것이다. 시혜자가 준 것에 감사하라는 의미고 당신이 빚을 졌다는 의미이기 때문이다. 또한 미국의 역사에 대한 소유권이 자신에게 있다는 주장이기도 하다. 우리가 이 기회의 땅을 세웠고 너희를 초대했다. 그런데 우리가 그것을 완벽하게 하지 못했다고 해서 이제 너희가 우리를 악마라고 비난하는 것이냐?

많은 미국인이 인종주의적이던 과거를 매번 꺼내지는 않는 채로 미국의 역사와 위대함을 찬양하고 싶어 한다. 그들은 노예제에 대해, '눈물의 길'(인디언 강제 이주)에 대해, 인종 분리 정책에 대해 매번 사과하지 않는 채로 건국의 아버지를 자랑스러워하고 싶어 한다.

그들은 미국이 자유와 기회의 땅이라는 이야기를 사랑한다. 그런데 미국에서 소수자가 다수가 되면 이 이야기가 달라질지 모른다고 두려워한다. 역사책은 미국을 억압의 땅, 인종주의의 땅, 제국주의의 땅이라고 바꿔 묘사할지도 모른다. 사랑받는 고전 《빨간 머리 앤》은 백인 우월주의를 퍼뜨리는 책이라고 금지될지도 모른다. 제퍼슨기념관이 무너질지도 모른다. 오스카 작품상은 〈노예 12년〉 같은 영화쯤 되어야 탈 수 있게 될지 모른다. 타네히시 코츠의 말을 빌리면, 미국은 '다수주의자 돼지들'의 나라로 추락하게 될지 모른다.[140]

소수자가 미국을 이렇게 보고 있다고 믿는 백인은 당연하게도 소수자가 다수가 되리라는 전망을 두려워한다. 따라서 그들의 애국심은 (의식적인 것은 아니더라도) 앞으로도 백인이 계속 미국의 정치, 문화, 정체성을 주도하는 것과 밀접하게 연결되어 있다.

하지만 토니 모리슨Toni Morrison의 표현대로, "버락 오바마가 미국에서 태어났는지에 의문을 제기하고" "'흑인의 목숨도 소중하다' 시위 참여자를 구타하는 것을 옹호하는 듯이 보이고"[141] 다시 백인 민족주의를 가능하게 하자고 말하는 대통령을 뽑은 나라에 대해 소수자들이 어떻게 고마워할 수 있겠는가? 래런이 (6600만 명의 시청자와 함께) 소수자에게 백인이 얼마나 많은 것을 베풀어 줬는지 이야기한다면, 소수자가 (코츠의 말대로) 미국이 흑인의 신체를 파괴하는 게 단지 (과거의) 전통이 아니라 (지금도 남아 있는) 유산인 나라라는 것을 어떻게 말하지 않을 수 있겠는가?[142]

우리가 들어선 게임은 단지 제로섬이기만 한 것이 아니다. 이것은 악순환이다. 여기에서 빠져나갈 수 있는 길이 있을까?

새로운 아메리칸 드림을 향하여

—

이 모든 점에도 불구하고 나는 미국이 전환하고 있다는 것을 느낀다.

나의 선천적인 낙천성 때문일 수도 있다. 또한 나도 이민자의 딸이기에 이민자들이 어떻게 이 나라를 보는지, 또 그들이 이 나라를 어떻게 보라고 내게 가르치는지에 의해 미국에 대한 내 견해가 형성되기 때문일 수도 있을 것이다.

어떤 이유에서든 나는 새로운 무언가가 벌어지고 있다는 것을 느낀다. 케이블 뉴스나 소셜미디어에서는 결코 그것을 볼 수 없을 것이다. 하지만 미국 전역에서 사람들이 분열을 넘어 자신의 정치적 부족을 깨고 나오려 노력하고 있다는 것을 보여 주는 징후들이 있다.

뉴욕주의 작은 도시 유티카에서는 보스니아계 무슬림과 유니테리언 기독교도가 '먼저 인간으로서' 서로를 더 잘 이해하기 위해 슈퍼볼을 함께 보기로 했다.[1] 뉴저지주 해커츠타운 사람들은 '미국을 다시 연결되게 하자'는 취지로 오프라인 모임을 조직했다. "우리는 모두 미국인이고, 공감에 기반해 서로에게 접근하는 것이 우리 사이의 깊은 간극을 치료하는 유일한 길"이기 때문에 "정치적이지 않은 방식으로" 모여 어울리고자 "지난 선거 때 누구에게 투표를 했는지와 상관없이" 이 동네에 사는 사람이면 누구나 참여할 수 있는 모임이라고 한다.[2] 실리콘 밸리를 지역구로 두고 있는 로 칸나Ro Khanna 하원의원은 테크놀로지 업계에 미국 중서부 인재들을 발굴하고, 중서부에서 영업을 확대하며 '미국의 다른 곳들에 더 겸손하게 접근하기 위해' 애쓰고 있다.[3] 선거 날 밤에 눈에 띄게 화가 난 듯이 보였던 밴 존스는 한 달 뒤에 트럼프에게 투표한 오하이오주의 어느 블루칼라 가족과 저녁을 먹으면서 자신이 '이해할 수 있게' 도와 달라고 했다.[4] 그의 CNN 동료인 흑인 코미디언 W. 카마우 벨W. Kamau Bell은 연안 명문 대학이 아닌 애팔래치아스테이트대학 같은 곳에서 쇼를 하기로 했고, 실제로 자신이 제작하는 다큐멘터리 시리즈 〈미합중 그늘United Shades of America〉을 위해 앨라배마주 오번대학에서 알트라이트 지도자인 리처드 스펜서와 인터뷰를 했다.[5] 미네소타대학교는 '분열을 넘어'라고 이름 붙인 장학금을 신설했다. '미국을 찢어 놓고 있는 분열'만 취재하는 게 아니라 3개월 동안 전국을 다니면서 여러 공동체가 서로의 틈 사이에 어떻게 다리를 놓으려 노력하고 있는지 취재할 수 있도록 신참 기자들을 지원하는 장학금이다.[6]

각각은 사소해 보일지 몰라도 이것들이 어떤 경향을 보여 준다는 점은 부인하지 못할 것이다. 물론 화합에 반대하는 목소리도 강력하게 존재한다. 찰스 블로우Charles Blow는 "트럼프 현상은 공감을 결여하고 있으며 우리는 타협하지 말아야 한다"고 말했다.[7] 그럼에도 신문의 머리기사들을 넘어서, 또 가장 요란한 당파적 목소리들을 뚫고서 보면 상당히 놀라운 것을 발견하게 된다. 미국 전역에서 평범한 미국인들이 '통로를 가로질러 저쪽에 닿기 위해' '저쪽을 이해하기 위해' '서로의 인간성에 공감하기 위해' 감동적인 노력을 기울이고 있는 것이다.

허황된 희망으로 보이거나 총상에 반창고를 붙이는 정도에 불과하다고 여겨질지도 모른다. 하지만 상이한 집단에 속한 개개인이 서로를 인간으로서 이해하고자 할 때 실제로 막대한 진보가 이뤄질 수 있음을 보여 주는 증거는 아주 많다.[8] 이 현상은 1954년 고든 W. 올포트Gordon W. Allport가 《편견의 속성The Nature of Prejudice》에서 처음으로 분석했다.[9] 선원, 경찰, 주거 프로젝트 등에서 인종 통합을 연구하면서, 올포트는 상이한 집단 간에 면대면 접촉이 있을 경우 편견을 깨뜨리고 공동의 토대를 짓고 삶을 변화시킬 수도 있다는 것을 보여 줬다.[10] 지난 60년 동안 이 기본적인 사실이 영국, 이탈리아, 스리랑카까지 전 세계에서,[11] 또 인종, 성적 지향, 정신질환 등 모든 형태의 집단 편견에 대해서[12] 반복적으로 발견됐다.

가장 좋은 사례를 볼 수 있는 곳은 미군일 것이다. 해리 트루먼 대통령이 미군의 통합을 위해 대통령령 9981호를 발동했을 때, 여론은 맹렬히 반대했다. 백인 군인의 3분의 2가 군대의 탈인종 분리에 반대했고 일반 대중도 그와 비슷한 비중으로 반대했다.[13] 군 내부의 반대가 너무 심해서 군은 1948년 재선에서 공화당의 토머스 듀이Thomas Dewey

가 트루먼을 이기기를 바라면서 군 최고 통수권자의 명령을 되도록 질 질 끌며 무시했다.[14]

그런데 선거에서 트루먼이 이겼고 군 내 인종 통합의 노력은 계속됐다. 그리고 1951년 한국전쟁 중에 연구자들은 탈인종 분리 부대의 효과성에 대한 연구를 했다. 많은 이에게 놀랍게도 이 연구는 "통합된 부대에서의 협업이 백인만 있는 부대와 동등하거나 더 월등함"을 보여 줬다.[15] 미군역사연구소 소장 콘래드 크레인Conrad Crane에 따르면 "내 목숨이 동료에게 달려 있을 때 피부색은 덜 중요해진다. 중요한 것은 그들이 얼마나 뛰어난 것인가다."[16]

이는 베트남전쟁에서도 입증됐다. 미 해병대 중위 칼 말란테스Karl Marlantes가 1968년에 베트남의 깊은 정글에 있었을 때, '텍사스에서 온 18세의 히스패닉 아이' 레이 델가도Ray Delgado가 엄마가 보내 주셨다며 타말리 좀 드셔 보겠냐고 물었다.[17] "아, 좋지." 말란테스가 대답했다. 그런데 타말리는 영 거칠어서 먹기가 힘들었다.

> 보다 못한 레이가 말했다. "중위님, 옥수수 껍질은 벗기고 드셔야 해요." 나는 오리건주 연안의 벌목 마을 출신이다. 타말리를 들어는 봤지만 실제로 본 적은 없었다. 베트남에서 해병대 동료들과 함께 지내게 되기 전까지는 멕시코 사람과 이야기도 나눠 본 적이 없었다.

말란테스는 이렇게 말한다. "전쟁의 모든 것이 부정적이지는 않았다.

… 나는 전쟁이 다양한 인종과 민족적 배경을 가진 젊은이들을 어떻게 하나로 모으는지, 어떻게 그들이 목숨을 걸고 서로를 신뢰하게 만드는지 봤다. … 내가 적의 공격에 표적이 되면 M79 병사가 필요할 것이다. 그러면 나는 톰슨을 소리쳐 불렀을 것이다. 그가 최고였기 때문이다. 톰슨의 피부색이 무엇인지는 머리에 떠오르지도 않았다."

말란테스를 비롯한 많은 사람에게, 다른 인종이나 민족 출신인 사람과 상호작용을 하면서 함께 지내고 일하는 경험은 근본적인 영향을 미쳤다.

> 백인은 소울 음악을 들어야 했고 흑인은 컨트리 음악을 들어야 했다. 우리는 서로를 두려워하지 않았다. 그리고 이 경험은 우리에게 계속 남아 있다. 수십만 명의 젊은이가 인종에 대해 전과는 다른 생각을 가지고 베트남에서 돌아왔다. 어떤 이들은 더 나쁜 생각을 가지게 되었겠지만, 대부분은 더 좋은 생각을 가지게 됐다. 베트남에서 인종주의가 '해결'됐다는 말은 아니다. 하지만 베트남을 통해서 나는 어쩌면 미국에서 모두가 함께 잘 지내는 것이 가능할지도 모른다는 것을 미국이 드디어 배우게 됐다고 생각한다.

더 최근의 사례는 동성혼에 대한 미국인의 여론이 놀랄 만큼 달라진 것이다.[18] 1988년만 해도 미국에서 동성혼을 지지하는 사람은 11%에 불과했는데[19] 오늘날에는 62%가 지지한다.[20] 많은 요인이 영향을 미쳤겠지만, 단순한 요인 하나가 매우 큰 역할을 했다. 2013년에는 미국인의 75%가 '친구, 친지, 직장 동료 중에 자신이 동성애자라고 밝힌 사람이 있다'고 답했는데,[21] 1985년에는 24%만이 그랬다. 연방 대법관으로서 혼인에서의 평등을 가져오는 데 기여한 루스 베이더 긴즈버그Ruth Bader Ginsburg는 2014년의 한 인터뷰에서 이 변화를 다음과 같이 설명했다. "동성애자인 사람들이 자신이 누구인지를 말하기 시작하자 사람들은 옆집 사람, 아니면 자신의 아이가 그럴 수도 있다는 것을 알게 됐고, 자신이 존경하는 사람들도 있다는 것을 알게 됐다."[22]

다른 부족 사람들을 단순히 서로 접촉하게 하는 것만으로는 충분하지 않다. 이 점은 강조할 필요가 있다. 여러 연구에 따르면, 외집단 구성원에 피상적이거나 최소한도로 노출될 경우에는 집단 간 분열을 오히려 더 악화시킨다. 하버드대학교 교수 라이언 에노스Ryan Enos의 연구에 따르면, 기차에서 통근하는 사람들 사이에서 두 사람이 단지 스페인어로 대화를 하게 한 것만으로도 (통근하는 사람 대부분은 백인 진보 성향 사람이었다) 통근자들은 이민에 대해 상당히 더 보수적인 태도를 갖게 되는 것으로 나타났다.[23] 하물며 타집단 사람과 '부정적인' 상호작용을 하게 될 때는 당연히 적대가 증가한다.[24] 요컨대, 상이한 집단 사람들을 그저 한곳에 모이게 하는 것만으로는 충분하지 않으며, 오히려 이것이 정치적 부족주의를 악화시킬 수도 있다.

중요한 것은 개인과 개인이 대면해 상호작용을 하는 것이다. 오늘날 분열이 심각하다는 바로 그 이유 때문에, 이는 매우 어려운 일이다. 하지만 가치 있는 일 중에 어렵지 않은 일은 없다. 상이한 부족의 사람들이 서로를 같은 인간으로, 결국에는 바라는 바가(친절, 존엄, 사랑하는 사람들의 안전 등) 크게 다르지 않은 사람으로 보게 되면, 태도가 크게 달라질 수 있다. 뉴욕의 한 콥트교회 사제가 말했듯이, "겸손이 중재자다. 언제나 그것이 당신과 타인 사이의 가장 빠른 거리다."[25]

사람들 사이의 거리에 대해 말하자면, 내가 15년째 재직하고 있는 예일대학교는 (그리고 다른 자유 교양 대학들도) 너무 지체되었다고 조롱과 비난을 받는다. 어느 면에서 나는 이 비난이 이해가 간다. 지난 몇 년 동안, 나는 소수지만 매우 목소리를 크게 내는 학생들이 자신의 특권적인 위치를 이용해 자유로운 사상의 교환을 촉진하기보다 자신에게 동의하지 않는 사람을 모욕하고 처벌하려 하면서 (자신은 절대 아무런 피해나 비용도 감수하지 않으면서) 학생 공동체를 찢어 놓고 자신에게 반대하는 사람들을 땅속에 묻어 버리는 것을 보면서 절망하곤 했다. 그러면 땅속에서 분노와 원한은 더 깊어질 뿐이었다. 하지만 나는 미국의 가장 좋은 점들, 기적 같다고 할 만한 점들도 내 눈으로 직접, 또 여러 번 목격했다.

나는 한 세미나 수업에서 멕시코 출신 미등록 이주 노동자의 딸과 뉴햄프셔 경찰의 아들이 처음에는 서로를 혐오하다가 나중에는 사랑하게 된 것을 본 적이 있다. 홀로코스트 생존자 3세와 반이스라엘 보이콧 운동의 조직가가 서로를 이해하지 못해 고전하다가 결국 '동의하지 않기로 동의하는' 것도 봤다. 우정은 없었지만 독을 내뿜는 증오도 없었다. 작은 한 걸음이다. 또 전직 해군 특수 부대원과 인권 운동가가 트리비얼 퍼슈트 보드게임을 하면서 유대를 쌓는 것도 봤다. 유능한 흑인 시인이 (그는 예일대학교에 오기 전, 16세에 자동차를 훔쳐 교도소에서 8년을 보냈다) '흑인의 목숨도 소중하다' 운동에 반대하던 사람들에게서 우아함과 공감으로 점차 존중과 경의를 얻는 것도 봤다.

하지만 이것도 충분하지 않다. 미국이 계속 슈퍼 집단일 수 있으려면 무언가가 더 필요하다. 서로를 동료 인간으로 보는 것만으로는 부족하고, 서로를 동료 미국인으로 보아야 한다. 그러기 위해서는 집합적인 국가 정체성을 찾아야 한다. 그것은 노인과 젊은이, 이민자와 비이민자, 도시와 농촌, 노예의 후손과 노예 소유주의 후손 등 모든 미국인이 하나로 모두 묶일 수 있고 이들 모두에게 울림을 줄 수 있을 만큼 충분히 넉넉한 국가 정체성이어야 한다.

오늘날과 같은 분노의 시대에 이것이 가능할지는 알 수 없다. 트럼프 지지자들 사이에서 2016년 대선 동안 인기 있었던 정치 밈 중 하나는 20세기 초 미국에 온 유럽계 백인 이민자들의 사진에 다음과 같은 자막이 들어간 것이었다. "이들은 아메리칸 드림의 일부가 되기 위해 왔다. 이 나라는 유럽 기독교인이 세웠다. 이들은 욕하기 위해, 복지 수급을 뽑아가기 위해, 임금 지하드를 벌이기 위해, 미국의 헌법을 샤리아 율법으로 바꾸기 위해 온 것이 아니었다."[26] 이것은 부족주의다. 미국인들 사이에 '고결한 우리' 대 '악마인 저들'의 경계를 만들어 내기 때문이다. 미국인 중 적어도 절반에게는 그들이 말하는 아메리칸 드림이 (온건하게 말해서) 받아들여질 수 없을 것이다. 물론 그런 비전의 아메리칸 드림을 만든 사람들은 이 절반에게 그것이 받아들여지게 할 생각도 없었겠지만 말이다.

그런데 다른 쪽에 대해서도 같은 말을 할 수 있다. 2016년 선거 이후에 한 진보적인 뉴스 기사는 '백인 노동자 계급의 서사는 인종주의자들의 비밀 메시지일 뿐'이라는 제목을 내걸었는데,[27] 이것은 널리 퍼진 견해였다. 한 정치 블로그에는 '미국: 억압의 나라, 겁쟁이들의 조국'이라는 제목의 글이 올라와 "미국은 자유의 땅도, 용감한 자들의 조국도 아니다"라고 주장했다.[28] 부유한 백인 기독교 남성이 아니면 모두를 억압하는 나라라는 것이다. 또 영화감독 마이클 무어에 따르면 미국은 "인종 학살의 토대 위에 노예의 등을 밟고 세워진 나라"다.[29] 미국에서 가장 사랑받는 소설가 중 한 명인 토니 모리슨도 "유럽의 어느 나라들과 달리 미국은 백인인 것이 통합의 요인으로 여겨지는 나라"라고 말했다.[30] 슬프게도 무어와 모리슨의 말에는 진실이 있다. 하지만 미국이 억압의 땅이고 인종 학살과 백인 우월주의의 토대 위에 세워진 것이기만 하다면 미국이란 곳이 왜 지키기 위해 싸울 가치가 있는 나라인지를 설명하기가 어려워진다.

오늘날 좌파와 우파 모두에서 정치적 부족주의를 맹렬히 실어 나르는 사람들은 아마도 자신이 미국적 가치를 지키고 있다고 생각할 것이다. 하지만 사실 그들은 독을 가지고 게임을 하고 있다. 미국이 미국의 국가 정체성을 '백인' '앵글로 개신교 문화' '유럽 기독교'로 규정하는 한 (혹은 다른 종교나 인종을 포용하지 않는 그 밖의 무언가로 규정하는 한) 미국은 미국이기를 멈추게 될 것이다. (그리고 더 이상 슈퍼 집단이 아니게 될 것이다.) 하지만 상당수의 미국인이 미국과 미국의 이상이 사기라고 믿어도, 미국은 미국이기를 멈추게 될 것이다. 미국이 스스로 세운 이상에 부합하지 못하고 있다고 말하는 것, 그래서 오늘날 끔찍한 불의가 지속되고 있다고 말하는 것과 미국인을 하나로 통합해야 할 원칙들은 억압을 가리는 가림막에 불과하다고 말하는 것은 전혀 다른 이야기다.

오늘날 미국이 국가로서 직면한 문제는 그 자신이 세운 약속에 부합하지 못할지도 모른다는 것뿐 아니라, 미국이 그 약속을 믿지 않게 되거나 그 약속을 위해 싸울 필요가 없다고 생각하게 될지 모른다는 것이다.[31] 좌파 진영에서 '그 약속은 늘 거짓이었다'고 믿는 사람이 많아지는 것과 우파 진영에서 '그 약속은 늘 사실이었으며 이미 달성됐다'고 믿는 사람이 많아지는 것은 동일한 동전의 양면이다.

2016년 대선이 끝나고 몇 달 뒤, 한 학생이 내가 들어 본 중 가장 놀라운 이야기를 해 줬다. 조반니는 그리 내세울 것 없는 배경 출신의 멕시코계 미국인이다. 어렸을 때 그의 식구는 낡은 타코 트럭에서 살다가 1800달러짜리 트레일러로 이사했다. 조반니는 거기에서 만난 루이지애나주 농촌 출신의 은퇴한 백인 부부에 대해 이야기해 줬는데, 여기서는 월터 존스와 리 앤 존스라고 부르겠다. 그들도 조반니 가족이 살던 텍사스의 트레일러 파크에 살았다. 조반니에 따르면 존스 부부는 첫날부터 매우 친절했다. "월터는 우리가 타코 트럭 세우는 것을 도와주고 내 여동생과 내게 자신의 픽업트럭으로 자원봉사를 하는 푸드 팬트리(저소득층에게 식료품을 제공하는 곳—옮긴이)에서 간식을 가져다 줬다. 또 추수감사절이면 우리 가족이 칠면조와 곁들일 음식을 요리할

식재료를 가질 수 있게 챙겨 줬다. 그것도 그가 자원봉사 하는 푸드 팬트리에서 가져온 것이었다. 또한 월터는 총을 가지고 있었는데 우리에게 누군가가 문제를 일으키면 지켜주겠다며 '여기에는 나쁜 사람이 아주 많아. 하지만 내가 그런 놈들이 너희 집에 얼씬도 못 하게 해 줄게. 얼씬했다가는 후회하게 될걸'이라고 말했다."[32]

그런데 10년 뒤인 2016년 선거철에 조반니는 존스 부부가 소셜미디어에 올리는 게시글들을 보고 그들이 매우 인종주의적인 태도를 가지고 있음을 알게 됐다. 하지만 조반니가 보기에 존스 부부는 "진보주의자들이 진보 진영에 해를 끼칠 정도로 간과하거나 무시하는 중요한 역설을 보여 주는 대표적 사례"였다.[33] 이에 대해 조반니는 이렇게 설명했다. "갈색 피부를 가진 낯선 사람 일반에 대해서는 인종주의적인 태도를 가지고 있음에도 불구하고 존스 부부는 우리 가족을 사랑과 존중으로 대했다. 우리가 멕시코계이고 이민자인데도 말이다. 존스 부부는 나와 내 동생을 자신의 손주처럼 대해 줬다. 게다가 월터가 자원봉사를 하는 푸드 팬트리는 주로 흑인들을 돕는 곳이었다. 나는 월터가 거기에 오는 사람들을 도울 수 있어서 얼마나 기뻐하는지 잘 알 수 있었다."

나는 조반니의 이야기가 매우 놀랍다고 생각했다. 우선 그는 인종주의를 진보 진영에서 완전히 금기시된 방식으로 이야기하고 있다. (조반니 또한 자신을 진보 성향이라고 생각한다.) 진보 진영에서는 누군가가 인종주의자로 보이면 그것으로 끝이다. 그와 말도 하지 말아야 하고 타협도 하지 말아야 하고 그가 몇몇 소수자에게 친절하다고 해서 그가 좋은 사람일지도 모른나는 생삭을 해서도 안 된다. (진보주의자는 그 '인종주의자'가 '나의 흑인 친구들'을 이야기하는 순간 눈동자를 굴릴 것이다.) 또한 나는 조반니가 보여 준, 한 발 더 나아간 통찰 때문에도 이 이야기가 놀랍다고 생각했다. 존스 부부는 자신을 인종주의자라고 생각하지 않았다. 그들은 '소수자들을 친절하고 존엄하게 대우해 준 수많은 반복적 상호작용을 통해 자신이 인종주의자가 아니라는 명백한 증거를 댈 수 있었다.'[34] 따라서 진보주의자가 그들을 '편견 덩어리'라고 부르면 그들은 부당하게 공격받았다고 느낀다. 바로 여기에서 분노의 간극이 생긴다. "자신이 도덕적으로 비난받을 만하지 않다는 확신이 진보주의자의 분노와 충돌하면, 엘리트 진보주의자와 그들이 도우려 하는 대상인 노동자 계급 사이에 분열이 생긴다."

마지막으로, 나는 이 이야기가 오늘날 매우 보기 드문 관용을 담고 있어서 놀라웠다. 어리둥절한가? 존스 부부는 트럼프 지지자였고 조반니는 그의 가족과 공동체에 트럼프가 큰 위협이라고 느꼈다. 그런데도 조반니는 부족적인 간극을 기꺼이 가로질러 저쪽에 닿기로 했다. 공동의 인간성을 믿고서, 그리고 같은 곳, 즉 같은 미국의 일원이라는 정서를 가지고서 말이다. 조반니가 보기에 텍사스의 트레일러 파크는 사람들이 어떻게든 살아 나가도록 서로를 돕는 곳이었다.

하나의 나라로서 한데 모이려면 모두가 자기 자신에게서 한 발 올라와야 한다. 분열을 가로지를 어떤 기회라도 있다면 그것을 붙잡아 서로에게 이야기를 건넬 방법을 찾아야 한다. 우리는 동료 미국인으로서, 공동의 일을 해 나가는 사람으로서 우리가 가진 부족적 적대를 인식해야 한다.

테러를 우려하는 사람은 이슬람 공포증이라고 비난받지 않으면서 그 우려를 말할 수 있어야 한다. 미국 인구 구성의 대대적인 변화와 이민자의 유입을 걱정하는 사람도 인종주의자라고 비난받지 않으면서 그 우려를 말할 수 있어야 한다. 인구 구성의 변화가 기존 질서를 뒤흔드는 일이라는 것도 맞는 말이고 다양성에는 비용이 든다는 것도 맞는 말이다. 하지만 미국은 전에도 이것을 잘 겪어 냈다. 미국 역사 내내 새로운 이민자의 파도가 반복석으로 해안에 밀려왔고, 그럴 때미디 국기의 성격이 달라지고 길거리가 안전하지 않게 되고 미국의 가치가 훼손될 것이라는 두려움과 의구심이 일었다. 하지만 매번 미국은 그 두려움을 극복했고 더 강해졌으며 번성했다.

과거 모든 이민의 파도마다 미국의 자유와 개방성이 승리했다. 그렇다면, 우리는 '이번 이민은 다르다'고 말하면서 유대를 잃고 실패하는 첫 세대가 될 것인가? 그렇게 해서 미국이 무엇이었는지, 미국인이 누구였는지를 잊을 것인가?

한편, 미국의 과거와 현재가 가진 끔찍한 불의를 드러내고자 하는 사람들 또한 옳으며 그들이 하는 일은 가치가 있다. 어떤 나라도 정직할 수 없다면 위대할 수 없다. 위대한 헌법적 원칙들을 가진 미국도 자신이 세운 기준을 지켜야 하며, 그렇지 않으면 위선의 무게에 짓눌리게 될 것이다. 하지만 정의를 추구했던 이전 세대들은 '미국의 약속'을 위해서 정의를 추구했다. 심지어 '백인 미국인들이 부여잡고 있는 한 무더기의 신화, 자신의 조상은 모두 자유를 사랑하는 영웅이라는 신화'를 맹렬히 비난한 제임스 볼드윈James Baldwin도 그의 꿈이 "우리의 나라를 달성하는 것"이고 "미국이 마땅히 되어야 할 것이 되게 하는 것"이라는 점을 명백히 밝혔다. "이곳에서 위대한 사람들이 위대한 일들을 해 왔고 앞으로도 그럴 것이기 때문"이었다.[35] 마틴 루서 킹 주니어도 백인만 갈 수 있는 식당에 흑인이 앉아 있는 것은 "아메리칸 드림의 가장 좋은 부분을 지키기 위한 것"이라고 말했다.[36] 킹을 기리는 예배에서 버락 오바마는 민권 운동 지도자들에 대해 "과거에 우리 정부와 정당이 그들을 배신했던 것만큼이나 우리나라 자체가 우리나라의 이상을 배신했다"며 그래도 "그들은 이 나라를 포기하지 않았다"고 말했다. "불완전했을지라도 그들은 민주주의의 약속을 믿었고" 또한 "미국이 계속해서 스스로를 다시 만들어갈 수 있고 이 '연합'을 완벽하게 해 나갈 수 있다는 것을 믿었다"고 말이다.[37]

블록버스터 브로드웨이 연극 〈해밀턴〉에서 린 마누엘 미란다Lin-Manuel Miranda는 소수자만을 배우로 기용해서 건국의 아버지들 이야기를 매우 뛰어나게 담아냈다. 급진적이며 또한 급진적으로 애국적인 조치였다. 〈해밀턴〉은 미국의 인종주의와 불의를 부인하지 않는다. 소수자 배우를 선택한 것은 건국의 중앙 무대에서 배제됐던 사람들에 대해 관심을 불러일으키고 미국의 이상이 늘 현실보다 훨씬 앞서 있었다는 것을 떠올리게 한다. 하지만 그것만이 아니다. 이 연극은 미국의 역사가 당대를 초월하는 이상을 가지고 건설됐다는 것도 상기시켜 준다. 이것은 모든 미국인이, 인종이나 민족에 상관없이 미국의 역사와 정체성을 자신의 역사와 정체성으로 받아들일 수 있다는 열망을 증명한다. 이것은 혈통이나 가문에 뿌리를 두지 않는 미국, 모든 상이한 인종에 개방적이고 모든 하위 집단의 정체성이 번성하도록 허용하며 그런 허용을 통해 더 강해지는 미국의 상에 목소리를 부여한다. 한마디로 이 것은 '슈퍼 집단으로서의 미국'이라는 개념에 힘을 실어 준다.

미국을 하나로 묶어 주는 것은 아메리칸 드림이다. 하지만 이것은 과거의 실패를 부인하기보다 인정하는 종류의 드림이어야 한다. 실패는 희망에 기초해 지어진 나라, 언제나 무언가 더 힐 일이 있는 나라의 스토리라인에서 빼놓을 수 없는 부분이다.[38]

꿈은 현실이 아니다. 하지만 현실이 될 수 있다. 아메리칸 드림은 자유의 약속이고 이 땅에 닿은 모든 개인을 위한 희망이다. 하지만 이것은 미국이 늘 무엇이었는지에 대해 미국인들이 스스로에게 되뇌는 신화를 현실에서 실현시켜야 한다는 촉구이기도 하다. 이런 '드림'을 노래한 시인으로 한 명을 꼽는다면 단연 랭스턴 휴스Langston Hughes일 것이다. 1935년 작 〈미국이 다시 미국이 되게 하자Let America Be America Again〉에서 그는 이렇게 노래했다.

미국이 꿈꾸는 자가 꾼 꿈이 되게 하자.
미국이 가장 강한 사랑의 나라가 되게 하자.

그런데 여기에서 두 번째 목소리가 말한다.

(내게 이것은 미국이었던 적이 없다.)

그러자 첫 번째 목소리가 묻는다.

어둠 속에서 중얼거리는 그대는 누구인가?

두 번째 목소리가 이에 대답한다.

나는 가난한 백인이다. 바보처럼 속고 뒤로 밀쳐진.
나는 흑인이다. 노예의 낙인을 가진.
나는 인디언이다. 살던 터전에서 쫓겨난.
나는 이민자다. 내가 찾는 희망을 손에 쥐고 왔다가
전과 똑같이 멍청한 계획만을 발견한.
서로가 서로를 잡아먹고 힘센 자가 약한 자를 짓밟는 계획만을
발견한.

하지만 휴스는 패배주의로 결론 내리지 않고 기도와 긍정을 말한다.

오. 미국이 다시 미국이 되게 하라.
지금껏 이 땅이 되어 본 적이 없는
그러나 되어야만 할
모든 사람이 자유로운 땅.

오, 그렇다.

나는 분명히 말한다.

내게 미국은 미국이었던 적이 없다.

그러나 나는 맹세한다.

미국은 그렇게 될 것이다.[39]

감사의 글

—

두 명의 뛰어난 여성에게 큰 빚을 졌다. 에이전시의 티나 베넷Tina Bennett과 편집자인 앤 고도프Ann Godoff다. 어떻게 내가 이렇게 운이 좋을 수 있었는지 모르겠다. 또 펭귄출판사의 케이시 데니스Casey Denis, 세라 헛슨Sarah Hutson과 뛰어난 팀원들에게 감사를 전한다.

이 책에는 예일대학교 로스쿨 학생들의 막대한 도움이 담겨 있다. 특히 원고 전체를 읽고 뛰어난 비판과 조언을 해준 빌 파월Bill Powell, 날카로운 통찰력을 제공해 주고 편집 과정에서도 도움을 준 유수프 알자라니Yusef Al-Jarani, 조 채텀Joe Chatham, 아이슬린 클로스Aislinn Klos, 타옹가 레슬리Taonga Leslie, 조반니 산체스Giovanni Sanchez에게 감사를 전한다. 또한 다음의 연구조교들, 제닌 알바레즈Jeanine Alvarez, 에릭 브룩스Eric Brooks, 에릭 청Eric Chung, 그레그 쿠이Greg Cui, 메러디스 포스터Meredith Foster, 마테오 고디Matteo Godi, 조던 골드버그Jordon Goldberg, 킴 잭슨Kim Jackson, 댄 리스트와Dan Listwa, 조시 매이시Josh Macey, 알렉스 말러 헤우그Alex Mahler-Haug, 브라이언 맥그레일Brian McGrail, 데이비드 밀러David Miller, 아딜 모하마디Adeel Mohammadi, 앤디 먼Andy Mun, 맷 웅

우옌Matt Nguyen, 와즈마 사다트Wazhma Sadat, 스펜서 토드, 알렉스 왕Alex Wang, 세라 위너Sarah Weiner, 레이철 윌프Rachel Wilf, 라이언 예Ryan Yeh, 너새니얼 젤린스키Nathaniel Zelinsky가 수십 시간, 때로는 수백 시간을 들여 지원해 주지 않았다면 이 책은 나올 수 없었을 것이다.

또한 각각의 장마다 도움을 준 다음의 학생들에게도 감사를 전한다. 다니엘 아바다Danielle Abada, 샘 애드키슨Sam Adkisson, 레이스 아켈Laith Aqel, 레슬리 아르파Leslie Arffa, 오메르 아지즈, 데니샤 바쿠스Denisha Bacchus, 자닌 발레크디안Janine Balekjdian, 비앙카 뱀비데Blanca Damgbade, 에밀리 바레카Emily Barreca, 안드레아 바사라바Andrea Basaraba, 조던 블라세크Jordan Blashek, 홈자 보카리Humza Bokhari, 할 보이드Hal Boyd, 샘 브레이드바트Sam Breidbart, 존 브린커로흐John Brinkerhoff, 맷 버틀러Matt Butler, 루이스 캘더런 고메즈Luis Calderon Gomez, 케이티 최Katie Choi, 맷 초우Matt Chou, 마이클 충Michael Chung, 알리 쿠퍼 폰테Ali Cooper Ponte, 캐서린 크룩, 콜린 컬버트슨Colleen Culbertson, 사미르 도시Samir Doshi, 레아 페르난데스Rhea Fernandes, 시카 가르그Shikka Garg, 마리오 가졸라Mario Gazzola, 파디스 게이비Pardis Gheibi, 벤 핸드Ben Hand, 조시 핸델스먼Josh Handelsman, 로다 하산Rhoda Hassan, 야신 히가지Yasin Hegazy, 조던 허시Jordan Hirsch, 줄리아 후Julia Hu, 에리 칼Eri Kal, 스티븐 카프Stephen Karp, 루이스 카츠Louis Katz, 앰버 쿤스Amber Koonce, 에런 코수이스Aaron Korthuis, 힐러리 레드웰Hilary Ledwell, 예나 리Yena Lee, 엘리자베스 레이서슨Elizabeth Leiserson, 브랜든 레빈Brandon Levin, 에런 러바인Aaron Levine, 미란다 리Miranda Li, 엘리스 리앙Ellis Liang, 앨리나 린드블롬Alina Lindblom,

아시 리바스Athie Livas, 웹 라이온스Webb Lyons, 다니엘 매리쇼Danielle Marryshow, 히스 마요Heath Mayo, 에마 맥더모트Emma McDermott, 앤드루 밀러Andrew Miller, 닉 몰리나Nick Molina, 블레이크 닐Blake Neal, 이울리아 파데아누Iulia Padeanu, 제나 파발렉Jenna Pavalec, 에런 로퍼Aaron Roper, 테오 로스토우Theo Rostow, 유진 러신Eugene Rusyn, 램 작스Ram Sachs, 벨라 샤피로Bella Schapiro, 조 쇼텐펠트Joe Schottenfeld, 알렉스 슐츠Alex Schultz, 리마 샤Reema Shah, 맥스 시겔Max Siegel, 하비에르 시나Javier Sinha, 션 송Sean Song, 밋지 스테이너Mitzi Steiner, 토리 스틸웰Tori Stilwell, 폴 스트라우치Paul Strauch, 스피나 타오Styna Tao, 브랜든 토머스Brandon Thomas, 토드 베눅Todd Venook, 줄리아 왕Julia Wang, 마이클 위버Michael Weaver, 조 와인버그Joe Weinberg, 헬렌 화이트Helen White, 이선 웡Ethan Wong, 벤 우드링Ben Woodring, 티앤 티앤 신Tian Tian Xin, 앨리스 시앙Allice Xiang, 보 샨 시앙Bo-Shan Xiang, 알리사 야마모토Alyssa Yamamoto, 빅터 유Victor Yu, 단양 자오Danyang Zhao, 데이비드 저우David Zhou.

예일대학교 로스쿨 도서관의 줄리안 아이켄Julian Aiken, 로라 존스Lora Johns, 세라 크라우스Sarah Kraus, 마이클 반 데르 헤이든Michael Van der Heijden, 그 밖의 수많은 뛰어난 직원에게 감사를 전한다. 나는 그들의 열정과 역량에 늘 놀라곤 했다. 그들이 보여 준 인내심과 너그러움에는 아무리 감사를 전해도 모자랄 것이다. 로산나 곤시우스키Rosanna Gonsiewski에게서도 꼭 필요했던 도움을 받았다.

뛰어난 동료 토니 크론먼Tony Kronman, 대니얼 마르코비츠Daniel Markovits, 존 위트John Witt의 날카로운 코멘트에 감사를 전한다. 또한 앤드루 체스넛, 미나 시카라, 제이 반 바벨Jay Van Bavel, 롭 윌러는 해당 장들을 읽고 검토해 줬고 소피아 추아 러벤펠드Sophia Chua Rubenfeld와 룰루 추아 러벤펠드Lulu Chua Rubenfeld는 구상을 하는 데에도, 또 편집 과정에서도 도움을 줬다.

늘 그렇듯이 가장 큰 빚은 남편 제드 러벤펠드Jed Rubenfeld에게 졌다. 그는 30년 동안 내가 쓴 모든 글을 하나하나 읽어 줬다. 나는 언제나 그의 너그러움과 영민함의 덕을 입는, 행운의 수혜자다.

참고 문헌

—

프롤로그: 우리가 놓치고 있었던 것들

1. 베네딕토수도회와 프란치스코수도회의 집단 동학에 대한 학술적인 설명은 다음을 참고 하라. Ulrich L. Lehner, *Enlightened Monks: The German Benedictines* 1740-1803 (New York: Oxford University Press, 2011). 특히 2, 32, 40-41쪽을 참고하라.

2. 다음을 참고하라. Matthew J. Hornsey and Jolanda Jetten, "The Individual within the Group: Balancing the Need to Belong with the Need to Be Different," *Personality and Social Psychology Review* 8 (2004): 248-64; Geoffrey J. Leonardelli and Marilynn B. Brewer, "Minority and Majority Discrimination: When and Why," *Journal of Experimental Social Psychology* 37, no. 6 (2001): 468-85; Marilynn B. Brewer, "When Contact Is Not Enough: Social Identity and Intergroup Cooperation," *International Journal of Intercultural Relations* 20, no. 3/4 (1996): 291-303.

3. 다음을 참고하라. Yarrow Dunham, Andrew Scott Barron, and Susan Carey, "Consequences of 'Minimal' Group Affiliations in Children," *Child Development* 82, no. 3 (2011): 793, 797-801, 807-8. 다음도 참고하라. Henri Tajfel et al., "Social Categorization and Intergroup Behaviour," *European Journal of Social Psychology* 1, no. 2 (1971): 149-77.

4. 다음을 참고하라. Dunham, Barron, and Carey, "Consequences of 'Minimal' Group Affiliations in Children," 797-801, 807-8. 다음도 참고하라. Muzafer Sherif et al., *The Robbers Cave Experiment: Intergroup Conflict and Cooperation* (Middletown, CT: Wesleyan University Press, 1988), 144-48.

5. 다음을 참고하라. Joe Allen, *Vietnam: The (Last) War the U.S. Lost* (Chicago: Haymarket Books, 2008), 1; Louis B. Zimmer, *The Vietnam War Debate: Hans J. Morgenthau and the Attempt to Halt the Drift into Disaster* (Lanham, MD: Lexington Books, 2011), xv, 2.

6. 예를 들어 다음을 참고하라. Marilyn B. Young, *The Vietnam Wars, 1945-1990* (New York: HarperCollins, 1991), 24, 179-80. 다음의 각본을 참고하라. *The Fog of War: Eleven Lessons from the Life of Robert S. McNamara*, 감독: Errol Morris (Hollywood, CA: Sony Pictures Classics, 2003), http://www.errolmorris.com/film/ fow_transcript.html (7강); Frederik Logevall, *Embers of War: The Fall of an Empire and the Making of America's Vietnam* (New York: Random House, 2012), 에필로그; Thomas Friedman, "ISIS and Vietnam," New York Times, October 28, 2014.

7. Amy Chua, *World on Fire: How Exporting Free Market Democracy Breeds Ethnic Hatred and Global Instability* (New York: Anchor Books, 2004), 33-34; Frank H. Golay et al., *Underdevelopment and Economic Nationalism in Southeast Asia* (Ithaca, NY: Cornell University Press, 1969), chapter 7; Tran Khanh, *The Ethnic Chinese and Economic Development in Vietnam* (Singapore: Institute of Southeast Asian Studies, 1993), 79-84; James S. Olson and Randy W. Roberts, *Where the Domino Fell: America and Vietnam, 1945-2010* (Malden, MA: Wiley Blackwell, 2014), 47.

8. Chua, *World on Fire*, 33-34; Golay et al., *Underdevelopment and Economic Nationalism in Southeast Asia*, chapter 7; Khanh, *The Ethnic Chinese and Economic Development in Vietnam*, 80-81; Pao-min Chang, *Beijing, Hanoi, and the Overseas Chinese* (Berkeley: Institute of East Asian Studies, University of California Center for Chinese Studies, 1982), 4, 16; Alexander Woodside, "Nationalism and Poverty in the Breakdown of Sino-Vietnamese Relations," *Pacific Affairs* 52, no. 3 (1979): 405.

9. Chua, *World on Fire*, 33-34; Li Tana, "In Search of the History of the Chinese in South Vietnam, 1945-75." 다음에 수록됨. *The Chinese/Vietnamese Diaspora: Revisiting the Boat People*, ed. Yuk Wah Chan (Oxon, UK: Routledge, 2011), 53; Christopher Goscha, *Vietnam: A New History* (New York: Basic Books, 2016), 379-80.

10. Condoleezza Rice, interview by Bill Hemmer, Fox News, May 5, 2017, http://www.foxnews.com/us/2017/05/05/condoleezza-rice-discusses-north-korea-russia-with-bill-hemmer.html. (22:50)

11. Special Inspector General for Iraq reconstruction, *Hard Lessons: The Iraq Reconstruction Experience* (Washington, DC: US Government Printing Office, 2009), 11-12, 21, 274.

12. 예를 들어, 10년 뒤에 이라크 대사가 되는 라이언 크로커(Ryan Crocker)는 사담 후세인을 축출하면 "이라크의 분파, 부족, 인종집단 간에 폭력적인 충돌"을 촉발하고 "이라크가 분절되는 결과를 가져올지 모른다"고 경고했다. Special Inspector General for Iraq Reconstruction, *Hard Lessons*: The Iraq Reconstruction Experience (Washington, DC: U.S. Government Printing Office, 2009), 14; 다음도 참고하라. Conrad C. Crane and W. Andrew

Terrill, "Reconstructing Iraq: Insights, Challenges, and Missions for Military Forces in a Post-Conflict Scenario" (Carlisle, PA: U.S. Army War College, Strategic Studies Institute, February 2003), v-vi, http://www.strategicstudiesinstitute.army.mil/pdffiles/PUB182.pdf; Robert D. Kaplan, "A Post-Saddam Scenario," *Atlantic*, November 2002.

13. Chua, *World on Fire*, 앵커 출판사본의 후기, 290-91.

14. Essay by Blake Neal, February 3, 2017 (내가 가지고 있는 파일).

15. Hanna, Rosin, "Did Christianity Cause the Crash?," *Atlantic*, December 2009.

16. Kate Bowler, *Blessed: A History of the American Prosperity Gospel* (Oxford: Oxford University Press, 2013), 111-13; Milmon F. Harrison, *Righteous Riches: The Word of Faith Movement in Contemporary African American Religion* (New York: Oxford University Press, 2005), 148-52; Emily Raboteau, "My Search for Creflo Dollar," Salon, January 6, 2013, http://www.salon.com/2013/01/06/my_search_for_creflo_dollar); Rosin, "Did Christianity Cause the Crash?"

17. Bowler, *Blessed*, 6.

18. G. Sanchez, 저자가 받은 이메일, February 2, 2017

19. Michael M. Grynbaum, "As Race Tightened, News Anchors Seemed As Stunned As Anyone," *New York Times*, November 9, 2016; James B. Stewart, "Short-Term Reaction to Trump's Victory Is a Double Surprise to Wall Street Analysts," *Seattle Times*, November 12, 2016.

20. Richard Thompson Ford, "The Ties That Blind," *New York Times*, February 10, 2017.

21. J. D. Vance, "How Donald Trump Seduced America's White Working Class," *Guardian*, September 10, 2016; Stephen D. Reicher and S. Alexander Haslam, "Trump's Appeal: What Psychology Tells Us," *Scientific American*, March 1, 2017.

22. Joan C. Williams, "What So Many People Don't Get About the U.S. Working Class," *Harvard Business Review*, November 10, 2016.

23. 다음을 참고하라. Pierre Bourdieu, *Distinction: A Social Critique of the Judgment of Taste* (Cambridge, MA: Harvard University Press, 1984), 21-22; 다음도 참고하라. Paul Fussel, *Class: A Guide Through the American Status System* (New York: Touchstone, 1983).

24. '트럭 불알'에 대해 알려준 빌 파월에게 감사를 전한다. 아마존에서 살 수 있으며, 이것이 그의 고등학교에서 "믿거나 말거나, 지위 상징"이라고 한다.

25. Linda Milazzo, "Newt Gingrich Declares, 'I Am Not a Citizen of the World!'" *Huffington Post*, July 10, 2009.

26. President Barack Obama, 카이로대학교 대강당 연설, June 4, 2009, http://www.theguardian.com/ world/2009/jun/04/barack-obama-keynote-speech-egypt?INTC-

MP=SRCH.

27. Sandra L. Colby and Jennifer M. Ortman, *Projections of the Size and Composition of the U.S. Population: 2014 to 2060*, U.S. Census Bureau, March 2015, 9.

28. Evan Osnos, "The Fearful and the Frustrated," *New Yorker*, August 31, 2015 (다음을 인용함. Michael I. Norton and Samuel R. Summers, "Whites See Racism as a Zero-Sum Game That They Are Now Losing," *Perspectives on Psychological Science* 6, no. 3 (2011): 215-18).

29. "On Views of Race and Inequality, Blacks and Whites Are Worlds Apart," Pew Research Center, June 27, 2016, http://www.pewsocialtrends.org/2016/06/27/on-views-of-race-and-inequality-blacks-and-whites-are-worlds-apart.

30. Grant Smith and Daniel Trotta, "U.S. Hate Crimes Up 20 Percent in 2016 Fueled by Election Campaign-Report," Reuters, March 13, 2017.

31. 다음을 참고하라. Lincoln Quillian, "Prejudice as a Response to Perceived Group Threat: Population Composition and Anti-Immigrant and Racial Prejudice in Europe," *American Sociological Review* 60, no. 4 (1995): 605-7; Paul M. Sniderman et al., "Predisposing Factors and Situational Triggers: Exclusionary Reactions to Immigrant Minorities," *American Political Science Review* 98, no. 1 (2004): 47; Nyla R. Branscombe and Daniel L. Wann, "Collective Self- Esteem Consequences of Outgroup Derogation When a Valued Social Identity Is On Trial," *European Journal of Social Psychology* 24, no. 6 (1994): 641; Jolanda Jetten et al., "Rebels with a Cause: Group Identification as a Response to Perceived Discrimination from the Mainstream," *Personality and Social Psychology Bulletin* 27, no. 9 (2001): 1204-13; Michael T. Schmitt and Nyla R. Branscombe, "Meaning and Consequences of Perceived Discrimination in Advantaged and Privileged Social Groups," *European Review of Social Psychology* 12 (2002): 165-99.

32. Brit Bennett, "I Don't Know What to Do with Good White People," Jezebel, December 17, 2014, http:// jezebel.com/i-dont-know-what-to-do-with-good-white-people-167120139.

33. 다음을 참고하라. Erich Hatala Mattehes, "Cultural Appropriation Without Cultural Essentialism?," *Social Theory and Practice* 42, no2 (2016): 343-66; Kjerstin Johnson, "Don't Mess Up When You Dress Up: Cultural Appropriation and Costumes," *Bitch*, October 25, 2011.

34. Sean Illing, "Racists Love Trump—This Is What They Mean By 'Taking the Country Back'—Yet Another Poll Confirms Racial and Cultural Resentment Is Driving Trump's Rise," Salon, April 5, 2016, http:// www.salon.com/2016/04/05/racists_love_trump_this_is_what_they_mean_by_taking_the_country_back_yet_another_poll_confirms_racial_

and_cultural_resentment_is_driving_donald_trumps_rise.

35. Chris Massie, "Rep. Brooks: Dems' 'War on Whites' Behind Some Criticism of Sessions," CNN, January 12, 2017, https://edition.cnn.com/2017/01/11/politics/kfile-mo-brooks-war-on-whites/index.html

36. Chris Bodenner, "'If You Want Identity Politics, Identity Politics Is What You Get,'" *Atlantic*, November 11, 2016, http://www.theatlantic.com/notes/2016/11/if-you-want-identity-politics-identity-politics-is-what-you-will-get/507437.

37. Jaroslav Krejcí and Vitezslav Velímský, "Ethnic and Political Nations in Europe." 다음에 수록됨. *Ethnicity*, eds. John Hutchinson and Anthony D. Smith (Oxford: Oxford University Press, 1996), 211-21; Anthony D. Smith, *The Ethnic Origins of Nations* (Oxford: Blackwell, 1986), 148-49; Frank Dikotter, "The Discourse of Race in Twentieth-Century China." 다음에 수록됨. *Race and Racism in Modern East Asia: Western and Eastern Constructions*, ed. Rotem Kowner and Walter Demel (Leiden, The Netherlands: Brill, 2013), 351, 367; GIWOOK Shin, "Racist South Korea? Diverse but Not Tolerant of Diversity." 다음에 수록됨. Kowner and Demel, *Race and Racism in Modern East Asia*, 369-71; Jean-Pierre Lehmann, "The Cultural Roots of Modern Japan." 다음에 수록됨. Hutchinson and Smith, *Ethnicity*, 118, 120.

38. Samuel Burke, "Hugo Chávez Was the First Tweeter-in-Chief," CNN, January 26, 2016, https://money.cnn.com/2017/01/26/technology/hugo-chavez-first-twitter-president-venezuela-trump/index.html

39. Juan Forero, "Uprising in Venezuela," *New York Times*, April 13, 2002; Chua, *World on Fire*, 144-45.

1장_ 미국이라는 '슈퍼 집단'의 기원

1. Israel Zangwill, *The Melting Pot* (1908), act 1.

2. Angie Thomas, *The Hate U Give* (New York: Balzer + Bray, 2017), 196.

3. 예를 들어 다음을 참고하라. Omar Khalidi, "Ethnic Group Recruitment in the Indian Army: The Contrasting Cases of Sikhs, Muslims, Gurkhas and Others," *Pacific Affairs* 74, no. 4 (Winter 2001-2): 530; David Omissi, " 'Martial Races': Ethnicity and Security in Colonial India 1858-1939," *War & Society* 9, no. 1 (1991): 8-10, 18-19; Kaushik Roy, "The Construction of Regiments in the Indian Army: 1859-1913," *War in History* 8, no. 2 (2001): 129, 135, 137-39; Ukana B. Ikpe, "The Patrimonial State and Inter-Ethnic Conflicts in Nigeria," *Ethnic and Racial Studies* 32, no. 4 (2009): 685; Peter Richens, "The

Economic Legacies of the 'Thin White Line': Indirect Rule and the Comparative Development of Sub- Saharan Africa," *African Economic History* 37 (2009): 37-38.

4. David Omissi, *The Sepoy and the Raj: The Indian Army*, 1860-1940 (London: Macmillan Press, 1994), 9-10, 96; Zareer Masani, *Indian Tales of the Raj* (Berkeley and Los Angeles: University of California Press, 1987), 23-24.

5. Amy Chua, *Day of Empire: How Hyperpowers Rise to Global Dominance—and Why They Fall* (New York: Doubleday, 2007), 214.

6. 예를 들어 다음을 참고하라. J. C. Myers, "On Her Majesty's Ideological State Apparatus: Indirect Rule and Empire," *New Political Science* 27, no. 2 (2005): 147 60; Peter Richens, "The Economic Legacies of the 'Thin White Line,' 33-102.

7. 다음을 참고하라. John Lewis Gaddis, *We Now Know: Rethinking Cold War History* (New York: Oxford University Press, 1997), 284 (대부분의 '옛' 냉전 역사학자들은 미국이 "반제국주의 전통에도 불구하고 1945년 이후에 제국을 건설했다"는 데 동의한다. "의도적이었는지 아니면 우연적이었는지"에 대해서는 논쟁이 있지만 말이다). 다음도 참고하라. Richard H. Immerman, *Empire for Liberty: A History of American Imperialism from Benjamin Franklin to Paul Wolfowitz* (Princeton, NJ: Princeton University Press, 2010), 2-4, 10, 13.

8. *The New York Times Current History: The European War*, vol. 3 (New York: New York Times Company, 1917), 441.

9. Robert B. Porter, "The Demise of the Ongwehoweh and the Rise of the Native Americans: Redressing the Genocidal Act of Forcing American Citizenship upon Indigenous Peoples," *Harvard Blackletter Law Journal* 15 (1999): 123-24; Stephen Steinberg, "How Jewish Quotas Began," *Commentary* 52, no. 3 (1971): 67-76; Edwin E. Ferguson, "The California Alien Land Law and the Fourteenth Amendment, *California Law Review* 35 (1947):61-73; Richard Delgado, "The Law of the Noose: A History of Latino Lynching," *Harvard Civil Rights-Civil Liberties Law Review* 44 (2009): 299-303.

10. Eric S. Yellin, *Racism in the Nation's Service: Government Workers and the Color Line in Woodrow Wilson's America* (Chapel Hill: University of North Carolina Press, 2013), 79-172; Kathleen L. Wolgemuth, "Woodrow Wilson and Federal Segregation," *Journal of Negro History* 44, no. 2 (1959): 158-73; Gordon J. Davis, "What Woodrow Wilson Cost My Grandfather," *New York Times*, November 24, 2015.

11. Colin A. Palmer, "From Africa to the Americas: Ethnicity in the Early Black Communities," *Journal of World History* 6, no. 2 (1995), 224-25.

12. Jack David Eller, *Culture and Diversity in the United States: So Many Ways to Be*

American (New York: Routledge, 2015), 57.

13. Michael Hunt, *Ideology and U.S. Foreign Policy* (New Haven, CT: Yale University Press, 1987), 46.

14. "Federal and State Recognized Tribes," National Conference of State Legislatures, October 2016, http://www.ncsl.org/research/state-tribal-institute/list-of-federal-and-state-recognized-tribes.aspx.

15. Wesley Yang, "Paper Tigers," *New York*, May 8, 2011.

16. Nguyen Cao Ky, *How We Lost the Vietnam War* (New York: First Cooper Square Press, 2002), 137-38.

17. Louis L. Snyder, *The New Nationalism* (Piscataway, NJ: Transaction Publishers, 2003), 266.

18. 남북전쟁 무렵 미국에 거의 400만 명의 흑인 노예가 있었던 것에 비교하면(전체 인구의 약 12.6%) 유럽의 노예 인구는 적은 편이었다. 다음을 참고하라. "Census of 1860 Population-Effect on the Representation of the Free and Slave States," *New York Times*, April 5, 1860. 18세기에 영국의 전체 노예 인구는 1만 4000~1만 5000명 사이로 추산된다. 다음을 참고하라. James Oldham, "New Light on Mansfield and Slavery," *Journal of British Studies* 27, no. 1 (1988): 47 n. 11. 당시 프랑스의 전체 흑인 인구(자유인과 노예 모두)는 4000~5000명으로 추산된다. Samuel L. Chatman, "There are No Slaves in France': A Re-Examination of Slave Laws in Eighteenth Century France," *Journal of Negro History* 85 no. 3(2000): 144. 비슷하게, 네덜란드도 당시 흑인 인구가 몇 천 명에 불과했다. 그리고 러시아, 스칸디나비아, 독일에는 전역에 수백 명 정도가 흩어져 있었다. Alison Blakeley, "Problems in Studying the Role of Blacks in Europe," *American Historical Association*, May 1997, https:// www.historians.org/publications-and-directories/perspectives-on-history/may-1997problems-in-studying- the- role-of-blacks-in-europe. 유럽에서 흑인 노예 인구가 가장 많았던 이베리아 반도에는 16세기에 많게는 15만 명 정도가 있었던 것으로 추산된다. Ibid. 하지만 18세기면 이 숫자도 상당히 줄게 된다. 한때는 아프리카 노예가 상당히 많았던 스페인 도시 카디즈에는 18세기 말이면 거의 한 명도 남지 않는다. William D. Phillips, Jr., *Slavery in Medieval and Early Modern Iberia* (Philadelphia: University of Pennsylvania Press, 2014), 26. 캐나다의 노예 인구도 미국에 비하면 적었다. 1671~1834년 사이에 전체 숫자가 4200명을 넘지 않았던 것으로 보인다. 3분의 1만 흑인이었고 나머지는 토착민이었다. Marcel Trudel, *Canada's Forgotten Slaves: Two Hundred Years of Bondage, trans. George Tombs* (Montreal: Vehicle Press, 2013), 254-71.

19. 다음을 참고하라. Dinah Shelton, ed., *The Oxford Handbook of International Human Rights Law* (Oxford: Oxford University Press, 2013), 232 (1772년 사건인 '서머셋 대 스튜어트' 사건에 대한 논의). 이 사건에 대한 맨스필드 경의 판결은 문자 그대로 영국 국경 내에

서 노예제를 폐지하지는 않았지만 노예제의 법적 토대를 크게 잠식했고 노예제의 쇠락을 가져왔다. 다음을 참고하라. James Oldham, "New Light on Mansfield and Slavery, Journal of British Studies 27 (1988), 68.

20. Geoffrey Care, *Migrants and the Courts: A Century of Trial and Error?* (Oxford: Routledge, 2016), 222 n. 26.

21. 개괄은 다음을 참고하라. Michelle Alexander, *The New Jim Crow: Mass Incarceration in the Age of Color Blindness* (New York: The New Press, 2012); James Forman, Jr., *Locking up Hour Own: Crime and Punishment in Black America* (New York: Farrar, Straus and Giroux, 2017), 에필로그; Chris Hayes, A *Colony in a Nation* (New York: W. W. Norton & Company, 2017).

22. United Nations Department of Economic and Social Affairs Population Division, *International Migrant Stock 2015*, 2017년 6월 1일에 접속함. http://www.un.org/en/development/desa/population/migration/data/estimates2/estimates15.shtml. (다음의 데이터 "Total international migrant stock").

23. Anna Brown and Renee Stepler, "Country of Birth: 2014," Statistical Portrait of the Foreign-Born Population in the United States, 2014, table 5 (Washington, DC: Pew Research Center), April 19, 2016, 2017년 4월 14일에 접속함. http://www.pewhispanic.org/2016/04/19/statistical-portrait-of-the-foreign-born-population-in-the-united-states.

24. United Nations, Department of Economic and Social Affairs, Population Division, *International Migrant Stock 2015*.

25. Organization for Economic Co-operation and Development, *International Migration Outlook 2016* (Paris: OECD, 2016).

26. United Nations, Department of Economic and Social Affairs, Population Division, *International Migrant Stock 2015*.

27. Adam Nagourney, "Obama Elected President as Racial Barrier Falls," *New York Times*, November 4, 2008.

28. 개괄은 다음을 참고하라. Chua, *Day of Empire*, 192-232.

29. "The Upper Han," *Economist*, November 19, 2016, https://www.economist.com/briefing/2016/11/19/the-upper-han.

30. Andrew Jacobs, "Xinjiang Seethes Under Chinese Crackdown," *New York Times*, January 2, 2016.

31. 다음을 참고하라. Kosaku Yoshino, *Cultural Nationalism in Contemporary Japan: A Sociological Enquiry* (Oxford: Routledge, 1992), 24-26; Gi-Wook Shin, *Ethnic Nationalism*

in Korea (Stanford, CA: Stanford University Press, 2006), 4.

32. 다음을 참고하라. Alberto F. Alesina et al., "Fractionalization," *Journal of Economic Growth* 8, no. 2 (2003), 162-65, 184-85; Max Fisher, "A Revealing Map of the World's Most and Least Ethnically Diverse Countries," *Washington Post*, May 16, 2013.

33. Robert F. Worth, "The Professor and the Jihadi," *New York Times*, April 5, 2017 (다음을 인용함. Roy and Gilles Keppel).

34. "Marine Le Pen Rejects All That's Not 'Pure French,'" NBC News, December 23, 2016, http://www.nbcnews.com/video/marine-le-pen-rejects-all-that-s-not-pure-french-840325187686.

35. Justin Gest, "To Become 'French,' Abandon Who You Are," Reuters, January 16, 2015, http://blogs.reuters.com/great-debate/2015/01/16/to-become-french-leave-your-identity-behind/

36. 다음을 참고하라. Angelique Chrisafis, "French PM Calls for Ban on Islamic Headscarves at Universities," *Guardian*, April 13, 2016.

37. "'Your Ancestors Were Gauls,' France's Sarkozy Tells Migrants," Reuters, September 20, 2016. https://www.reuters.com/article/us-france-election-sarkozy-idUSKCN11Q22Y.

38. Alissa J. Rubin, "French 'Burkini' Bans Provoke Backlash as Armed Police Confront Beachgoers," *New York Times*, August 24, 2016

39. Romina McGuinness, "'You Eat or You Go' Muslims Furious as Mayor Scraps Pork-Free Option on School Dinner Menu," *Express* (UK), January 19, 2017; Angelique Chrisafis, "Pork or Nothing: How School Dinners Are Dividing France," *Guardian*, October 13, 2015.

40. 다음을 참고하라. Worth, "The Professor and the Jihadi."

41. 다음을 참고하라. Frank Bechhofer and David McCrone, eds., *National Identity, Nationalism and Constitutional Change* (London: Palgrave Macmillan, 2009), 1-2, 200-201; Mark Easton, "How British Is British?" BBC, September 30, 2013, https://www.bbc.co.uk/news/uk-24302914.

42. 다음을 참고하라. A. Maurice Low, "Nationalism in the British Empire," *American Political Science Review* 10, no. 2 (May 1916): 223-34. 영국 해군이 국가 통합 요인으로 패 성 공적으로 사용된 데 대한 흥미로운 분석은 다음을 참고하라. Alex Law, "Of Navies and Navels: Britain as a Mental Island," *Geografiska Annaler: Series B, Human Geography* (special issue, *Islands: Objects of Representation*) 87, no. 4 (2005): 267-77; 다음도 참고하라. Amelia Hadfield-Amkhan, *British Foreign Policy, National Identity, and Neoclassical Realism* (Lanham, MD: Rowman & Littlefield Publishers, 2010), 101-34.

43. Office for National Statistics, *2011 Census: Population Estimates for the United Kingdom*, March 2011, 2017년 6월 17일에 접속함. http://www.ons.gov.uk/peoplepopulationandcommunity/populationandmigration/populationestimates/bulletins/2011censuspopulationestimatesfortheunitedkingdom/2012-12-17.

44. Andrew Gamble and Tony Wright, eds., *Britishness: Perspectives on the British Question* (West Sussex, UK: Wiley-Blackwell, 2009), 4, 143.

45. Steven Erlanger and Alan Cowell, "Scotland Rejects Independence from United Kingdom," *New York Times*, September 18, 2014.

46. 예를 들어 다음을 참고하라. Nick Clegg, "Where Would You Rather Live—Great Britain or Little England?" Guardian, April 21, 2014; Mark Leonard, "What Would a UK Outside the EU Look Like?" *Guardian*, October 5, 2015; 다음도 참고하라. Jessica Elgot, "English Patriotism On the Rise, Research Shows," *Guardian*, Jan. 10, 2017.

47. "The Islamic Veil Across Europe," BBC, January 31, 2017, https://www.bbc.com/news/world-europe-13038095.

48. Nicola Woolcock, "Pork Is Removed from School Menus Across London Borough," *Times* (UK), February 13, 2015; Dan Hyde, "Schools Stop Serving Pork for Religious Reasons," *Telegraph* (UK), Feb. 12, 2015; Julie Henry, "Bangers Ban in Hundreds of Schools," *Telegraph* (UK), June 17, 2012.

49. David Cameron(보수당 대표 시절), 이슬람교와 무슬림에 대한 연설, London, June 5, 2007, http://www.ukpol.co.uk/david-cameron-2007-speech-on-islam-and-muslims.

50. Ibid.

51. Clive Crook, "Britain, Its Muslims, and the War on Terror," *Atlantic*, August 2005.

52. Cameron, 2007년, 이슬람교와 무슬림에 대한 연설.

53. Robert Leiken, "Britain Finally Faces Up to Its Homegrown Jihadist Problem," *Wall Street Journal*, September 7, 2014.

54. Martin Evans et al., "Everything We Know About Manchester Suicide Bomber Salman Abedi," *Telegraph* (UK), May 26, 2017.

55. Crook, "Britain, Its Muslims, and The War on Terror."

56. Mary Anne Weaver, "Her Majesty's Jihadists," *New York Times*, April 14, 2015.

57. Directorate-General for Communication, European Commission, "European Citizenship," *Standard Eurobarometer* 85 (Spring 2016), 18.

58. Matteo Salvini's Facebook page, trans. Matteo Godi, July 21, 2015, https://www.facebook.com/salviniofficial.

59. David R. Roediger, *Working Toward Whiteness: How America's Immigrants Became*

White (New York: Basic Books, 2005), 5-6, 16; James R. Barrett and David Roediger, "In-between Peoples: Race, Nationality, and the 'New Immigrant' Working Class," *Journal of American Ethnic History* 16, no. 3 (1997): 3-44; Michael O'Meara, "How the Irish Became White, Part 1," *Counter-Currents*, December 26, 2012, https://www.counter-currents.com/2012/12/how-the-irish-became-white-part-1.

60. 다음에서 거의 그대로 따왔다. Chua, *Day of Empire*, 248.

61. Kristofer Allerfeldt, *Beyond the Huddled Masses: American Immigration and the Treaty of Versailles* (London: I.B. Tauris & Co., 2006), 16-17, 21, 23, 109; Roger Daniels and Otis L. Graham, *Debating American Immigration, 1882-Present* (Lanham, MD: Rowman & Littlefield Publishers, 2001), 12-18, 23-25, 27-28, 77, 129.

62. 다음에서 거의 그대로 따왔다. Chua, *Day of Empire*, 248.

63. 다음에서 거의 그대로 따왔다. Chua, *Day of Empire*, 251

64. 다음을 참고하라. Child Citizenship Act of 2000, 8 U.S.C. §§ 1431-1433 (2012).

65. Eyder Peralta, "3 Things You Should Know About Birthright Citizenship," NPR, August 18, 2015, http://www.npr.org/sections/thetwo-way/2015/08/18/432707866/3-things-you-should-know-about-birthright-citizenship.

66. Caroline Sawyer, "The Loss of Birthright Citizenship in New Zealand," *Victoria University of Wellington Law Review* 44 (2013): 653-74; Linda R. Monk, "Birth Rights: Citizenship and the Constitutions" (National Constitution Center, January 2011), 9, http://constitutioncenter.org/media/files/Monograph_BirthRights.pdf; 다음도 참고하라. Barbara Crossette, "Citizenship Is a Malleable Concept," *New York Times*, August 18, 1996.

67. 다음에서 거의 그대로 따왔다. Chua, *Day of Empire*, 257-58, 다음도 참고하라. Geoffrey Kabaservice, *The Guardians: Kingman Brewster, His Circle, and the Rise of the Liberal Establishment* (New York: Henry Holt, 2004), 65-66, 156, 174, 259-67; Jerome Karabel, *The Chosen: The Hidden History of Admission and Exclusion at Harvard, Yale, and Princeton* (New York: Houghton Mifflin, 2005), 364-67, 379, 392; Dan A. Oren, *Joining the Club: A History of Jews and Yale* (New Haven, CT: Yale University Press, 1985), 183-84, 272-77.

68. 이 문단은 다음에서 거의 그대로 따왔다. Chua, *Day of Empire*, 258-59; 다음도 참고하라. Samuel P. Huntington, *Who Are We? The Challenges to America's National Identity* (New York: Simon & Schuster, 2004), 196, 223-25.

69. Douglas S. Massey and Karen A. Pren, "Unintended Consequences of US Immigration Policy: Explaining the Post-1965 Surge from Latin America," *Population and Development Review* 38 (2012): 1-5.

70. Chua, *Day of Empire*, 259; Huntington, *Who Are We?*, 223-24.

71. "Faith on the Hill: The Religious Composition of the 114th Congress," Pew Research Center, January 5, 2015, http://www.pewforum.org/2015/01/05/faith-on-the-hill.

72. "America's Changing Religious Landscape," Pew Research Center, May 12, 2015, http://pewforum.org/2015/05/12/americas-changing-religious-landscape.

73. "2017 By The Numbers: Beliefs and Lifestyles," *Harvard Crimson*, http://features.thecrimson.com/2013/frosh-survey/lifestyle.html.

74. Daniel Burke, "What Is Neil Gorsuch's Religion? It's Complicated," CNN, March 22, 2017, https://edition.cnn.com/2017/03/18/politics/neil-gorsuch-religion/index.html

75. Billboard, "Artist 100," 2016년 12월 31일 주, 2017년 1월 5일에 접속함. http://www.billboard.com/charts/artist-100. (1위부터 10위는 다음과 같다. J. Cole, Pentatonix, The Weeknd, Bruno Mars, Drake, Ariana Grande, Twenty One Pilots, Taylor Swift, Shawn Mendes, Rae Sremmurd).

76. Maura Johnston, "Beyoncé's Grammy Snub Isn't Just an Oversight—It's a Real Problem," *Time*, February 13, 2017.

77. Ronald Reagan, "The Brotherhood of Man" (강연, Fulton, MO, November 19, 1990), http://ec2-184-73-198-63.compute-1.amazonaws.com/wgbh/americanexperience/features/primary-resources/reagan-brotherhood.

78. 주요 강대국이 아닌 몇몇 나라에서는 슈퍼 집단이 존재했다고 말할 수 있을 것이다. 예를 들면 캐나다는 관용과 다문화주의로 유명하다. 다음을 참고하라. Canadian Multiculturalism Act, R.S.C., 1985, c. 24 (4th supp.). 캐나다의 경우, 퀘벡의 독특한 프랑스 정체성을 생각할 때 하나의 강한 국가 정체성이 있느냐에 대해 문제를 제기할 수 있긴 하다. 예를 들어 다음을 참고하라. Nick Bryant, "Neverendum Referendeum: Voting on Independence, Quebec Style," BBC News, September 8, 2014.

79. Barack Obama, "Remarks by President Obama at High-Level Meeting on Libya" (United Nations, New York, September 20, 2011), https://obamawhitehouse.archives.gov/the-press-office/2011/09/20/remarks-president-obama-high-level-meeting-libya.

80. Ramazan Erdag, *Libya in the Arab Spring: From Revolution to Insecurity* (New York: Springer, 2017), 26; Peter Apps, "Factbox: Libya's Tribal, Cultural Divisions," Reuters, August 25, 2011, https://www.reuters.com/article/us-libya-tribes/factbox-libyas-tribal-cultural-divisions-idUSTRE77O43R20110825.

81. Jeffrey Goldberg, "The Obama Doctrine," *Atlantic*, April 2016.

82. Richard Lardner, "The Top American General in Africa Says Libya Is a Failed State," *U.S. World & News Report*, March 8, 2016.

83. "President Obama: Libya Aftermath 'Worst Mistake' of Presidency," BBC News, April 11, 2016.

2장_ 베트남: '별 볼 일 없는 작은 나라'에 패배를 선언하다

1. James S. Olson and Randy Roberts, *Where the Domino Fell: America and Vietnam*, 1945-1990 (West Sussex, UK: Wiley Blackwell, 2014), 3.

2. Nguyen Cao Ky, *How We Lost the Vietnam War* (New York: First Cooper Square Press, 2002), 22.

3. Henry Kissinger, *Ending the Vietnam War: A History of America's Involvement in and Extrication from the Vietnam War* (New York: Simon and Schuster, 2003), 7.

4. Louis B. Zimmer, *The Vietnam War Debate: Hans J. Morgenthau and the Attempt to Halt the Drift into Disaster* (Lanham, MD: Lexington Books, 2011), 2.

5. "Time to Wave the Flag, McGovern Urges Democrats," *Telegraph* (UK), January 26, 2004.

6. Ronald Steel, "Blind Contrition" (다음에 대한 서평. *In Retrospect: The Tragedy and Lessons of Vietnam*, by Robert S. McNamara with Brian Van De Mark), *New Republic*, June 5, 1995, 35.

7. David Halberstam, *The Best and the Brightest* (New York: Random House, 1972).

8. 예를 들어 다음을 참고하라. William J. Duiker, *Ho Chi Minh* (New York: Hyperion, 2000), 123, 341-42, 570; Marilyn B. Young, *The Vietnam Wars*, 1945-1990 (New York: HarperCollins, 1991), 23-24, 178-180; Frederick Logevall, *Embers of War: The Fall of an Empire and the Making of America's Vietnam* (New York: Random House, 2012) 에필로그: Thomas Friedman, "ISIS and Vietnam," *New York Times*, October 28, 2014.

9. Friedman, "ISIS and Vietnam."

10. Yarrow Dunham, Andrew Scott Barron, and Susan Carey, "Consequences of 'Minimal' Group Affiliations in Children," *Child Development* 82 (2011): 793-811.

11. Ibid., 797-98, 807-8; 다음도 참고하라. Henri Tajfel et al., "Social Categorization and Intergroup Behaviour," *European Journal of Social Psychology* 1 (1971): 149-77.

12. Adam Piore, "Why We're Patriotic," *Nautilus*, November 26, 2015, http://nautil.us/ issue/ 30/ identity/ why-were-patriotic; João F. Guassi Moreira, Jay J. Van Bavel, and Eva H. Telzer, "The Neural Development of 'Us and Them,'" *Social, Cognitive, and Affective Neuroscience* 12 (2017): 184-96.

13. Piore, "Why We're Patriotic"; Jay J. Van Bavel et al., "The Neural Substrates of In-Group

Bias: A Functional Magnetic Resonance Imaging Investigation," *Psychological Science* 19 (2008): 1131, 1137.

14. Gary G. Berntson and John T. Cacioppo, eds., *Handbook of Neuroscience for the Behavioral Sciences* (Hoboken, NJ: John Wiley & Sons, 2009), 2:977.

15. Piore, "Why We're Patriotic."

16. David J. Kelly et al., "Three-Month-Olds, but Not Newborns, Prefer Own-Race Faces," *Developmental Science* 8 (2005): F31-36.

17. Paul Bloom, *Just Babies: The Origins of Good and Evil* (London: The Bodley Head, 2013), 8, 105.

18. Xiaojing Xu et al., "Do You Feel My Pain? Racial Group Membership Modulates Empathic Neural Responses," *Journal of Neuroscience* 29 (2009): 8525-29; 다음을 참고하라. Shihui Han, "Intergroup Relationship and Empathy for Others' Pain: A Social Neuroscience Approach." 다음에 수록됨. *Neuroscience in Intercultural Contexts*, ed. Jason E. Warnick and Dan Landis (New York: Springer, 2015), 36-37.

19. Piore, "Why We're Patriotic"; 다음도 참고하라. Mina Cikara and Susan T. Fiske, "Bounded Empathy: Neural Responses to Outgroup Targets' (Mis)Fortunes," *Journal of Cognitive Neuroscience* 23 (2011): 3791-3803.

20. Donald L. Horowitz, *Ethnic Groups in Conflict*, 2nd ed. (Berkeley: University of California Press, 2000), 57; 다음도 참고하라. Amy Chua, *World on Fire: How Exporting Free Market Democracy Breeds Ethnic Hatred and Global Instability* (New York: Anchor Books, 2004), 14-15.

21. Horowitz, *Ethnic Groups in Conflict*, 57, 60.

22. Ibid., 63, 73; 다음을 참고하라. Kanchan Chandra, "What Is Ethnic Identity and Does It Matter?," *Annual Review of Political Science* 9 (2006): 397-424; Michael Ignatieff, *Blood and Belonging: Journeys into the New Nationalism* (New York: Farrar, Straus & Giroux, 1995), 7.

23. Frank Dikkötter, "Culture, 'Race' and Nation: The Formation of National Identity in Twentieth Century China," *Journal of International Affairs* 49 (1996): 596-97; James Leibold, "Competing Narratives of Racial Unity in Republican China: From the Yellow Emperor to Peking Man," *Modern China* 32 (2006): 192.

24. Kanchan Chandra, ed., *Constructivist Theories of Ethnic Politics* (Oxford: Oxford University Press, 2012), 75.

25. 다음을 참고하라. Francisco J. Gil- White, "Are Ethnic Groups Biological 'Species' to the Human Brain?," *Current Anthropology* 42 (2001): 515-53; Francisco J. Gil-White,

"How Thick Is Blood? The Plot Thickens…: If Ethnic Actors Are Primordialists, What Remains of the Circumstantialist/ Primordialist Controversy?," *Ethnic and Racial Studies* 22 (1999): 789-820; 다음도 참고하라. Lawrence A. Hirschfeld, *Race in the Making: Cognition, Culture and the Child's Construction of Human Kinds* (Cambridge, MA: MIT Press, 1998); Eugeen Roosens, "The Primordial Nature of Origins in Migrant Ethnicity." 다음에 수록됨. *The Anthropology of Ethnicity: Beyond "Ethnic Groups and Boundaries,"* ed. Hans Vermeulen and Cora Govers (Amsterdam: Het Spinhuis, 1994); Pierre L. van den Berghe, *The Ethnic Phenomenon* (New York: Elsevier, 1981).

26. 다음을 참고하라. Chandra, *Constructivist Theories of Ethnic Politics*, 2-3; Frederik Barth, ed., *Ethnic Groups and Boundaries: The Social Organization of Culture Difference* (Boston: Little, Brown and Company, 1969), 22-23, 28; Rogers Brubaker, *Ethnicity Without Groups* (Cambridge, MA: Harvard University Press, 2004); Michele Lamont, *The Dignity of Working Men: Morality and the Boundaries of Race, Class, and Immigration* (Cambridge, MA: Harvard University Press, 2000); Daniel Posner, Institutions and Ethnic Politics in Africa (New York: Cambridge University Press, 2005), 276.

27. 예를 들어 다음을 참고하라. Lauren M. McLaren, "Anti-Immigrant Prejudice in Europe: Contact, Threat Perception, and Preferences for the Exclusion of Migrants," *Social Forces* 81 (2003): 909-36; Roger Brown et al., "Explaining Intergroup Differentiation in an Industrial Organization," *Journal of Occupational Psychology* 59 (1986): 273-86.

28. Patrick Lloyd Hatcher, *The Suicide of an Elite: American Internationalists and Vietnam* (Stanford, CA: Stanford University Press, 1990), 124.

29. Chua, *World on Fire*, 33; Christopher Goscha, *Vietnam: A New History* (New York: Basic Books, 2016), 15; Stanley Karnow, *Vietnam: A History* (New York: Viking Press, 1983), 111; Henry Kenny, *Shadow of the Dragon: Vietnam's Continuing Struggle with China and Its Implications for U.S. Foreign Policy* (Washington, DC: Brassey's, 2002), 23, 25.

30. 다음을 참고하라. Kenny, *Shadow of the Dragon*, 45; Goscha, Vietnam, 19-21; Olson and Roberts, *Where the Domino Fell*, 3; Keith W. Taylor, *The Birth of Vietnam* (Berkeley: University of California Press, 1983), 73-83.

31. Taylor, *The Birth of Vietnam*, 299.

32. Olson and Roberts, *Where the Domino Fell*, 3.

33. Kenny, Shadow of the Dragon, 25-26; Taylor, *The Birth of Vietnam*, 298-300.

34. Taylor, *The Birth of Vietnam*, 269.

35. Kenny, *Shadow of the Dragon*, 31, 47.

36. Ibid., 31, 47-48, 다음도 참고하라. Keith W. Taylor, "China and Vietnam: Looking for

a New Version of an Old Relationship." 다음에 수록됨. *The Vietnam War: Vietnamese and American Perspectives*, ed. Jayne S. Werner and Luu Doan Huynh (Armonk, NY: M. E. Sharpe, 1993), 271.

37. 다음을 참고하라. Lan Cao, Monkey Bridge (New York: Penguin Books, 1997), 56-57; Taylor, *The Birth of Vietnam*, 90; 다음도 참고하라. Goscha, Vietnam, 21, 132, 231.

38. Goscha, *Vietnam*, 130-33.

39. Ibid., 132.

40. Taylor, *The Birth of Vietnam*, 38; 다음도 참고하라. Goscha, *Vietnam*, 21, 132, 231.

41. Goscha, *Vietnam*, 132.

42. Olson and Roberts, *Where the Domino Fell*, 3-4.

43. Tran Khanh, "Ethnic Chinese in Vietnam and Their Identity," 다음에 수록됨. *Ethnic Chinese as Southeast Asians*, ed. Leo Suryadinata (Singapore: Institute of Southeast Asian Studies, 1997), 269.

44. Jeffery Record, *The Wrong War: Why We Lost in Vietnam* (Annapolis, MD: Naval Institute Press, 1998), 12.

45. 다음 다큐멘터리에 나오는 언급임. *The Fog of War: Eleven Lessons from the Life of Robert S. McNamara*, 감독: Errol Morris (Hollywood, CA: Sony Pictures Classics, 2003), http://www.errolmorris.com/film/fow_ transcript.html.

46. Robert P. Newman, *Owen Lattimore and the "Loss" of China* (Berkeley: University of California Press, 1992), 519.

47. Olson and Roberts, *Where the Domino Fell*, 5.

48. Harrison E. Salisbury, 다음의 서문임. *The Prison Diary of Ho Chi Minh, by Ho Chi Minh*, trans. Aileen Palmer (New York: Bantam Books, 1971), xiv; 다음도 참고하라. Mai Luan, Dac Xuan, and Tran Dan Tien, *Ho Chi Minh: From Childhood to President of Viet Nam* (Vietnam: Gioi Publishers, 2005), 90.

49. Neil L. Jamieson, *Understanding Vietnam* (Berkeley: University of California Press, 1995), 181; Duiker, *Ho Chi Minh*, 576.

50. 호찌민의 발언에 대해서는 조금씩 다른 번역들이 존재한다. 여기에 인용된 것은 다음에 나온 것이다. Karnow, *Vietnam*, 153; 다음도 참고하라. Michael Maclear, *The Ten Thousand Day War: Vietnam*, 1945-1975 (New York: St. Martin's Press, 1981), 17.

51. Duiker, *Ho Chi Minh*, 342, 357; Salisbury, 다음의 서문임. *The Prison Diary of Ho Chi Minh*, x.

52. Maclear, *The Ten Thousand Day War*, 15.

53. Nguyen, *How We Lost the Vietnam*, 11.

54. Chua, *World on Fire*, 6.

55. Ibid.

56. Parsis: Zubin C. Shroff and Marcia C. Castro, "The Potential Impact of Intermarriage on the Population Decline of the Parsis of Mumbai, India," *Demographic Research* 25 (2011): 549; 다음도 참고하라. Jesse S. Palsetia, *The Parsis of India: Preservation of Identity in Bombay City* (Leiden, The Netherlands: Brill, 2001), xii; T. M. Luhrmann, *The Good Parsi: The Fate of a Colonial Elite in a Post-colonial Society* (Cambridge, MA: Harvard University Press, 1996); "Not Fade Away: India's Vanishing Parsis," *Economist*, September 1, 2012. Gujaratis: Suketu Mehta, *Maximum City: Bombay Lost and Found* (New York: Knopf, 2004), 19; Dipankar Gupta, *Justice Before Reconciliation: Negotiating a "New Normal" in Post-Riot Mumbai and Ahmedabad* (London: Routledge, 2011), 169.

57. Chua, *World on Fire*, 63-65, 95, 99.

58. Ibid., 43; 다음도 참고하라. Leo Suryadinata, "Indonesian Politics Toward the Chinese Minority Under the New Order," *Asian Survey* 16 (1976): 770; "A Taxing Dilemma," *Asiaweek*, October 20, 1993, 57, 58 (사쿠라은행-노무라연구소에 따르면 1991년 인도네시아의 화교는 인구의 3.5%를 차지했는데 상장주식의 73%를 보유하고 있었다); 다음도 참고하라. Linda Y. C. Lim and L. A. Peter Gosling, "Strengths and Weaknesses of Minority Status for Southeast Asian Chinese at a Time of Economic Growth and Liberalization." 다음에 수록됨. *Essential Outsiders: Chinese and Jews in the Modern Transformation of Southeast Asia and Central Europe*, ed. Daniel Chirot and Anthony Reid (Seattle: University of Washington Press, 1997), 312 n. 2 (여기에서도 비슷한 추산치를 볼 수 있다).

59. Chua, *World on Fire*, 49-55.

60. 필리핀 정부는 민족 구성에 대한 정보를 제공하지 않는다. 타이완 정부의 '해외공동체위원회'가 2010년에 중국계 필리핀인이 145만 9083명이라고 추산했는데 이는 전체 인구의 1.55%다. 다음을 참고하라. Qiaoweihui Tongjishi (The Statistics Office of Overseas Community Affairs Council), *Feilübin 2010 nian Huaren Renkou Tongji Tuigu* (*A Statistical Estimate of the 2010 Population of Ethnic Chinese in the Philippines*), Zhonghuaminguo Qiaowu Weiyuanhui (Overseas Community Affairs Council, Republic of China [Taiwan]), November 7, 2011, http://www.ocac.gov.tw/OCAC/File/Attach/245/File_241.pdf; 다음도 참고하라. Carmen N. Pedrosa, "Contribution of Chinese-Filipinos to the Country," *Philippine Star*, May 23, 2015 ("오늘날 순수 화교인 필리핀인은 150만 명으로, 전체 인구의 1%가 약간 넘는다").

61. Chua, *World on Fire*, 36-37.

62. "Philippines' 50 Richest in 2015," *Forbes*; Doris Dumlao-Abdalli, "PH's 50 Richest Families Based on 2015 Forbes Ranking," *Philippine Daily Inquirer*, August 27, 2015, http://business.inquirer.net/197986/phs-50-richest-families-based-on-2015-forbes-ranking.

63. Chua, *World on Fire*, 124-25.

64. Ibid., 33-34; Frank H. Golay et al., *Underdevelopment and Economic Nationalism in Southeast Asia*, 395; Tran Khanh, *The Ethnic Chinese and Economic Development in Vietnam* (Singapore: Institute of Southeast Asian Studies, 1993), 41-42; Pao-min Chang, *Beijing, Hanoi, and the Overseas Chinese* (Berkeley: Institute of East Asian Studies, University of California, 1982), 4, 16.

65. Justin Corfield, *Historical Dictionary of Ho Chi Minh City* (New York: Anthem Press, 2014), 60-62.

66. K. W. Taylor, *A History of the Vietnamese* (Cambridge: Cambridge University Press, 2013), 374.

67. George E. Dutton, *The Tây Son Uprising: Society and Rebellion in Eighteenth-Century Vietnam* (Chiang Mai, Thailand: Silkworm Books, 2008), 202-3.

68. Taylor, *A History of the Vietnamese*, 374.

69. Dutton, *The Tây Son Uprising*, 203.

70. Goscha, *Vietnam*, 78.

71. Chang, *Beijing, Hanoi, and the Overseas Chinese*, 4, 8.

72. Ungar, "Struggle Over the Chinese Community in Vietnam," 606.

73. Olson and Roberts, *Where the Domino Fell*, 48; 다음도 참고하라. Goscha, *Vietnam*, 345-46.

74. Alexander Woodside, "Nationalism and Poverty in the Breakdown of Sino-Vietnamese Relations," *Pacific Affairs* 52 (1979): 405; 다음도 참고하라. Olson and Roberts, *Where the Domino Fell*, 47.

75. Olson and Roberts, *Where the Domino Fell*, 47.

76. Woodside, "Nationalism and Poverty," 405; 다음도 참고하라. Steven J. Hood, *Dragons Entangled: Indochina and the China-Vietnam War* (Armonk, NY: M. E. Sharpe, 1992), 148; Li Tana, "In Search of the History of the Chinese in South Vietnam, 1945-75." 다음에 수록됨. *The Chinese/ Vietnamese Diaspora: Revisiting the Boat People*, ed. Yuk Wah Chan (Oxon, UK: Routledge, 2011), 58.

77. Chua, *World on Fire*, 33-34; Golay et al., *Underdevelopment and Economic Nationalism*, 395-96; Khanh, *The Ethnic Chinese and Economic Development in Vietnam*, 41,

47, 57. 화교는 세탁 세제, 샐러드 기름, 초코바, 음료, 담배 등의 상당 부분을 베트남 시 장뿐 아니라 동남아시아 시장 전체를 대상으로 판매했다. Woodside, "Nationalism and Poverty," 393.

78. Khanh, *Ethnic Chinese and Economic Development in Vietnam*, 59.

79. Chua, *World on Fire*, 33.

80. Philip Taylor, "Minorities at Large." 다음에 수록됨. *Minorities at Large: New Approaches to Minority Ethnicity in Vietnam*, ed. Philip Taylor (Singapore: Institute of Southeast Asian Studies, 2011), 23.

81. Chang, *Beijing, Hanoi, and the Overseas Chinese*, 8, 16; Hood, *Dragons Entangled*, 137-38.

82. King C. Chen, *China's War with Vietnam, 1979: Issues, Decisions, and Implications* (Stanford, CA: Hoover Institution Press, 1987), 51.

83. Martin Stuart-Fox, *A Short History of China and Southeast Asia: Tribute, Trade, and Influence* (Crows Nest, Australia: Allen & Unwin, 2003), 131.

84. Taylor, "Minorities at Large," 23; Taylor, *The Birth of Vietnam*, 52; Hood, Dragons Entangled, 140.

85. Joe Allen, *Vietnam: The (Last) War the U.S. Lost* (Chicago: Haymarket Books, 2008), 7; Golay et al., *Underdevelopment and Economic Nationalism*, 398.

86. Taylor, "Minorities at Large," 23.

87. Maclear, *Ten Thousand Day War*, 45; Duiker, *Ho Chi Minh*, 462.

88. Goscha, *Vietnam*, 279; Maclear, *Ten Thousand Day War*, 49; Duiker, *Ho Chi Minh*, 458-60.

89. Goscha, *Vietnam*, 280; Duiker, *Ho Chi Minh*, 465; Maclear, *The Ten Thousand Day War*, 51.

90. Record, *The Wrong War*, 136; 다음도 참고하라. Goscha, *Vietnam*, 349, 356.

91. Chang, *Beijing, Hanoi and the Overseas Chinese,* 9.

92. Hatcher, *The Suicide of an Elite*, 125-26.

93. Walker Connor, "Beyond Reason: The Nature of the Ethnonational Bond." 다음에 수록됨. *New Tribalisms: The Resurgence of Race and Ethnicity*, ed. Michael W. Hughey (New York: New York University Press, 1998), 47.

94. Allen, *Vietnam*, 28.

95. Maclear, *The Ten Thousand Day War*, 128-29.

96. Record, *The Wrong War*, 141-42.

97. Woodside, "Nationalism and Poverty," 404-5.

98. Khanh, *Ethnic Chinese and Economic Development in Vietnam*, 80.

99. Tana, "In Search of the History," 57.

100. Ibid.

101. Ibid., 56.

102. Khanh, *Ethnic Chinese and Economic Development in Vietnam*, 41-73, 80.

103. Ibid., 58.

104. Ibid.; Tana, "In Search of the History," 57.

105. Khanh, *Ethnic Chinese and Economic Development in Vietnam*, 58.

106. Maclear, *Ten Thousand Day War*, 144; 다음도 참고하라. Hood, *Dragons Entangled*, 141.

107. Khanh, *Ethnic Chinese and Economic Development in Vietnam*, 61.

108. Ibid., 80; Nguyen, *How We Lost the Vietnam War*, 101-2.

109. Nguyen, *How We Lost the Vietnam War*, 104.

110. Ibid., 102.

111. Ibid., 106; William Turley, *The Second Indochina War: A Short Political and Military History, 1954-1975* (Boulder, CO: Westview Press, 1986), 167.

112. Nguyen, *How We Lost the Vietnam War*, 106.

113. Maclear, *The Ten Thousand Day War*, 148.

114. Nguyen, *How We Lost the Vietnam War*, 138.

115. Jinim Park, *Narratives of the Vietnam War by Korean and American Writers* (New York: Peter Lang Publishing, 2007), 30.

116. Olson and Roberts, *Where the Domino Fell*, 146.

117. Goscha, *Vietnam*, 326-28; Olson and Roberts, *Where the Domino Fell*, 160-61; Record, *The Wrong War*, 86.

118. Olson and Roberts, *Where the Domino Fell*, 146.

119. Maclear, *Ten Thousand Day War*, 148; Record, *The Wrong War*, 195-96.

120. Olson and Roberts, *Where the Domino* Fell, 2.

121. Record, *The Wrong War*, 139 (다음을 인용함. Henry Kissinger).

122. Ibid., 135 (다음을 인용함. Guenter Lewy).

123. Ibid., 86, 134-35, 138; Olson and Roberts, Where the Domino Fell, 63.

124. Allen, Vietnam, 200-1.

125. Khanh, *The Ethnic Chinese and Economic Development in Vietnam*, 81; Ramses Amer, "The Boat People Crisis of 1978-79 and the Hong Kong Experience Examined Through the Ethnic Chinese Dimension." 다음에 수록됨. Chan, *The Chinese/ Vietnam-*

ese Diaspora, 41.

126. Khanh, *Ethnic Chinese and Economic Development in Vietnam*, 81-82.

127. Ibid., 81.

128. Goscha, *Vietnam*, 379.

129. Chang, *Beijing, Hanoi, and the Overseas Chinese*, 21, 23-25.

130. Ibid., 25.

131. Ibid.

132. Ramses Amer, "Vietnam's Policies and the Ethnic Chinese Since 1975," *Sojourn: Journal of Social Issues in Southeast Asia* 11, no. 1 (1996): 85.

133. Chang, *Beijing, Hanoi, and the Overseas Chinese*, 24.

134. Amer, "Vietnam's Policies and the Ethnic Chinese Since 1975," 80; *Chang, Beijing, Hanoi, and the Overseas Chinese*, 27.

135. Chang, *Beijing, Hanoi, and the Overseas Chinese*, 27; Goscha, Vietnam, 379.

136. Chang, *Beijing, Hanoi, and the Overseas Chinese*, 28.

137. Ibid., 27.

138. Amer, "Vietnam's Policies and the Ethnic Chinese Since 1975," 86.

139. Chua, *World on Fire*, 34; 다음도 참고하라. Amer, "Vietnam's Policies and the Ethnic Chinese Since 1975," 83-85.

140. Choscha, *Vietnam*, 380.

141. James N. Wallace, "A Ray of Hope," *U.S. News & World Report*, August 6, 1979, 50; 다음도 참고하라. Henry Kamm, "Vietnam Describes Economic Setbacks," *New York Times*, November 19, 1980, A9.

142. Chang, *Beijing, Hanoi, and the Overseas Chinese*, 34.

143. Young, *The Vietnam Wars*, 1945-1990, 306; Amer, "Vietnam's Policies and the Ethnic Chinese Since 1975," 80, 83.

144. Yuk Wah Chan, "Revisiting the Vietnamese Refugee Era," in Chan, *The Chinese/Vietnamese Diaspora*, 3.

145. Ibid., 4.

146. Chang, *Beijing, Hanoi, and the Overseas Chinese*, 35.

147. Yuk Wah Chan, "Revisiting the Vietnamese Refugee Era." 다음에 수록됨. Chan, *The Chinese/Vietnamese Diaspora*, 7-9.

148. Ibid., 7.

149. Ibid., 3.

150. Ibid., 55-56.

151. Maclear, *The Ten Thousand Day War*, 352; Chang, *Beijing, Hanoi, and the Overseas Chinese*, 53-56.

3장_ 아프가니스탄: '부족 정치'를 간과한 대가를 치르다

1. Hermione Hoby, "Khaled Hosseini, 'If I Could Go Back Now, I'd Take the Kite Runner Apart,'" *Guardian*, June 1, 2013.

2. 이 속담에는 여러 가지의 버전이 존재한다. 알렉산더대왕이 한 말이라는 설도 있다. 예를 들어 다음을 참고하라. "May God Keep You Away from Revenge of the Afghans," *London Post*, April 22, 2014 (다음의 발언. Sir James Bevan KCMG, UK High Commissioner to India, to the Delhi Policy Group).

3. 다음을 참고하라. Andrew J. Bacevich, "The Never-Ending War in Afghanistan," *New York Times*, March 13, 2017.

4. Ann Jones, "America Lost in Afghanistan: Anatomy of a Foreign Policy Disaster," Salon, November 6, 2015, http://www.salon.com/2015/11/06/america_lost_in_afghanistan_partner.

5. Bacevich, "The Never-Ending War in Afghanistan,"

6. Dana Rohrabacher, "How to Win in Afghanistan," *National Interest*, January 18, 2017.

7. Barnett R. Rubin, *Afghanistan from the Cold War Through the War on Terror* (Oxford: Oxford University Press, 2013), 161. 나머지 10개 부족은 투르크멘족, 발루치족, 파샤이족, 누리스탄족, 아이마크족, 아랍족, 키르기스족, 키질바시족, 구자르족, 브라후이족이다. Ibid. 다음도 참고하라. Anwar-ul-Haq Ahady, "The Decline of the Pashtuns in Afghanistan," Asian Survey 35, no. 7 (1995): 621.

8. Ahady, "The Decline of the Pashtuns in Afghanistan," 631-32.

9. Hassan Abbas, *The Taliban Revival: Violence and Extremism on the Pakistan-Afghanistan Border* (New Haven, CT: Yale University Press, 2014), 24.

10. Seth G. Jones, *In the Graveyard of Empires: America's War in Afghanistan* (New York: W. W. Norton & Company, 2009), 43-44; Ahady, "The Decline of the Pashtuns in Afghanistan," 623-24.

11. Abbas, *The Taliban Revival*, 5-7, 10; Jones, *In the Graveyard of Empires*, 59-60; Abubakar Siddique, *The Pashtun Question: The Unresolved Key to the Future of Pakistan and Afghanistan* (London: Hurst & Company, 2014), 56.

12. Abbas, *The Taliban Revival*, 10, 62-63, 65; Steve Coll, *Ghost Wars: The Secret History of the CIA, Afghanistan, and bin Laden, from the Soviet Invasion to September 10,*

2001 (New York: Penguin Press, 2004), 283, 287; Siddique, *The Pashtun Question*, 198.

13. Michael Barry, "Afghanistan." 다음에 수록됨. *Princeton Encyclopedia of Islamic Political Thought*, ed. Gerhard Bowering et al. (Princeton, NJ: Princeton University Press, 2013), 20.

14. Jayshree Bajoria, "The Troubled Afghan-Pakistani Border," Council on Foreign Relations, March 20, 2009, http://www.cfr.org/pakistan/troubled-afghan-pakistani-border/p14905; 다음을 참고하라. Abbas, The Taliban Revival, 35.

15. Abbas, The Taliban Revival, 22; Peter Tomsen, The Wars of Afghanistan: Messianic Terrorism, Tribal Conflicts, and the Failures of Great Powers (New York: PublicAffairs, 2011), xxi.

16. Abbas, The Taliban Revival, 24.

17. Tomsen, The Wars of Afghanistan, 29, 37-39.

18. Siddique, The Pashtun Question, 14.

19. Abbas, The Taliban Revival, 17-18; Siddique, The Pashtun Question, 14.

20. Siddique, The Pashtun Question, 11.

21. 다음을 참고하라. Choudhary Rahmat Ali, "Now or Never: Are We to Live or Perish Forever?" (1933), 다음으로 재출간됨. Pakistan Movement: Historic Documents, ed. Gulam Allana (Karachi: Paradise Subscription Agency for the University of Karachi, 1967), 104; Willem van Schendel, A History of Bangladesh (Cambridge: Cambridge University Press, 2009), 89.

22. Christophe Jaffrelot, A History of Pakistan and Its Origins (London: Anthem Press, 2002), 69; Theodore P. Wright Jr., "Center-Periphery Relations and Ethnic Conflict in Pakistan: Sindhis, Muhajirs, and Punjabis," Comparative Politics 23, no. 3 (1991): 299.

23. 예를 들어 다음을 참고하라. CIA, "Pakistan," The World Factbook, https://www.cia.gov/library/publications/the-world-factbook/geos/pk.html (44.7%); Irm Haleem, "Ethnic and Sectarian Violence and the Propensity Towards Praetorianism in Pakistan," Third World Quarterly 24, no. 3 (2003): 467 (56%).

24. Alyssa Ayres, *Speaking Like a State: Language and Nationalism in Pakistan* (Cambridge: Cambridge University Press, 2009), 70; Wright, "Center-Periphery Relations and Ethnic Conflict in Pakistan," 299; Ayesha Shehzad, "The Issue of Ethnicity in Pakistan: Historical Background," *Pakistan Vision* 12, no. 2 (2011): 132; 다음도 참고하라. Jaffrelot, *A History of Pakistan and Its Origins*, 69, 315; Anatol Lieven, *Pakistan: A Hard Country* (New York: PublicAffairs, 2011), 179.

25. Ayres, *Speaking Like a State*, 65, 70-71; Farhan Hanif Siddiqi, *The Politics of Ethnicity in Pakistan: The Baloch, Sindhi and Mohajir Ethnic Movements* (London: Routledge,

2012), 43, 119; Wright, "Center-Periphery Relations and Ethnic Conflict in Pakistan,"
301, 305.

26. Hastings Donnan, "Mixed Marriage in Comparative Perspective: Gender and Power in
Northern Ireland and Pakistan," *Journal of Comparative Family Studies* 21, no. 2 (1990):
208; Roomana N. Bhutta et al., "Dynamics of Watta Satta Marriages in Rural Areas of
Southern Punjab Pakistan," *Open Journal of Social Sciences* 3 (2015): 166; R. Hussain,
"Community Perceptions of Reasons for Preference for Consanguineous Marriages in
Pakistan," *Journal of Biosocial Science* 31 (1999): 449.

27. Steven Swinford, "First Cousin Marriages in Pakistani Communities Leading to 'Ap-
palling' Disabilities Among Children," *Telegraph* (UK), July 7, 2015.

28. Siddique, *The Pashtun Question*, 38-39.

29. CIA, "Pakistan," *The World Factbook*.

30. Abbas, *The Taliban Revival*, 14; 다음을 참고하라. Coll, *Ghost Wars*, 62; Siddique, *The
Pashtun Question*, 12.

31. Abbas, *The Taliban Revival*, 14, 34-35; Bajoria, "The Troubled Afghan-Pakistani Bor-
der."

32. Abbas, *The Taliban Revival*, 27, 49-50; Siddique, *The Pashtun Question*, 35; American
Institute of Afghanistan Studies, *The Durand Line: History, Consequences, and Future*
(The Hollings Center, July 2007), 1-2.

33. Siddique, *The Pashtun Question*, 216.

34. Ibid., 11.

35. Ibid., 39.

36. Tomsen, *The Wars of Afghanistan*, 112-13.

37. Coll, *Ghost Wars*, 39; Tomsen, *The Wars of Afghanistan*, 119.

38. Vladislav Zubok, *A Failed Empire: The Soviet Union in the Cold War from Stalin to
Gorbachev* (Chapel Hill: University of North Carolina Press, 2009), 259.

39. Rodric Braithwaite, *Afgantsy: The Russians in Afghanistan 1979-89* (Oxford: Oxford
University Press, 2011), 43.

40. Ibid., 38; 다음도 참고하라. Tomsen, *The Wars of Afghanistan*, 117.

41. Tomsen, *The Wars of Afghanistan*, 93, 106, 117, 119, 127, 131; Thomas J. Barfield,
"Weapons of the Not So Weak in Afghanistan: Pashtun Agrarian Structure and Tribal
Organization." 다음에 수록됨. *Culture, Conflict, and Counterinsurgency*, ed. Thomas
Johnson and Barry Zellen (Stanford, CA: Stanford University Press, 2014), 115; 다음도 참
고하라. Anthony Arnold, *Afghanistan's Two-Party Communism: Parcham and Khalq*

(Stanford, CA: Hoover Institution Press, 1983), 3-4.

42. Tomsen, *The Wars of Afghanistan*, 131.

43. Ibid., 133-34.

44. Jones, *In the Graveyard of Empires*, 143.

45. Ibid., 16-18.

46. Ibid., 18; 다음도 참고하라. Tomsen, *The Wars of Afghanistan*, 142-43.

47. Jones, *In the Graveyard of Empires*, 36-40.

48. Coll. *Ghost Wars*, 50-51.

49. Ibid., 59.

50. Ibid., 60.

51. Ibid.

52. 다음을 참고하라. Tomsen, *The Wars of Afghanistan*, 30-31, 57; Barfield, "Weapons of the Not So Weak in Afghanistan," 96-97, 115; Michael Barry, *Kabul's Long Shadows: Historical Perspectives* (Princeton, NJ: Liechtenstein Institute on Self-Determination, 2011), 69-70.

53. Abbas, *The Taliban Revival*, 11; Siddique, *The Pashtun Question*, 13; 다음을 참고하라. Tomsen, *The Wars of Afghanistan*, 29-31.

54. Siddique, *The Pashtun Question*, 15.

55. 예를 들어 다음을 참고하라. Abbas, *The Taliban Revival*, 14-15, 24; Siddique, *The Pashtun Question*, 13-14; Tomsen, *The Wars of Afghanistan*, 258; Thomas H. Johnson and M. Chris Mason, "Understanding the Taliban and Insurgency in Afghanistan," *Orbis: A Journal of World Affairs* 51, no. 1 (2007): 71, 74-75.

56. Siddique, *The Pashtun Question*, 15, 39-40, 42-43; Tomsen, *The Wars of Afghanistan*, 9-10; 다음을 참고하라. Jones, *In the Graveyard of Empires*, 56 (파키스탄 정보부, ISI는 의도적으로 길자이족 파슈툰을 우대하고 두라니족 파슈툰을 주변화했다).

57. Jones, *In the Graveyard of Empires*, 56.

58. Ahmad Bilal Khalil, "Pakistan, Islamism, and the Fear of Afghan Nationalism," *Diplomat*, March 3, 2017. https://thediplomat.com/2017/03/pakistan-islamism-and-the-fear-of-afghan-nationalism/ (2003년 하미드 카르자이와 미국 하원의원 데이나 로러배커Dana Rohrabacher의 대담).

59. Coll, *Ghost Wars*, 91-92; Tomsen, *The Wars of Afghanistan*, 281-82.

60. Tomsen, *The Wars of Afghanistan*, 281-82.

61. Jones, *In the Graveyard of Empires*, 37.

62. Coll, *Ghost Wars*, 337, 340; Jones, *In the Graveyard of Empires*, 38.

63. Coll, *Ghost Wars*, 292-94, 312, 328; Jones, *In the Graveyard of Empires*, xxix, 52-54.

64. Abbas, *The Taliban Revival*, 58; Jones, *In the Graveyard of Empires*, 46-49.

65. Abbas, *The Taliban Revival*, 59; Jones, *In the Graveyard of Empires*, 44-45, 49-50.

66. Coll, *Ghost Wars*, 335.

67. Abbas, *The Taliban Revival*, 61; Ahmed Rashid, "The Rise of Bin Laden," New York Review of Books, May 2004. (다음에 대한 서평. Coll, Ghost Wars. 전직 CIA 요원의 말을 인용).

68. Abbas, *The Taliban Revival*, 61.

69. Coll, *Ghost Wars*, 282.

70. Ibid., 335; Abbas, *The Taliban Revival*, 62-63; Jones, *In the Graveyard of Empires*, 60, 67; Barnett R. Rubin, "The Political Economy of War and Peace in Afghanistan," *World Development* 28, no. 10 (2000): 1789, 1793-95.

71. Jones, *In the Graveyard of Empires*, 61.

72. Abbas, *The Taliban Revival*, 22-23; Ahady, "The Decline of the Pashtuns in Afghanistan," 621-22.

73. Ali Reza Sarwar, "Ashraf Ghani and the Pashtun Dilemma," *Diplomat*, January 18, 2015, http://thediplomat.com/2015/01/ashraf-ghani-and-the-pashtun-dilemma; Ahady, "The Decline of the Pashtuns in Afghanistan," 622-24.

74. Jones, *In the Graveyard of Empires*, 44-45, 59; Tomsen, *The Wars of Afghanistan*, xxvi-xxvii, 486-87, 541-42.

75. Tomsen, *The Wars of Afghanistan*, xxvii, 526-27, 539.

76. Ahady, "The Decline of the Pashtuns in Afghanistan," 621-24, 626.

77. Abbas, *The Taliban Revival*, 10, 65; Siddique, *The Pashtun Question*, 176, 198.

78. Abbas, *The Taliban Revival*, 65.

79. Siddique, *The Pashtun Question*, 198.

80. Jones, *In the Graveyard of Empires*, 59.

81. Abbas, *The Taliban Revival*, 65.

82. Ibid., 65.

83. Ahady, "The Decline of the Pashtuns in Afghanistan," 621, 623-24.

84. Coll, *Ghost Wars*, 287-88.

85. Ibid., 328.

86. Ibid., 280-82.

87. Ibid., 328.

88. Siddique, *The Pashtun Question*, 198; Tomsen, *The Wars of Afghanistan*, 546-47; Sar-

war, "Ashraf Ghani and the Pashtun Dilemma."

89. Siddique, *The Pashtun Question*, 184; Tomsen, *The Wars of Afghanistan*, 546, 564-65.

90. Tomsen, *The Wars of Afghanistan*, 546; 다음도 참고하라. Siddique, *The Pashtun Question*, 198.

91. Siddique, *The Pashtun Question*, 199; Sarwar, "Ashraf Ghani and the Pashtun Dilemma."

92. "Massacres of Hazaras in Afghanistan," Human Rights Watch, 2001, https://www.hrw.org/reports/2001/afghanistan/afghan101-02.htm; 다음도 참고하라. Sven Gunnar Simonsen, "Ethnicizing Afghanistan: Inclusion and Exclusion in Post-Bonn Institution-Building," *Third World Quarterly* 24, no. 4 (2004): 711.

93. "U.N. Says Taliban Starving Hungry People for Military Agenda," Associated Press, January 7, 1998.

94. Graeme Swincer, "Tajiks and Their Security in Afghanistan," Blue Mountains Refugee Support Group, September 2014, 1.

95. Abbas, *The Taliban Revival*, 69, 71; Coll, *Ghost Wars*, 362-63.

96. Abbas, *The Taliban Revival*, 73.

97. Ibid., 74.

98. Ibid., 76; Tomsen, *The Wars of Afghanistan*, 588.

99. Coll, *Ghost Wars*, xvi; Siddique, *The Pashtun Question*, 199; Ahady, "The Decline of the Pashtuns in Afghanistan," 626.

100. Coll, *Ghost Wars*, xvi, 467-69, 494; Siddique, *The Pashtun Question*, 199.

101. Abbas, *The Taliban Revival*, 77.

102. Luke Harding, "Afghan Massacre Haunts Pentagon," *Guardian*, Sept. 13, 2002.

103. Abbas, *The Taliban Revival*, 77.

104. Sune Engel Rasmussen, "Afghanistan's Warlord Vice-President Spoiling for a Fight with the Taliban," *Guardian*, August 4, 2015.

105. Abbas, *The Taliban Revival*, 85-86.

106. Ibid., 82-83, 116; Siddique, *The Pashtun Question*, 199, 206.

107. Abbas, *The Taliban Revival*, 82-83; "Filling the Vacuum: The Bonn Conference," Frontline, http://www.pbs.org/wgbh/pages/frontline/shows/campaign/withus/cbonn.html.

108. Siddique, *The Pashtun Question*, 206.

109. Abbas, *The Taliban Revival*, 77; Sarwar, "Ashraf Ghani and the Pashtun Dilemma."

110. Abbas, *The Taliban Revival*, 83; Siddique, *The Pashtun Question*, 206; Selig S. Harrison, "Afghanistan's Tyranny of the Minority," *New York Times*, August 16, 2009.

111. Abbas, *The Taliban Revival*, 83, 116; Harrison, "Afghanistan's Tyranny of the Minority."

112. Harrison, "Afghanistan's Tyranny of the Minority"; 다음도 참고하라. Abbas, *The Taliban Revival*, 190-91.

113. Harrison, "Afghanistan's Tyranny of the Minority"; 다음도 참고하라. Siddique, *The Pashtun Question*, 206.

114. Siddique, *The Pashtun Question*, 16, 206.

115. Ibid., 16.

116. Abbas, *The Taliban Revival*, 77.

117. Ibid., 86-88; Siddique, *The Pashtun Question*, 206.

118. Abbas, *The Taliban Revival*, 86-88; Siddique, *the Pashtun Question*, 206.

119. Coll, *Ghost Wars*, 282-83.

120. Abbas, *The Taliban Revival*, 86-88; Siddique, *The Pashtun Question*, 206.

121. Tomsen, *The Wars of Afghanistan*, 588.

122. Abbas, *The Taliban Revival*, 186.

123. Siddique, *The Pashtun Question*, 205.

124. Special Inspector General for Afghanistan Reconstruction, Quarterly Report to Congress, January 30, 2017, 89-90.

125. Euan McKirdy and Ehsan Popalzai, "Afghan Troops Withdraw from Key Area in Fight with Taliban," CNN, March 24, 2017.

126. Abbas, *The Taliban Revival*, 151; "Pakistan Taliban: Peshawar School Attack Leaves 141 Dead," BBC News, December 16, 2014.

127. Abbas, *The Taliban Revival*, 168-69.

128. 예를 들어 다음을 참고하라. Siddique, *The Pashtun Question*; Sarwar, "Ashraf Ghani and the Pashtun Dilemma"; Tim Willasey-Wilsey, "The Return of the Pashtun Problem and NATO Withdrawal from Afghanistan in 2014," Gateway House, Indian Council on Global Relations, June 18, 2012, http://www.gatewayhouse.in/return-pashtun-problem-and-nato-withdrawal-afghanistan-2014.

4장_ 이라크: 민주주의의 '부작용'과 ISIS의 탄생

1. Emma Sky, *The Unraveling: High Hopes and Missed Opportunities in Iraq* (New York: PublicAffairs, 2015), 35.

2. Sam Bailey, "Interview: General David Petraeus," *Frontline*, June 14, 2011, http://www.

pbs.org/wgbh/frontline/article/interview-general-david-petraeu.

3. 다음을 참고하라. President George W. Bush, speech to American Enterprise Institute, Washington, DC, February 26, 2003, https://georgewbush-whitehouse.archives.gov/news/releases/2003/02/20030226-11.html; Peter R. Mansoor, *Surge: My Journey with General David Petraeus and the Remaking of the Iraq War* (New Haven, CT: Yale University Press, 2013), 6; Sky, The Unraveling, 56.

4. Bush. 다음에서 한 연설. American Enterprise Institute.

5. President George W. Bush, 다음에서 한 언급. Whitehall Palace, London, November 19, 2003, http://www.presidency.ucsb.edu/ws/?pid=812.

6. President George W. Bush, speech at Fort Bragg, North Carolina, June 28, 2005, https://www.theguardian.com/world/2005/jun/29/iraq.usa.

7. "Eyes on Iraq; In Cheney's Words: The Administration Case for Removing Saddam Hussein," *New York Times*, August 27, 2002 (다음에서 발췌. Vice President Richard Cheney, speech at National Convention of Veterans of Foreign Wars, Nashville, TN, August 26, 2002) (다음을 인용함. Fouad Ajami).

8. Ibid.

9. Michael R. Gordon and Bernard E. Trainor, *Cobra II: The Inside Story of the Invasion and Occupation of Iraq* (New York: Pantheon Books, 2006), 136-37.

10. Amy Chua, *World on Fire: How Exporting Free Market Democracy Breeds Ethnic Hatred and Global Instability* (New York: Anchhor Books, 2004), 앵커 출판사본의 후기, 90.

11. 다음을 참고하라. ibid., 170-72; Tim Judah, *The Serbs: History, Myth and the Destruction of Yugoslavia* (New Haven: Yale University Press, 1997), chapters 8 and 9; Stephen Engelberg, "Carving Out a Greater Serbia," *New York Times*, September 1, 1991; Tom Hundley, "Bosnia's Mixed Marriages Bear Special Burden," *Chicago Tribune*, September 8, 1996.

12. Chua, *World on Fire*, 172-73; Judah, *The Serbs*, 165, 180-81, 192, 225-41; Barbara Crosette, "U.N. Details Its Failure to Stop '95 Bosnia Massacre," *New York Times*, November 16, 1999.

13. Johanna McGeary, "Face to Face with Evil," *Time*, May 13, 1996, 46.

14. Chua, *World on Fire*, 290; George Packer, "The Lesson of Tal Afar," *New Yorker*, April 10, 2006.

15. John Hartley, "Post-election Iraq: A Case for Declining Optimism," 다음에 수록됨. *Beyond the Iraq War: The Promises, Pitfalls and Perils of External Interventionism*, eds.

Michael Heazle and Iyanatul Islam (Cheltenham, UK: Edward Elgar Publishing, 2006), 95; Peter Mansfield, *A History of the Middle East*, revised and updated by Nicolas Pelham (New York: Penguin Books, 2013), 441; Vali Nasr, *The Shia Revival: How Conflicts within Islam Will Shape the Future* (New York: W. W. Norton & Company, 2006), 90-93; Yaroslav Trofimov, "After Minority Rule, Iraq's Sunnis Refuse Minority Role," *Wall Street Journal*, April 9, 2015.

16. Marion Farouk-Sluglett and Peter Sluglett, *Iraq Since 1958: From Revolution to Dictatorship* (London: I. B. Tauris, 2001), 190-91; 다음도 참고하라. Jon Lee Anderson, "Out on the Street," New Yorker, November 15, 2004.

17. R. Stephen Humphreys, *Between Memory and Desire: The Middle East in a Troubled Age* (Berkeley: University of California Press, 1999), 78, 120-21; Bernard Lewis, *The Middle East: A Brief History of the Last 2,000 Years* (New York: Scribner, 1995), 114; Nasr, *The Shia Revival*, 90; Farouk-Sluglett and Sluglett, Iraq Since 1958, 192; William R. Polk, *Understanding Iraq: The Whole Sweep of Iraqi History, from Genghis Khan's Mongols to the Ottoman Turks to the British Mandate to the American Occupation* (London: I. B. Tauris, 2005), 121; Sky, *The Unraveling*, 38.

18. Nasr, *The Shia Revival*, 186-87; 다음을 참고하라. John Keegan, *The Iraq War* (New York: Alfred A. Knopf, 2004), 43; Farouk-Sluglett and Sluglett, Iraq Since 1958, 197-98, 205-6.

19. Farouk-Sluglett and Sluglett, *Iraq Since 1958*, 184, 229.

20. Ibid., 206-7, 229; Sky, *The Unraveling*, 39.

21. Farouk-Sluglett and Sluglett, *Iraq Since 1958*, 206-7, 229; Sky, *The Unraveling*, 39.

22. Farouk-Sluglett and Sluglett, *Iraq Since 1958*, 229-30.

23. 다음을 참고하라. Saïd K. Aburish, *Saddam Hussein: The Politics of Revenge* (New York: Bloomsbury, 2001), 70-71, 122-23, 183-84; Farouk-Sluglett and Sluglett, *Iraq Since 1958*, 195-200.

24. Aburish, Saddam Hussein, 122; Alex Edwards, "Dual Containment" *Policy in the Persian Gulf: The USA, Iran, and Iraq, 1991-2000* (New York: Palgrave Macmillan, 2014), 45.

25. Nasr, *The Shia Revival*, 186-87; Farouk-Sluglett and Sluglett, *Iraq Since 1958*, 197-200.

26. Chris Hedges, "In a Remote Southern Marsh, Iraq Is Strangling the Shiites," *New York Times*, November 16, 1993.

27. Mansfield, *A History of the Middle East*, 387; Polk, *Understanding Iraq*, 121-22.

28. John Kifner, "After the War; Iraqi Refugees Tell U.S. Soldiers of Brutal Repression of

Rebellion," *New York Times*, March 28, 1991; Aburish, *Saddam Hussein*, 311-12.

29. Chua, *World on Fire*, 290.

30. Paul Waldman, "On Iraq, Let's Ignore Those Who Got It All Wrong," *Washington Post*, June 13, 2014.

31. David Corn, "Kristol Clear at Time," *Nation*, January 2, 2007.

32. Statement of Paul Wolfowitz, deputy secretary of defense, *Department of Defense Budget Priorities for Fiscal Year 2004: Hearing Before the House Committee on the Budget*, 108th Cong., February 27, 2003, 9, 39.

33. Noah Feldman, *What We Owe Iraq: War and the Ethics of Nation Building* (Princeton, NJ: Princeton University Press, 2004), 49.

34. Thabit Abdullah, *A Short History of Iraq* (New York: Routledge, 2013), 165; Special Inspector General for Iraq Reconstruction, *Hard Lessons: The Iraq Reconstruction Experience* (Washington, DC: U.S. Government Printing Office, 2009), 59; Sky, *The Unraveling*, xi; 다음도 참고하라. John Diamond, "Prewar Intelligence Predicted Iraqi Insurgency," *USA Today*, October 24, 2004.

35. Abdullah, *A Short History of Iraq*, 162-63.

36. Sky, *The Unraveling*, 56.

37. General Stanley McChrystal, *My Share of the Task: A Memoir* (New York: Penguin, 2014), 112.

38. Special Inspector General for Iraq Reconstruction, *Hard Lessons*, 74; Anderson, "Out on the Street."

39. Abdullah, *A Short History of Iraq*, 163; Miranda Sissons and Abdulrazzaq Al-Saiedi, "A Bitter Legacy: Lessons of De-Baathification in Iraq," International Center for Transitional Justice, March 2013, 21; Anderson, "Out on the Street"; 다음도 참고하라. Thomas E. Ricks, *Fiasco: The American Military Adventure in Iraq* (New York: Penguin Press, 2006), 78; Dexter Filkins, "Did George W. Bush Create ISIS?" *New Yorker*, May 15, 2015.

40. Filkins, "Did George W. Bush Create ISIS?" (250,000); Abdullah, *A Short History of Iraq*, 163 (350,000).

41. Anderson, "Out on the Street"; Filkins, "Did George W. Bush Create ISIS?"

42. David Mastracci, "How the 'Catastrophic' American Decision to Disband Saddam's Military Helped Fuel the Rise of ISIL," National Post, May 23, 2015, http://news.nationalpost.com/news/world/how-the-catastrophic-american-decision-to-disband-saddams-military-helped-fuel-the-rise-of-isil.

43. Chua, *World on Fire*, 291; Mansoor, Surge, 25; George Packer, *The Assassins' Gate: America in Iraq* (New York: Farrar, Straus and Giroux, 2005), 358.

44. Special Inspector General for Iraq Reconstruction, *Hard Lessons*, 116.

45. David Rohde, "After the War: Occupation; Iraqis Were Set to Vote, But U.S. Wielded a Veto," *New York Times*, June 19, 2003; 다음도 참고하라. Special Inspector General for Iraq Reconstruction, *Hard Lessons*, 116.

46. President George W. Bush (세계정세협의회에서 한 연설, Philadelphia, Pennsylvania, December 12, 2005), http://www.cnn.com/2005/POLITICS/12/12/bush.transcript.philly.speech.

47. Abdullah, *A Short History of Iraq*, 168-70.

48. 다음을 참고하라. ibid., 169-70. 이라크 수니파가 대부분 보이콧을 한 2005년 1월 선거. 그해 12월 선거에서는 투표를 했지만 압도적으로 수니파에게 표를 던졌다. Ibid., 169; 다음도 참고하라. Packer, The Assassins' Gate, 439; Peter Beaumont, Rory McCarthy, and Paul Harris, "End of Iraq's Nightmare ... or the Start," *Guardian*, January 22, 2005.

49. Thomas E. Ricks, "Petraeus Cites Errors in Iraq," *Washington Post*, January 23, 2007

50. 다음을 참고하라. "Iraq's Death Squads," *Washington Post*, December 4, 2005; Erwin Decker, "Iraq Woes: Death Squads Terrorize Baghdad," *Spiegel*, March 16, 2006, http://www.spiegel.de/international/spiegel/iraq-woes-death-squads-terrorize-baghdad-a-406342.html.

51. "Al-Zarqawi Declares War on Iraqi Shia," *Al Jazeera*, September 14, 2005, http://www.aljazeera.com/ archive/2005/09/200849143727698709.html; Jackie Spinner and Bassam Sebti, "Militant Declares War on Iraqi Vote," *Washington Post*, January 24, 2005.

52. Ellen Knickmeyer and K. I. Ibrahim, "Bombing Shatters Mosque in Iraq," *Washington Post*, February 23, 2006; Mansoor, *Surge*, 28.

53. Ellen Knickmeyer, "Blood on Our Hands," *Foreign Policy*, October 25, 2010.

54. Michael Crowley, "How the Fate of One Holy Site Could Plunge Iraq Back into Civil War," *Time*, June 26, 2014, http://time.com/2920692/iraq-isis-samarra-al-askari-mosque.

55. Packer, "The Lesson of Tal Afar"; Thomas E. Ricks, *The Gamble: General David Petraeus and the American Military Adventure in Iraq, 2006-2008* (New York: Penguin Press, 2009), 12-13.

56. Packer, "The Lesson of Tal Afar"; Ricks, *The Gamble*, 12-13.

57. Packer, "The Lesson of Tal Afar."

58. Mansoor, *Surge*, 55, 277-82; Sky, *The Unraveling*, 177, 212, 225; 다음도 참고하라. Michael E. O'Hanlon, *The Future of Land Warfare* (Washington, DC: Brookings Institution

Press, 2015), 142.

59. 예를 들어 다음을 참고하라. Jeffrey M. Jones, "Iraq War Attitudes Politically Polarized," Gallup, April 8, 2008, http://www.gallup.com/poll/106309/iraq-war-attitudes-politically-polarized.aspx; "Democrats, Republicans, and Political Fault Lines on Iraq," Council on Foreign Relations, May 18, 2007, https:// www.cfr.org/backgrounder/democrats-republicans-and-political-fault-lines-iraq; Peter Beinart, "The Surge Fallacy," *Atlantic*, September 2015; Alex Kingsbury, "Why the 2007 Surge in Iraq Actually Failed," *Boston Globe*, November 17, 2014.

60. Mansoor, *Surge*, 68, 278-79.

61. Ricks, *The Gamble*, 27, 29-30.

62. Mansoor, *Surge*, xii, 126-27, 130-31, 269; Sky, *The Unraveling*, 177-92.

63. Packer, "The Lesson of Tal Afar,"; 다음도 참고하라. Ricks, *The Gamble*, 50-51.

64. Packer, "The Lesson of Tal Afar."

65. Mansoor, Surge, 24-25; Packer, "The Lesson of Tal Afar."

66. Packer, "The Lesson of Tal Afar."

67. Ibid.

68. Ibid.

69. Ricks, *The Gamble*, 60.

70. Packer, "The Lesson of Tal Afar."

71. Ricks, The Gamble, 61; Packer, "The Lesson of Tal Afar."

72. Packer, "The Lesson of Tal Afar,"

73. Ibid.: 다음도 참고하라. Mansoor, *Surge*, 24-25.

74. Ricks, *The Gamble*, 50-51, 59-60; Mansoor, *Surge*, 24.

75. Mansoor, *Surge*, 127-28.

76. Ibid., 124.

77. Ibid., 124, 139, 132.

78. Ibid., 126, 129-30; Sky, *The Unraveling*, 183-84.

79. Mansoor, *Surge*, 129-33.

80. Ibid., 129, 133.

81. Ibid., 129-30.

82. Ibid., 130.

83. Ibid., 11.

84. 다음을 참고하라. Ricks, *The Gamble*, 219.

85. Ibid.,

86. Mansoor, *Surge*, 135.

87. Ibid., 132, 136.

88. Ibid., xiii, 127-28, 133.

89. Ibid., ix.

90. Anthony H. Cordesman with assistance from Emma R. Davies, *Iraq's Insurgency and the Road to Civil Conflict* (Westport, CT: Praeger Security International, 2008), 656.

91. Mansoor, *Surge*, ix.

92. Ricks, *The Gamble*, 26.

93. Ibid., 29: 다음도 참고하라. Mansoor, *Surge*, x, xii.

94. Mansoor, *Surge*, 136.

95. Frederick W. Kagan, *Choosing Victory: A Plan for Success in Iraq, Phase I Report*, Iraq Planning Group, American Enterprise Institute, 2007, 14.

96. Ibid., 16, fig.2

97. Mansoor, *Surge*, 202; 다음도 참고하라. Ricks, *The Gamble*, 18-19, 24-26; Packer, "The Lesson of Tal Afar."

98. Packer, "The Lesson of Tal Afar."

99. Alissa J. Rubin, "In Iraq, a Blunt Civilian Is a Fixture by the General's Side," *New York Times*, Nov. 20, 2009.

100. Sky, *The Unraveling*, 177.

101. Ricks, *The Gamble*, 28 (호주 육군 중령 데이비드 킬컬른David Kilcullen이 쓴 반란군 진압 작전에 대한 글에서 인용함. 미군은 퍼트레이어스가 이끌던 시기에 대체로 여기에서 언급한 전략을 따랐다); 다음도 참고하라. Sky, *The Unraveling*, 161-62, 209.

102. Mansoor, *Surge*, 269.

103. McChrystal, *My Share of the Task*, 244.

104. Mansoor, *Surge*, 267-68; 다음도 참고하라. Peter D. Feaver, "The Right to Be Right: Civil-Military Relations and the Iraq Surge Decision," *International Security* 35, no. 4 (2011), 92; Stephen Biddle, Jeffrey A. Friedman, and Jacob N. Shapiro, "Testing the Surge: Why Did Violence Decline in Iraq in 2007?," *International Security* 37, no. 1 (2007), 1-34.

105. Ricks, *The Gamble*, 219.

106. Mansoor, *Surge*, 280.

107. Ibid., 210.

108. Ibid, 281.

109. Ibid., 166, 177.

110. Dexter Filkins, "What We Left Behind," *New Yorker*, April 28, 2014.

111. Ibid.; Ali Khedery, "Why We Stuck with Maliki—and Lost Iraq," *Washington Post*, July 3, 2014.

112. Steven R. Hurst, "Analysis: Iraq PM's Silence Telling," *Washington Post*, January 12, 2007; Filkins, "What We Left Behind."

113. Filkins, "What We Left Behind."

114. Linda Robinson, *Tell Me How This Ends: General David Petraeus and the Search for a Way Out of Iraq* (New York: PublicAffairs, 2008), 147.

115. Filkins, "What We Left Behind."

116. Abigail Hauslohner, "In Baghdad, Middle-Class Sunnis Say They Prefer Militants to Maliki," *Washington Post*, July 12, 2014; Priyanka Boghani, "In Their Own Words: Sunnis in Their Treatment in Maliki's Europe," *Frontline*, October 28, 2014, http://www.pbs.org/wgbh/pages/frontline/iraq-war-on-terror/rise-of-isis/in-their-own-words-sunnis-on- their-treatment-in-malikis-iraq.

117. Sky, *The Unraveling*, 360; Boghani, "In Their Own Words."

118. Sky, *The Unraveling*, 360.

119. Mohamad Bazzi, "How Saddam Hussein's -Execution Contributed to the Rise of Sectarianism in the Middle East," *Nation*, January 15, 2016.

120. Steven R. Hurst, "Iraqi Sunni Claims 'Genocide' Campaign,'" Washington Post, August 13, 2007. 케네스 M. 폴락(Kenneth M. Pollack)에 따르면 '언급해 둬야 할 것은, 알말리키 본인은 이란의 꼭두각시가 아니라는 사실이다. 그는 이란 사람들을 싫어하고 불신하며 자신을 이라크를 이란의 손아귀에서 해방시키고 싶어하는 민족주의자라고 생각한다.' Kenneth M. Pollack, "Iraqi Elections, Iranian Interests," *Markaz*, Brookings Institution, April 4, 2014, https://www.brookings.edu/blog/markaz/2014/04/04/iraqi-elections-iranian-interests.

121. Robyn Creswell and Bernard Haykel, "Why Jihadists Write Poetry," *New Yorker*, June 8, 2015.

122. Tim Lister, "How ISIS Is Overshadowing al Qaeda," CNN, June 30, 2014, http://www.cnn.com/2014/06/30/world/meast/isis-overshadows-al-qaeda/index.html.

123. William McCantis, *The ISIS Apocalypse: The History, Strategy, and Doomsday Vision of the Islamic State* (New York: St. Martin's Press, 2015), 10, 157; Jessica Stern and J. M. Berger, *ISIS: The State of Terror* (New York: HarperCollins, 2015), 20, 29-30, 44-45; Michael Weiss and Hassan Hassan, *ISIS: Inside the Army of Terror* (New York: Regan Arts, 2015), xvi, 164.

124. Graeme Wood, "What ISIS Really Wants," *Atlantic*, March 2015; 다음도 참고하라. Stern and Berger, *ISIS*, 16.

125. Mary Anne Weaver, "The Short, Violent Life of Abu Musab al-Zarqawi," *Atlantic*, June 8, 2006; Stern and Berger, *ISIS*, 16.

126. 예를 들어 다음을 참고하라. Tim Arango, "Iraqis Who Fled Mosul Say They Prefer Militants to Government," *New York Times*, June 12, 2014; Nour Malas and Ghassan Adnan, "Sunni Tribes in Iraq Divided Over Battle Against Islamic State," *Wall Street Journal*, May 22, 2015.

127. Hauslohner, "In Baghdad, Middle-Class Sunnis Say They Prefer Militants to Maliki."

128. Martin Chulov, Luke Harding, and Dan Roberts, "Nouri al-Maliki Forced from Post as Iraq's Political Turmoil Deepens," *Guardian*, August 12, 2014.

129. Stern and Berger, *ISIS*, 30-31 (다음을 인용함. Patrick Cockburn).

130. Renad Mansour, "The Sunni Predicament in Iraq" (Washington, DC: Carnegie Middle East Center, March 3 2016), http://carnegie-mec.org/2016/03/03/sunni-predicament-in-iraq-pub-62924 (글 내부에 인용된 것은 생략했음).

131. Tim Arango, "Iran Dominates in Iraq After US 'Handed the Country Over,'" *New York Times*, July 15, 2017.

132. 다음에서 거의 그대로 따왔다. Chua, *World on Fire*, 8-9.

133. Thomas L. Friedman, *The Lexus and the Olive Tree* (New York: Anchor Books, 2000), xvi.

134. Ibid., 12

135. 일반적으로는 다음을 참고하라. Chua, *World on Fire*.

136. 다음에서 거의 그대로 따왔다. Ibid., 10.

137. 다음에서 거의 그대로 따왔다. Ibid., 293-94.

5장_ '테러 부족'은 어떻게 만들어지는가?

1. U.S. Department of Justice, Federal Bureau of Investigation, *Serial Killers: Multi-Disciplinary Perspectives for Investigators*, July 2008, 14.

2. John Horgan, *The Psychology of Terrorism*, 2nd ed. (London and New York: Routledge, 2014), 51-60.

3. Ibid., 53, 56-57.

4. Ibid., 32 (글 내부 인용은 생략함.) (다음을 인용함. Adam Lankford, *The Myth of Martyrdom: What Really Drives Suicide Bombers, Rampage Shooters, and Other Self-Destructive Killers* (New York: Palgrave Macmillan, 2013)).

5. Ibid., 53

6. Ibid., 54 (다음을 인용함. Nehemia Friedland, "Becoming a Terrorist: Social and Individual Antecedents." 다음에 수록됨. *Terrorism: Roots, Impacts, Responses, ed. L. Howard* (New York: Praeger, 1992), 82.

7. Ibid., 52 (다음을 인용함. Martha Crenshaw, "The Psychology of Political Terrorism." 다음에 수록됨. *Political Psychology: Contemporary Problems and Issues, ed. M. G. Hermann* (San Francisco: Jossey-Bass, 1986), 387).

8. Ibid., 54 (다음을 인용함. Walter Reich, "Understanding Terrorist Behavior: The Limits and Opportunities of Psychological Inquiry." 다음에 수록됨 *Origins of Terrorism: Psychologies, Ideologies, Theologies, States of Mind, ed. Walter Reich* (New York: Cambridge University Press, 1990), 261-79).

9. Ibid., 54.

10. Ibid., 51-60; *Marc Sageman, Leaderless Jihad: Terror Networks in the Twenty-First Century* (Philadelphia: University of Pennsylvania Press, 2008), 16-18.

11. Horgan, *The Psychology of Terrorism*, 59-61.

12. Sam Greenhill, "'He Was Friendly and Polite': Hairdresser Ex-Girlfriend of Terror Suspect Says Adebolajo Was a 'Normal, Regular Boy,'" *Daily Mail*, May 23, 2013.

13. Sageman, *Leaderless Jihad*, 4.

14. Emily Bazelon, "There's a Strong Consensus That He Was Pretty Normal," *Slate*, April 19, 2013, http:// www.slate.com/articles/news_and_politics/crime/2013/04/dzhokhar_tsarnaev_seemed_like_a_ nice_kid_two_high_school_classmates_remember.html.

15. Horgan, *The Psychology of Terrorism*, 59 (다음을 인용함. Andrew Silke, "Cheshire-Cat Logic: The Recurring Theme of Terrorist Abnormality in Psychological Research," *Psychology, Crime & Law* 4 [1998]: 53).

16. Scott Atran, *Talking to the Enemy: Faith, Brotherhood, and the (Un)making of Terrorists* (New York: HarperCollins, 2010), 33, 179-81; Horgan, *The Psychology of Terrorism*, 105.

17. Muzafer Sherif et al., *The Robbers Cave Experiment: Intergroup Conflict and Cooperation* (Middletown, CT: Wesleyan University Press, 1988), 14-48.

18. Dan Kahan et al., "Motivated Numeracy and Enlightened Self-Government" *Behavioral Public Policy*, 1, no. 1 (2017): 54-86.

19. 다음을 참고하라. Donald Braman et al., "The Polarizing Impact of Science Literacy and Numeracy on Perceived Climate Change Risks," *Nature Climate Change* 2 (2012): 732-35; Lawrence C. Hamilton, Matthew J. Cutler, and Andrew Schaefer, "Public

Knowledge and Concern About Polar-Region Warming," *Polar Geography* 35, no. 2 (2012): 155-68.

20.   다음을 참고하라. Kahan et al., "The Polarizing Impact of Science Literacy, 732-35; Lawrence C. Hamilton, "Education, Politics and Opinions About Climate Change Evidence for Interaction Effects," *Climatic Change* 104, no. 2 (2011), 231-42; Brian Resnick, "7 Psychological Concepts That Explain the Trump Era of Politics," Vox, March 20, 2017, http://www.vox.com/science-and-health/2017/3/20/14915076/7-psychological-concepts-explain-trump-politics.

21.   Solomon E. Asch, "Effects of Group Pressure upon the Modification and Distortion of Judgments." 다음에 수록됨. *Groups, Leadership, and Men*, ed. Harold Guetzkow (New York: Russell & Russell Inc., 1963), 177-90.

22.   Robb Willer et al., "The False Enforcement of Unpopular Norms," *American Journal of Sociology* 115, no. 2 (2009): 451, 454, 462-69.

23.   예를 들어 다음을 참고하라. Jolanda Jetten et al., "'We're All Individuals': Group Norms of Individualism and Collectivism, Levels of Identification and Identity Threat," *European Journal of Social Psychology* 32, no. 2 (2002): 189.

24.   Gustave Le Bon, *The Crowd: A Study of the Popular Mind* (New York: Macmillan, 1896), 10, 12-13.

25.   예를 들어 다음을 참고하라. Ian Robertson, "The Science Behind ISIL's Savagery," *Telegraph* (UK), November 17, 2014; Mina Cikara and Susan T. Fiske, "Bounded Empathy: Neural Responses to Outgroup Targets' (Mis)Fortunes," *Journal of Cognitive Neuroscience* 23, no. 12 (2011): 3791-3803.

26.   Robertson, "The Science Behind ISIL's Savagery."

27.   George Quattrone et al., "The Perception of Variability Within In-groups and Outgroups: Implications for the Law of Small Numbers," *Journal of Personality and Social Psychology* 38, no. 1 (1980): 141-52.

28.   Yona Teichman, "The Development of Israeli Children's Images of Jews and Arabs and Their Expression in Human Figure Drawings," *Developmental Psychology* 37, no. 6 (2001): 749-61.

29.   Ruth Gaunt, Jacques-Philippe Leyens, and Denis Sindic, "Motivated Reasoning and the Attribution of Emotions to Ingroup and Outgroup," *Revue Internationale de Psychologie Sociale* 17, no. 1 (2004): 5-20; Ruth Gaunt, Jacques-Philippe Leyens, and Stéphanie Demoulin, "Intergroup Relations and the Attribution of Emotions: Control Over Memory for Secondary Emotions Associated with the Ingroup and Outgroup,"

Journal of Experimental Social Psychology 38, no. 5 (2002): 508-14; Jacques-Philippe Leyens et al., "The Emotional Side of Prejudice: The Attribution of Secondary Emotions to Ingroups and Outgroups," *Personality and Social Psychology Review* 4, no. 2 (2000): 186-97.

30. Gaunt, Leyens, and Demoulin, "Intergroup Relations and the Attribution of Emotions," 509 (벨기에인과 아랍인); Amy J. C. Cuddy, Mindi S. Rock, and Michael I. Norton, "Aid in the Aftermath of Hurricane Katrina: Inferences of Secondary Emotions and Inter-group Helping," *Group Processes & Intergroup Relations* 10, no. 1 (2007): 107-18 (뉴올리언스의 백인과 흑인); Michael J. Wohl, Matthew J. Hornsey, and Shannon H. Bennett, "Why Group Apologies Succeed and Fail: Intergroup Forgiveness and the Role of Primary and Secondary Emotions," *Journal of Personality and Social Psychology* 102, no. 2 (2012): 306 (캐나다인과 아프간인).

31. Teichman, "The Development of Israeli Children's Images of Jews and Arabs and Their Expression in Human Figure Drawings," 756.

32. Hujierat Mussa, "Attitudes Gaps to Jewish Out-Group and Arab In-Group as an Expression of the Self- Identity of the Arab Minority in Israel," *Journal of Social and Development Sciences* 1, no. 5 (2011): 173-82.

33. Ted Thornhill, "The Curly-Haired, Bearded Hipster from a Wealthy Family Who Has Become a Sword-Wielding ISIS Poster Boy," *Daily Mail*, August 7, 2014.

34. Mona El-Naggar, "From a Private School in Cairo to ISIS Killing Fields in Syria," *New York Times*, February 18, 2015.

35. Ibid.; Thornhill, "The Curly-Haired, Bearded Hipster."

36. Horgan, *The Psychology of Terrorism*, 99-100, 120-24, 132.

37. Ben Taub, "Journey to Jihad," *New Yorker*, June 1, 2015.

38. Ibid.

39. Ibid.

40. Ibid.

41. Ibid.

42. Katrin Bennhold, "Jihad and Girl Power: How ISIS Lured 3 London Girls," *New York Times*, August 17, 2015.

43. William McCants, *The ISIS Apocalypse* (New York: St. Martin's, 2015), 114.

44. Bennhold, "Jihad and Girl Power."

45. Amanda Macias and Jeremy Bender, "Here's How the World's Richest Terrorist Group Makes Millions Every Day," *Business Insider*, August 27, 2014, http://www.businessin-

sider.com/isis-worlds-richest-terrorist-group-2014-8; Sarah Almukhtar, "ISIS Finances Are Strong," *New York Times*, May 19, 2015.

46. McCants, *The ISIS Apocalypse*, 101.

47. Robyn Creswell and Bernard Haykel, "Battle Lines," *New Yorker*, June 8, 2015.

48. Ibid.

49. Ibid.

50. Ibid.

51. David Sterman, "Don't Dismiss Poverty's Role in Terrorism Yet," *Time*, February 4, 2015.

52. Rohan Gunaratna, *Inside Al-Qaeda: Global Network of Terror* (New York: Columbia University Press, 2002), 19.

53. William McCantis, "The Believer," *Brookings*, September 1, 2015, http://www.brookings.edu/research/essays/2015/thebeliever.

54. Alberto Abadie, "Poverty, Political Freedom, and the Roots of Terrorism," *American Economic Review* 96, no. 2 (2006): 50-56.

55. Christopher Shea, "Another Blow to the Poverty-Causes-Terrorism Thesis," *Wall Street Journal*, August 9, 2012; Graeme Blair et al., "Poverty and Support for Militant Politics: Evidence from Pakistan," *American Journal of Political Science* 57, no. 1 (2012): 30-48.

56. 다음을 참고하라. Shri D. R. Kaarthikeyan, "Root Causes of Terrorism?: A Case Study of the Tamil Insurgency and the LTTE," 다음에 수록됨. *Root Causes of Terrorism: Myths, Reality and Ways Forward*, ed. Tore Bjørgo (London: Routledge, 2005), 132 (타밀 테러리즘은 스리랑카의 타밀 소수 민족에 대한 "억압에서 생겨나고 조직된 국가 폭력에 의해 강화된 차별에서 나타났다") 일반적으로는 다음을 참고하라. Gamini Samaranayake, "Political Terrorism of the Liberation Tigers of Tamil Eelam (LTTE) in Sri Lanka," *South Asia: Journal of South Asian Studies* 30, no. 1 (2007): 172 ("LTTE의 정치적 테러리즘은 인구의 74.5%를 차지하는 싱할리족과 12.5%를 차지하는 스리랑카족 및 토착 타밀족 사이의 지속적인 인종 분쟁의 맥락에서 봐야 한다"); Robert A. Pape, *Dying to Win: The Strategic Logic of Suicide Terrorism* (New York: Random House, 2005), 31, 139-47.

57. 다음을 참고하라. James Hughes, *Chechnya: From Nationalism to Jihad* (Philadelphia: University of Pennsylvania Press, 2007), 10 ("러시아-체첸 관계의 식민지적 적대"를 언급하고 있다. 또한 스탈린이 1944년에 체첸 인구 전체를 중앙 아시아로 "거의 인종 학살에 준할 정도로 추방한 것"이 체첸인들에게 결정적인 사건이었다고 언급하고 있다.); Mariya Yevsyukova, "The Conflict Between Russia and Chechnya" (Working Paper 95-5(1), Conflict Research Consortium, Department of Sociology, University of Colorado, Boulder, 1995),

http://www.colorado.edu/conflict/full_text_search/AllCRCDocs/95-5.htm ("수치와 존중
의 개념이 체첸 분쟁에서 중요한 역할을 했다. 체첸 사람들은 수 세기 동안 그들의 독립을
위해 싸워 왔다").

58. 다음을 참고하라. Daniel Egiegba Agbiboa, "Why Boko Haram Exists: The Relative
Deprivation Perspective," *African Conflict and Peacebuilding Review* 3, no. 1 (2013):
144, 151 (보코하람이 "나이지리아 전역에서 부유한 지배층은 거의 기독교이고 가난한 마
을은 대부분 이슬람 교도가 주로 거주하는" 지역이라는 사실에서 추동됐다는 사실을 짚
고 있다); Seth G. Jones et al., *Rolling Back the Islamic State* (Santa Monica, CA: RAND
Corporation, 2017), https://www.rand.org/pubs/research_reports/RR1912.html (구성원
을 더 잘 모집하기 위해 보코하람은 다른 나이지리아인들보다 불이익을 받고 있다고 생각
하는 카누리족 사람들의 인식을 활용한다. 이들이 생각하는 '다른 사람들'에는 남부의 기
독교인뿐 아니라 하우자어와 풀라니어를 사용하는 무슬림도 포함된다); 다음도 참고하라.
Mike Smith, *Boko Haram: Inside Nigeria's Unholy War* (New York: I. B. Tauris, 2015), 62;
Adaobi Tricia Nwaubani, "The Karma of Boko Haram," *New York Times*, February 22,
2015.

59. 예를 들어 다음을 참고하라. Fawaz A. Gerges, *Journey of the Jihadist: Inside Muslim
Militancy* (Orlando, FL: Harcourt, Inc., 2006), 11, 32, 40, 43, 49; Pape, *Dying to Win*, 31,
117-19, 129-33.

60. 다음을 참고하라. Martha Crenshaw, "The Causes of Terrorism," *Comparative Politics*
13, no. 4 (1981) ("테러리즘의 직접적인 원인으로 여겨질 수 있는 첫 번째 조건은 인구 중
식별가능한 하위 집단이 구체적으로 느끼는 불만이 존재하는 것이다. 다수에 의해 차별받
아 온 인종적 소수 집단이 그런 사례다"): 다음도 참고하라. Ted Robert Gurr, "Why Men
Rebel Redux: How Valid Are Its Arguments Forty Years On?," E-International Rela-
tions, November 17, 2011, http://www.e-ir.info/2011/11/17/why-men-rebel-redux-
how-valid-areits-arguments-40-years-on. ("거대한 경제 사회적 구조를 '설명 요인'으로
언급하는 것만으로는 충분하지 않다. 추상적인 이데올로기를 분석하는 것은 충분하지 않
고 어쩌면 중요하지도 않을 것이다. 더 중요한 것은 집단 정체성이다. 사람들의 종족, 민
족, 종교, 정치적 정체성은 무엇인가? 사람들은 무엇에 동류 의식을 느끼는가? 어떤 사회
적 상호 작용과 소통의 네트워크가 그들을 연결하는가? 정체성의 정치는 준거 집단, 집합
적 불의에 대한 느낌, 정치적 행동의 호소력과 그에 대한 반응의 정도 등을 이해하는 데
핵심적으로 중요하다").

61. 예를 들어 다음을 참고하라. Laurence R. Iannaccone and Eli Berman, "Religious Ex-
tremism: The Good, the Bad, and the Deadly," *Public Choice* 128 (2006): 109-29;
Shelley A. Kirkpatrick and Edwin A. Locke, "Leadership: Do Traits Matter?," Executive

5, no. 2 (1991): 48, 49-50, 55; Michael Crant and Thomas S. Bateman, "Charismatic Leadership Viewed from Above: The Impact of Proactive Personality," *Journal of Organizational Behavior* 21, no. 1 (2000): 63, 66, 69, 72; Jessie Bernard, "Political Leadership Among North American Indians," American Journal of Sociology 34, no. 2 (1928): 296, 301-2, 313; Gurr, *Why Men Rebel*, 336-37.

62. Gerges, *Journey of the Jihadist*, 35-37, 202-3; Paul Berman, "The Philosopher of Islamic Terror," *New York Times*, March 22, 2003.

63. Gerges, *Journey of the Jihadist*, 22.

64. "Jihad Against Jews and Crusaders," February 23, 1998, https://fas.org/irp/world/para/docs/980223-fatwa.htm.

65. McCants, *The ISIS Apocalypse*, 128.

66. Graeme Wood, "What ISIS Really Wants," *Atlantic*, March 2015.

67. Karl Vick, "ISIS Militants Declare Islamist 'Caliphate,'" *Time*, June 29, 2014.

68. "This Is the Promise of Allah" (ISIS propaganda document), http://ia902505.us.archive.org/28/items/poa_25984/EN.pdf.

69. George Packer, "Why ISIS Murdered Kenji Goto," *New Yorker*, February 3, 2015; David D. Kirkpatrick, "New Freedoms in Tunisia Drive Support for ISIS," *New York Times*, October 21, 2014; Yaroslav Trofimov, "Islamic State's Scariest Success: Attracting Western Newcomers," *Wall Street Journal*, February 26, 2015.

70. Scott Atran, "Mindless Terrorists? The Truth About ISIS Is Much Worse," *Guardian*, November 15, 2015.

71. Atran, *Talking to the Enemy*, 33.

72. Ibid., 52-53.

6장_ 베네수엘라: 독재자와 인종 불평등 사이에 숨은 그림들

1. Rachel Nolan, "The Realist Reality Show in the World," *New York Times Magazine*, May 4, 2012.

2. CIA, "Country Comparison: Crude Oil—Proved Reserves," *The World Factbook*, 2017년 5월 11일에 접속함. https://www.cia.gov/library/publications/the-world-factbook/rankorder/2244rank.html.

3. Mark Weisbrot, "U.S. Support for Regime Change in Venezuela Is a Mistake," *Guardian*, February 18, 2014; Mark Eric Williams, "The New Balancing Act: International Relations Theory and Venezuela's Foreign Policy," 다음에 수록됨. *The Revolution in*

Venezuela: Social and Political Change Under Chávez, eds. Thomas Ponniah and Jonathan Eastwood (Cambridge, MA: Harvard University Press, 2011), 257.

4. Editorial Board, "Latin America's 'Pink Tide' Is Fading Fast," *Chicago Tribune*, May 10, 2016.

5. Ibid.

6. Williams, "The New Balancing Act," 272.

7. Matt Roper, "Butt Transplants, Aged 12," *Daily Mail* (UK), December 12, 2014; Kate Briquelet, "Inside the Beauty Pageant Mills of Venezuela," *New York Post*, January 25, 2015; 다음도 참조하라. Marcia Ochoa, *Queen for a Day: Transformistas, Beauty Queens, and the Performance of Femininity in Venezuela* (Durham, NC: Duke University Press, 2014), 7 ('베네수엘라는 미스 유니버스와 미스 월드를 11명 배출했고 다른 국제 미인 대회에서도 많은 입상자를 배출했다').

8. Roper, "Butt Transplants, Aged 12."

9. Elizabeth Gackstetter Nichols, *Beauty, Virtue, Power, and Success in Venezuela, 1850-2015* (Lanham, MD: Lexington Books, 2016), 141-45; Kathy Kiely, "A Beauty Queen Who Would Be Prez," *New York Daily News*, October 13, 1997.

10. Bart Jones, "Miss Universe-Turned-Politician Wows Voters," Associated Press, February 11, 1996; Nichols, *Beauty, Virtue, Power, and Success in Venezuela, 1850-2015*, 141.

11. Cecily Hilleary, "Are Race and Class at the Root of Venezuela's Political Crisis?," *Voice of America News*, April 6, 2014.

12. Amy Chua, *World on Fire: How Exporting Free Market Democracy Breeds Ethnic Hatred and Global Instability* (New York: Anchor Books, 2003), 142-45; "Hugo Chávez Ramps Up Nationalisation Drive in Venezuela," *Telegraph* (UK), October 11, 2010; Simon Romero, "Chávez Seizes Assets of Oil Contractors," *New York Times*, May 8, 2009. 일반적으로는 다음을 참고하라. David Smilde and Daniel Hellinger, eds., *Venezuela's Bolivarian Democracy* (Durham, NC: Duke University Press, 2011).

13. 다음을 참고하라. Mark Weisbrot, "Venezuela in the Chávez Years: Its Economy and Influence on the Region," in Ponniah and Eastwood, *The Revolution in Venezuela: Social and Political Change Under Chávez*, 195; "Consolidating Power in Venezuela," *New York Times*, August 2, 2000.

14. "How Did Venezuela Change Under Hugo Chávez?" *Guardian*, October 4, 2012.

15. David Sharp, "Venezuela's Troubles Put U.S. Heating Oil Charity in Limbo," Associated Press, March 21, 2017.

16. William Finnegan, "Venezuela, a Failing State," *New Yorker*, November 14, 2016;

Nicholas Casey, "No Food, No Medicine, No Respite," *New York Times*, December 25, 2016.

17. Moises Naim, "Nicolas Maduro Doesn't really Control Venezuela," *Atlantic*, May 25, 2017.

18. Peter Walker, "We're Living in the End of Times," *Independent* (UK), December 16, 2016.

19. Ioan Grillo and Jorge Benezra, "Venezuela's Murder Epidemic Rages on Amid State of Emergency," *Time*, May 20, 2016; Jim Wyss and Joey Flechas, "Beauty Queen Murder Shines Light on Venezuelan Violence," *Miami Herald*, January 7, 2014.

20. Erik Hayden, "Chávez: Capitalism Killed Life on Mars," *Atlantic*, March 22, 2011.

21. 다음을 참고하라. Franklin Foer, "The Talented Mr. Chávez," *Atlantic*, May 2006.

22. Hilleary, "Are Race and Class at the Root of Venezuela's Political Crisis?"; George Ciccariello-Maher, *We Created Chávez: A People's History of the Venezuelan Revolution* (Durham, NC: Duke University Press, 2013), 153; Chua, *World on Fire*, 49-50, 142-44.

23. 남미의 피부색 지배 정치에 대한 이 절은 다음에서 거의 그대로 따왔다. Chua, *World on Fire*, 57-59.

24. Magnus Mörner, *Race Mixture in the History of Latin America* (Boston: Little, Brown and Company, 1967), 24.

25. Ibid., 22.

26. Ibid., 22-23.

27. Ibid., 25-26.

28. 이 목록은 마그누스 뫼르너(Magnus Mörner)가 종합한 것이다. 다음을 참고하라. Ibid., 58-59. 피부색 지배 정치와 카스타 제도에 대한 나의 논의는 뫼르너에게 크게 영향을 받았다. 특히 다음을 참고하라. Ibid., 1-2, 21-27, 53-68.

29. Ibid., 13.

30. Ibid., 41-43, 60, 99, 140-41; Magnus Mörner, *The Andean Past* (New York: Columbia University Press, 1985), 181; David Bushnell and Neill Macaulay, *The Emergence of Latin America in the Nineteenth Century* (New York: Oxford University Press, 1988), 5.

31. Jesus Maria Herrera Salas, "Ethnicity and Revolution: The Political Economy of Racism in Venezuela," *Latin American Perspectives* 32, no. 2 (2005): 74.

32. Richard Gott, "Latin America as a White Settler Society," *Bulletin of Latin American Research* 26, no. 2 (2007): 278-79.

33. Salas, "Ethnicity and Revolution," 75, 78; Hilleary, "Are Race and Class at the Root of Venezuela's Political Crisis?"; 다음도 참고하라. Gott, "Latin America as a White Settler

Society," 269, 284.

34. Hilleary, "Are Race and Class at the Root of Venezuela's Political Crisis?"; Gott, "Latin America as a White Settler Society," 287.

35. Clarence J. Munford, *Race and Reparations: A Black Perspective for the 21st Century* (Trenton, NJ: Africa World Press, Inc.), 181.

36. Salas, "Ethnicity and Revolution," 72 (다음을 인용함. Hans Neumann).

37. Ibid., 78, 86.

38. Reynaldo Trombetta, "In Venezuela 82% of People Live in Poverty—Where Are Our Friends Now?" *Guardian*, April 5, 2017.

39. Nichols, *Beauty, Virtue, Power, and Success in Venezuela, 1850-2015*, 141.

40. Jasmine Garsd, "'Pelo Malo' Is a Rare Look into Latin American Race Relations," NPR, December 10 2014, http://www.npr.org/2014/12/10/369645207/pelo-malo-is-a-rare-look-into-latin-american-race-relations; 다음을 참고하라. Ochoa, *Queen for a Day*, 34-37.

41. Ochoa, *Queen for a Day*, 34, 37.

42. Chua, *World on Fire*, 142; Nikolas Kozloff, *Hugo Chávez: Oil, Politics, and the Challenge to the U.S.* (New York: Palgrave Macmillan, 2006), 8, 11, 20, 27-29 (석유); Fernando Coronil, "State Reflections: The 2002 Coup Against Hugo Chavez." 다음에 수록됨. Ponniah and Eastwood, *The Revolution in Venezuela*, 42, 45 (언론); Gregory Wilpert, "Venezuela's Experiment in Participatory Democracy." 다음에 수록됨. Ponniah and Eastwood, *The Revolution in Venezuela*, 100 (정치); 다음도 참고하라. David Theo Goldberg, *The Threat of Race: Reflections on Racial Neoliberalism* (Malden, MA: Blackwell, 2009), 226; Barry Cannon, "Class/ Race Polarisation in Venezuela and the Electoral Success of Hugo Chávez: A Break with the Past or the Song Remains the Same?" *Third World Quarterly* 29, no. 4 (2008): 736-37.

43. 다음에서 거의 그대로 따왔다. Chua, *World on Fire*, 142.

44. 다음을 참고하라. Miguel Tinker Salas, *Venezuela: What Everyone Needs to Know* (New York: Oxford University Press, 2015), 135.

45. Larry Rohter, "Chávez Shaping Country to His Vision," *New York Times*, July 28, 2000.

46. Hilleary, "Are Race and Class at the Root of Venezuela's Political Crisis?"

47. 다음에서 거의 그대로 따왔다. Chua, *World on Fire*, 142.

48. Hilleary, "Are Race and Class At the Root of Venezuela's Political Crisis?"; Ciccariello-Maher, *We Created Chávez*, 159-60.

49. Salas, "Ethnicity and Revolution," 84.

50. "Tackling Racism in Venezuela to Build a Society of Equals," *Telesur*, March 20, 2015, http://www.telesurtv.net/english/analysis/Tackling-Racism-In-Venezuela-to-Build-a-Society-of-Equals—20150319-0032.html; Dan Kovalik, "The Venezuelan Revolution & the Indigenous Struggle," *Huffington Post*, October 15, 2014, http://www.huffingtonpost.com/dan-kovalik/the-venezuelan-revolution_b_5989882.html.

51. Hilleary, "Are Race and Class at the Root of Venezuela's Political Crisis?"

52. Ibid.; 다음도 참고하라. Ciccariello-Maher, *We Created Chávez*, 155-57.

53. Moisés Naím, "The Venezuelan Story: Revisiting the Conventional Wisdom," *Vcrisis*, April 2001, http://www.vcrisis.com/?content=analysis/moises1001); 다음도 참고하라. Chua, *World on Fire*, 142.

54. 다음에서 거의 그대로 따온 것이다. Chua, *World on Fire*, 143.

55. Naim, "The Venezuelan Story."

56. Ochoa, *Queen for a Day*, 43.

57. Ibid., 53-55.

58. Ibid., 35.

59. Chua, *World on Fire*, 144; "Consolidating Power in Venezuela."

60. OPEC, "Venezuela Facts and Figures," http://www .opec.org/opec_web/en/about_us/171.htm; 다음도 참고하라. Kozloff, *Hugo Chávez*, 7, 18.

61. 다음에서 거의 그대로 따온 것이다. Chua, *World on Fire*, 144.

62. Coronil, "State Reflections," 43; Christina Hoag, "Venezuela Faces Protest at Petroleum Company," *Houston Chronicle*, March 1, 2002, http://www.chron.com/business/eneergy/article/Venezuela-faces-protest-at-petroluem-company-2067379.php.

63. Juan Forero, "Uprising in Venezuela," *New York Times*, April 13, 2002; Chua, *World on Fire*, 144-45.

64. 다음을 참고하라. Kozloff, Hugo Chávez, 27; Williams, "The New Balancing Act," 257; "U.S. Papers Hail Venezuelan Coup as Pro-Democracy Move," *Fairness and Accuracy in Reporting*, April 18, 2002, http://fair.org/take-action/media-advisories/u-s-papers-hail-venezuelan-coup-as-pro-democracy-move-2.

65. 다음에서 거의 그대로 따왔다. Chua, *World on Fire*, 144-45; 다음도 참고하라. Ciccariello-Maher, *We Created Chávez*, 170; Kozloff, *Hugo Chávez*, 28-29.

66. "U.S. Papers Hail Venezuelan Coup as Pro-Democracy Move."

67. Ciccariello-Maher, We Created Chávez, 169-71; Coronil, "State Reflections," 51-53.

68. Paul Krugman, "Losing Latin America," *New York Times*, April 16, 2002; 다음도 참고하라. Julian Borger and Alex Bellos, "US 'Gave the Nod' to Venezuelan Coup," *Guard-*

ian, April 17, 2002.

69. Williams, "The New Balancing Act," 267.

70. Amy Chua, "Power to the Privileged," *New York Times*, January 7, 2003; Weisbrot, "U.S. Support for Regime Change in Venezuela Is a Mistake."

71. Chua, "Power to the Privileged"; Coronil, "State Reflections," 42-46; Kozloff, *Hugo Chávez*, 28-30.

72. Chua, "Power to the Privileged."

73. Antonio Guzman-Blanco, 나에게 보낸 이메일, 2003년 1월 8일.

74. Rafael Echeverria G., 나에게 보낸 이메일, 2003년 1월 8일.

75. Francisco Alzuru, 나에게 보낸 이메일 2003년 1월 8일.

76. 반차베스 진영은 주요 언론을 통제하고 있다. 다음을 참고하라. Ciccariello-Maher, *We Created Chávez*, 173-74.

77. 예를 들어 다음을 참고하라. Ochoa, *Queen for a Day*, 32-37; Hilleary, "Are Race and Class at the Root of Venezuela's Political Crisis?"; Salas, "Ethnicity and Revolution."

78. Chua, *World on Fire*, 72-74; Jonathan Watts, "Evo Morales Celebrates 10 Years as Bolivia's 'Indigenous Socialist' President," *Guardian*, January 22, 2016.

79. Mark Weisbrot, "Why Chávez Was Reelected," *New York Times*, October 9, 2012; 일반적으로는 다음을 참고하라. Ciccariello-Maher, *We Created Chávez*.

80. 예를 들어 다음을 참고하라. Weisbrot, "Why Chávez Was Reelected"; Wilpert, "Venezuela's Experiment in Participatory Democracy," 99-100, 123, 125; Daniel Hellinger, "Defying the Iron Law of Oligarchy I: How Does 'El Pueblo' Conceive Democracy." 다음에 수록됨. Smilde and Hellinger, *Venezuela's Bolivarian Democracy*, 28-30, 56-57.

81. Wilpert, "Venezuela's Experiment in Participatory Democracy." 120-21, 124-24; Naim, "Nicolas Maduro Doesn't Really Control Venezuela," *Atlantic*, May 25, 2017.

82. Justin Fox, "How Hugo Chávez Trashed Latin America's Richest Economy," Bloomberg, August 26, 2015.

83. Marianna Parraga and Brian Ellsworth, "Venezuela Falls Behind on Oil-for-Loans Deals with China, Russia," Reuters, February 10, 2017, http://www.reuters.com/article/us-venezuela-oil-insight- idUSKBN15O2BC.

84. William Neuman, "With Venezuelan Food Shortages, Some Blame Price Controls, *New York Times*, April 20, 2012.

85. Mark Shenk, "Venezuela Oil No Easy Fix After Brain Drain, Asset Seizures," Bloomberg, April 10, 2017, http://www.bloomberg.com/news/articles/2017-04-10/venezuela-oil-no-easy-fix-after-brain-drain-asset-seizures; Finnegan, "Venezuela, a Failing State";

Parraga and Ellsworth, "Venezuela Falls Behind."

86. Emilia Diaz and Juan Forero, "Poor Masses Mourn Chávez's Death as Venezuela Braces for Who Comes Next," *Washington Post*, March 5, 2013.

87. Nolan, "The Realist Reality Show in the World."

88. Samuel Burke, "Hugo Chávez Was First Tweeter-in-Chief," CNN, January 26, 2017, http://money.cnn.com/2017/01/26/technology/hugo-chavez-first-twitter-president-venezuela-trump; Associated Press, "Hugo Chavez Rewards Three-Millionth Twitter Follower with New Home," *Guardian*, June 1, 2012.

89. Rory Carroll, "Hugo Chávez's Twitter Habit Proves a Popular Success," *Guardian*, August 10, 2010.

90. Tom Pilllips, "Hugo Chavez Hints at US Cancer Plot," *Guardian*, December 29, 2011.

91. Fox, "How Hugo Chavez Trashed Latin America's Richest Economy," E.L., "Why the Oil Price Is Falling," *Economist*, December 8, 2014.

92. Finnegan, "Venezuela, a Failing State"; Casey, "No Food, No Medicine, No Respite"; Grillo and Benezra, "Venezuela's Murder Epidemic Rages on Amid State of Emergency,"

93. Carina Pons, "Venezuela 2016 Inflation Hits 800 Percent," Reuters, January 20, 2017, http://www.reuters.com/article/us-venezuela-economy-idUSKBN154244.

94. Oliver Sstuenkel," Why Venezuela's Nicolas Maduro Doesn't Look Quite Finished Yet," *Americas Quarterly*, April 10, 2017, http://www.americasquarterly.org/content/why-venezuelas-nicolas-maduro-doesnt-look-finished-quite-yet.

95. Kenneth Rapoza, "In Venezuela, 'Chavista' Says Maduro Must Go," *Forbes*, June 30, 2016.

96. Nicholas Casey and Ana Vanessa Herrero, "Venezuela's New Assembly Members Share a Coal: Stifle Dissent," New York Times, August 3, 2017; Associated Press, "The Latest: Regional Top Diplomats Reject Venezuela Assembly," *Richmond Times-Dispatch*, August 8, 2017.

97. Naim, "Nicolas Maduro Doesn't Really Control Venezuela."

7장_ 불평등이 만든 부족적 간극이 미국을 갈라놓다

1. David Leonhardt, "How Democrats Can Get Their Mojo Back," *New York Times*, May 16, 2017.

2. Ruth Milkman et al., *Changing the Subject: A Bottom-Up Account of Occupy Wall*

Street in New York City (New York: The Murphy Institute, CUNY, 2013), 9, 47, appendix C.

3. Douglas Schoen, "Polling the Occupy Wall Street Crowd," *Wall Street Journal*, October 18, 2011; 다음도 참고하라. Mattathias Schwartz, "Pre-Occupied," *New Yorker*, November 28, 2011.

4. Sean Captain, "Infographic: Who Is Occupy Wall Street?," *Fast Company*, November 2, 2011, http://www.fastcompany.com/1792056/infographic-who-occupy-wall-street.

5. Milkman et al., *Changing the Subject*, 10, fig. 1; Ruth Milkman, "Revolt of the College-Educated Millennials," Contexts 11, no. 2 (2012): 13.

6. Milkman et al., *Changing the Subject*, 10, fig. 1; Milkman, "Revolt of the College-Educated Millennials," 13.

7. Milkman et al., *Changing the Subject*, 15.

8. Ibid., 2.

9. "Join the Other 98%," *Other 98%*, 2016년 1월 10일에 접속함. 해당 문서의 스크린샷을 내가 소장하고 있음. https://other98.com/mission/join.

10. "The Team," *Other 98%*, 2015년 7월 11일에 접속함. 해당 문서의 스크린샷을 내가 소장하고 있음. http://other98.com/about-us/the-team.

11. "Protest is Broken," 다음에서 진행한 미카 화이트 인터뷰. *Folha de São Paulo*, May 26, 2015, 2017년 8월 13일에 접속함. http://www.micahmwhite.com/protest-is-broken.

12. Michael Levitin, "The Triumph of Occupy Wall Street," *Atlantic*, June 10, 2015.

13. George Packer, "'By The People' and 'Wages of Rebellion,'" *New York Times*, June 29, 2015, Sunday Book Review.

14. 예를 들어 다음을 참고하라. Andy Ostroy, "The Failure of Occupy Wall Street," *Huffington Post*, July 31, 2012, http://www.huffingtonpost.com/andy-ostroy/the-failure-of-occupy-wal_b_1558787.html.

15. Bernd Simon and Bert Klandermans, "Politicized Collective Identity: A Social Psychological Analysis," *American Psychologist* 56 (2001): 320, 324-25; Martijn Van Zomeren et al., "Toward an Integrative Social Identity Model of Collective Action: A Quantitative Research Synthesis of Three Socio Psychological Perspectives," *Psychological Bulletin* 134 (2008): 524, 526.

16. "Protest is Broken."

17. Milkman et al., *Changing the Subject*, 13.

18. Robert Hughes, *Walker Finds A Way: Running Into the Adult World with Autism* (London: Jessica Kingsley Publishers, 2016), 79.

19. 다음을 참고하라. Michael Kazin, "The End of Outrage?," Slate, February 17, 2015,

http://www.slate.com/articles/news_and_politics/politics/2015/02/inequality_and_amer-
ican_protest_history_why_are_no_movements_rising_up_against.html; Alex Evans,
"What Can G7's Dwindling Anti-Poverty Protesters Learn from Climate Activists?"
Guardian, June 6, 2015; cf. Chidi Anselm Odinkalu, "Why More Africans Don't Use
Human Rights Language," Carnegie Council on Ethics and International Affairs, 1999
(인권 운동계가 "그 운동이 복지를 증진시켜 주고자 하는 대상이 되는 사람들, 즉 당사자들
의 참여를 배제하기 위해 고안된 것으로 보일 정도"라고 언급하고 있다).

20. 조 채텀(Joe Chatham)이 쓴 에세이, 2016년 (파일 형태로 저자 소장).

21. Teju Cole, "The White-Savior Industrial Complex," Atlantic, March 21, 2012.

22. 다음을 참고하라. David Callahan and J. Mijin Cha, "Stacked Deck: How the Domi-
nance of Politics by the Affluent & Business Undermines Economic Mobility in Amer-
ica," Demos, 2013, http://wwww.demos.org/wites/default/files/publications!damos-
Stacked-Deck.pdf; K. L. Schlozman et al., "Civic Participation and the Equality Prob-
lem." 다음에 수록됨. Civic Engagement in American Democracy, eds. Theda Skocpol
and Morris P. Fiorina (Washington, DC: Brookings Institute Press, 1999), 431, 433-34.

23. Schlozman et al., "Civic Participation and the Equality Problem," 433-34.

24. "The Politics of Financial Insecurity," Pew Research Center, January 8, 2015, http://
www.people-press.org/2015/01/08/the-politics-of-financial-insecurity-a-democratic-
tilt-undercut-by-low-participation.

25. Callahan and Cha, "Stacked Deck," 11.

26. Robert D. Putnam, Our Kids: The American Dream in Crisis (New York: Simon & Schus-
ter, 2015): 207-10, 225.

27. Ibid., 225; Charles Murray, Coming Apart: The State of White America, 1960-2010
(New York: Crown, 2012), 200-8; 다음도 참고하라. J. D. Vance, Hillbilly Elegy: A Memoir
of a Family and Culture in Crisis (New York: HarperCollins, 2016), 93.

28. Putnam, Our Kids, 206.

29. William K. Muir Jr., Police: Streetcorner Politicians (Chicago: University of Chicago Press,
1977), 29-31; Stephen M. Passameneck, Police Ethics and the Jewish Tradition (Spring-
field, IL: Charles C. Thomas Publisher, 2003), 20-21; John Mueller, The Remnants of War
(Ithaca, NY: Cornell University Press, 2004), 12; Johan M. G. Van der Dennen, "Combat Mo-
tivation," Journal of Social Justice 17 (2005): 81-82.

30. Harlan Hahn, "A Profile of Urban Police," Law & Contemporary Problems 36 (1971):
449; Jerry R. Sparger and David J. Giacopassi, "Police Resentment of the Upper
Class," Criminal Justice Review 11 (1986): 25.

31. Amy Lutz, "Who Joins the Military?: A Look at Race, Class, and Immigration Status," *Journal of Political and Military Sociology* 36, no. 2 (2008): 167-88.

32. Maxwell Barna, "Move Over Jihadists—Sovereign Citizens Seen as America's Top Terrorist Threat," *Vice News*, August 15, 2014, https://news.vice.com/article/move-over-jihadists-sovereign-citizens-seen-as-americas-top-terrorist-threat. 소버린 시티즌에 대해 알려 주고 이 절을 쓰는 데 많은 도움을 준 스펜서 토드 에게 감사를 전한다.

33. Anti-Defamation League, *The Lawless Ones: The Resurgence of the Sovereign Citizen Movement* (ADL Special Report, 2012), http://www.adl.org/assets/pdf/combating-hate/Lawless-Ones-2012-Edition-WEB-final.pdf; Southern Poverty Law Center, "Sovereign Citizens Movement," http://www.splcenter.org/get-informed/intelligence-files/ideology/sovereign-citizens-movement.

34. Southern Poverty Law Center, "Sovereign Citizens Movement"; Mark Potok, "The 'Patriot' Movement Explodes," *Intelligence Report* (Southern Poverty Law Center, issue 145, Spring 2012).

35. Ryan Lenz, "Gunman Who Killed Three Police Officers in Baton Rouge Member of Black Antigovernment 'Sovereign Citizen' Group," Southern Poverty Law Center, July 18, 2016, https://www.splcenter.org/hatewatch/2016/07/18/gunman-who-killed-three-police-officers-baton-rouge-member-black-antigovernment-sovereign.

36. Southern Poverty Law Center, "Sovereign Citizens Movement"; Anti- Defamation League, *The Lawless Ones*; Leslie R. Masterson, "'Sovereign Citizens': Fringe in the Courtroom," *American Bankruptcy Institute Journal* 30 (2011): 66; J. J. MacNab, "Context Matters: The Cliven Bundy Standoff—Part 3," *Forbes*, May 6, 2014, http://www.forbes.com/sites/jjmacnab/2014/05/06/context-matters-the-cliven-bundy-standoff-part-3.

37. Southern Poverty Law Center, "Sovereign Citizens Movement."

38. Joe Patrice, "Judge Posner Lights into Pro Se 'Sovereign Citizen,'" Above the Law, February 23, 2015, http://abovethelaw.com/2015/02/judge-posner-lights-into-pro-se-sovereign-citizen.

39. Southern Poverty Law Center, "Sovereign Citizens Movement."

40. Lenz, "Gunman Who Killed Three Police Officers."

41. Southern Poverty Law Center, "Sovereign Citizens Movement."

42. Arlen Egley and Christina E. O'Donnell, *Highlights of the 2007 National Youth Gang Survey*, Office of Juvenile Justice and Delinquency Preventions, U.S. Department of Justice, Washington, DC, April 2007; 다음도 참고하라. Irving A. Spergel, *The Youth Gang*

Problem: A Community Approach (New York: Oxford University Press, 1995), 9-16, 98; James Diego Vigil, Steve C. Yun, and Jesse Cheng, "A Shortcut to the American Dream? Vietnamese Youth Gangs in Little Saigon." 다음에 수록됨. *Asian American Youth: Culture, Identity and Ethnicity*, eds. Jennifer Lee and Min Zhou (New York: Routledge, 2004), 207, 211, 215-17.

43. Matthew DeLuca, "Central American Gang MS-13 Cuts Swath of Murder and Mayhem Across Long Island," *Daily Beast*, June 3, 2012, http://www.thedailybeast.com/articles/2012/06/03/central- american-gang-ms-13-cuts-swath-of-murder-and-mayhem-across-long-island.html.

44. Dana Peterson, Inger-Lise Lien, and Frank van Gemert, "Concluding Remarks: The Role of Migration and Ethnicity in Street Gang Formation, Involvement and Response." 다음에 수록됨. *Street Gangs, Migration and Ethnicity*, eds. Frank van Gemert, Dana Peterson, and Inger-Lise Lien (Portland, OR: Willan Publishing, 2008), 262.

45. Federal Bureau of Investigation, *National Gang Intelligence Center, National Gang Threat Assessment: Emerging Trends*, 2011, 58, 64, 65, http://www.fbi.gov/stats-services/publications/2011-national-gang-threat-assessment; 다음도 참고하라. Claudia Durst Johnson, *Youth Gangs in Literature* (Westport, CT: Greenwood Press, 2004), 5.

46. 다음을 참고하라. John Johnson, "The Violence: Fear Stalks the Hallways as Shootings Touch Lives," *Los Angeles Times*, September 19, 1993; Mary M. Jensen, *Introduction to Emotional and Behavioral Disorders* (Upper Saddle River, NJ: Pearson/ Merrill Prentice Hall, 2004), 134; Cecilia M. Harper, "How Do I Divorce My Gang?: Modifying the Defense of Withdrawal for a Gang-Related Conspiracy," *Valparaiso University Law Review* 50, no. 3 (2016): 774; Tom Branson, "Gang Members on Path of 'Assumed Destiny'—Dying by Age 20," *Northwest Indiana Times*, February 5, 2014, http://www.nwitimes.com/news/gang-members-on-path-of-assumeddestiny-dying-by-age/article_a9110339-5381-56dc-af4c-8d1224a162a9.html.

47. Orlando Patterson, "The Real Problem with America's Inner Cities," *New York Times*, May 9, 2015.

48. Andrew J. Diamond, *Mean Streets: Chicago Youths and the Everyday Struggle for Empowerment in the Multiracial City, 1908-1969* (Berkeley and Los Angeles: University of California Press, 2009), 33, 198; Patterson, "The Real Problem with America's Inner Cities"; 다음도 참조하라. João H. Costa Vargas, *Catching Hell in the City of Angels: Life And Meanings of Blackness in South Central Los Angeles* (Minneapolis: University of Minnesota Press, 2006), 181-82; Curtis W. Branch, *Adolescent Gangs: Old Issues, New Approaches*

(Philadelphia, PA: Brunner/ Mazel, 1999), 10, 178; Eric C. Schneider, *Vampires, Dragons, and Egyptian Kings: Youth Gangs in Postwar New York* (Princeton, NJ: Princeton University Press), 98, 172, 179.

49. "Santa Muerte in the Mission San Fco California," http://www.santamuerte.org/santuarios/usa/3036-santa-muerte-in-the-mission-san-fco-california.html. 산타 무에르테와 추종자들에 대한 깊이 있고 흥미로운 연구는 다음을 참고하라. R. Andrew Chesnut, *Devoted to Death: Santa Muerte, the Skeleton Saint*, 2nd ed. (New York: Oxford University Press, 2018).

50. "Templo Santa Muerte Los Angeles, CA," http://www.santamuerte.org/santuarios/usa/3034- templo-santa-muerte-los-angeles-ca.html.

51. Henrick Caroliszyn, "Santa Muerte in New Orleans," http://www.bestofneworleans.com/gambit/santa-muerte-in-new-orleans/Content?oid=2690150.

52. R. Andrew Chesnut, "Saint Without Borders: Santa Muerte Goes Global," June 5, 2014, http://skeletonsaint.com/2014/06/05/saint-without-borders-santa-muerte-goes-global.

53. Carmen Sesin, "Growing Devotion to Santa Muerte in U.S. and Abroad," NBC News, December 29, 2014, http://www.nbcnews.com/news/latino/growing-devotion-santa-muerte-u-s-abroad-n275856; Rick Paulas, "Our Lady of the Holy Death Is the World's Fastest Growing Religious Movement," *Vice*, November 13, 2014, https://www.vice.com/read/our-lady-of-the-holy-death-is-the-worlds-fastest-growing-religious-movement-456.

54. Erin Lee, "La Santa Muerte: Mexico's Saint of Delinquents and Outcasts," *Vice*, November 1, 2014, http://www.vice.com/read/la-santa-muerte-is-a-saint-for-mexicos-delinquents-and-outcasts.

55. Lois Ann Lorentzen et al., eds., *Religion at the Corner of Bliss and Nirvana: Politics, Identity, and Faith in New Migrant Communities* (Durham, NC: Duke University Press, 2009), 30-31.

56. Caroliszyn, "Santa Muerte in New Orleans."

57. Jake Flanagin, "The Rise of the Narco-Saints: A New Religious Trend in Mexico," *Atlantic*, September 2014; 다음을 참고하라. Paulas, "Our Lady of the Holy Death Is the World's Fastest Growing Religious Movement."

58. Chesnut, "Saint Without Borders: Santa Muerte Goes Global."

59. Caroliszyn, "Santa Muerte in New Orleans."

60. "Templo Santa Muerte Los Angeles, CA."

61. Sesin, "Growing Devotion to Santa Muerte in U.S. and Abroad."

62. John Nova Lomax, "Santa Muerte: Patron Saint of the Drug War," *Houston Press*, September 12, 2012, http://www.houstonpress.com/news/santa-muerte-patron-saint-of-the-drug-war-6595544.

63. Morgan Smith, "La Santa Muerte and Jesús Malverde: Narco Saints?," *New Mexico Mercury*, November 7, 2013; Sam Quinones, "Jesus Malverde," *Frontline*, http://www.pbs.org/wgbh/pages/frontline/shows/drugs/business/malverde.html; *True Tales from Another Mexico* (Albuquerque: University of New Mexico Press, 2001), 225-32.

64. Monte Reel, "Underworld: How the Sinaloa Drug Cartel Digs Its Tunnels," *New Yorker*, August 3, 2015.

65. Quinones, "Jesus Malverde."

66. 니콜라스 몰리나(Nicholas Molina)의 에세이, 2015년 2월 3일(파일 형태로 내가 소장하고 있음).

67. Hartford Institute for Religious Research, "Database of Megachurches in the U.S.," http://hirr.hartsem.edu/cgi-bin/mega/db.pl?db=default&uid=default&view_records=1&ID=*&sb=3&so= descend.

68. Kate Bowler, *Blessed: A History of the American Prosperity Gospel* (Oxford: Oxford University Press, 2013), 181-82.

69. Cathleen Falsani, "The Prosperity Gospel," *Washington Post*, December 20, 2009.

70. Abby Ohlheiser, "Pastor Creflo Dollar Might Get His $65 Million Private Jet After All," *Washington Post*, June 3, 2015.

71. Rob Barnett, "Easley Pastor to Address Republican National Convention," *Florida Today*, July 14, 2015.

72. Elizabeth Dias, "Donald Trump's Prosperity Preachers," *Time*, April 14, 2016, http://time.com/donald-trump-prosperity-preachers.

73. Olivia Nuzzi, "Jesus Wants Me to Have This Jet," *Daily Beast*, March 14, 2015, http://www.thedailybeast.com/jesus-wants-me-to-have-this-jet.

74. Bowler, *Blessed*, 96.

75. Bowler, *Blessed*, 96.

76. Ibid., 96; John Avanzani, "Believers Voice of Victory," *Trinity Broadcasting Network*, January 20, 1991.

77. Bowler, *Blessed*, 96.

78. Ibid., 97.

79. Ibid., 95.

80. Ibid., 127-28.

81. Falsani, "The Prosperity Gospel"; Pastor Rick Henderson, "The False Promise of the Prosperity Gospel: Why I Called Out Joel Osteen and Joyce Meyer," *Huffington Post*, August 21, 2013; Hanna Rosin, "Did Christianity Cause the Crash?," *Atlantic*, December 2009.

82. Bowler, Blessed, 233-34; Rosin, "Did Christianity Cause the Crash?"

83. Bowler, Blessed, 6, 111-13, 119, 161; Milmon F. Harrison, *Righteous Riches: The Word of Faith Movement in Contemporary African American Religion* (New York: Oxford University Press, 2005), 148-52; Emily Raboteau, "My Search for Creflo Dollar," *Salon*, January 6. 2013, http://www.salon.com/2013/01/06/my_search_for_creflo_dollar ('그들 대부분은 가난하고 노동자 계급인 흑인이다'); Rosin, "Did Christianity Cause the Crash?

84. Bowler, *Blessed*, 232.

85. Rosin, "Did Christianity Cause the Crash?"

86. Raboteau, "My Search for Creflo Dollar."

87. Lawrence W. Hugenberg and Barbara S. Hugenberg, "If It Ain't Rubbin', It Ain't Racin': NASCAR, American Values, and Fandom," *Journal of Popular Culture* 41 (2008): 635.

88. Larry J. Griffin et al., eds., *The New Encyclopedia of Southern Culture, Social Class*, vol. 20 (Chapel Hill: University of North Carolina Press, 2012), 265, 410.

89. Hugenberg and Hugenberg, "If It Ain't Rubbin', It Ain't Racin'," 637.

90. Joshua I. Newman, "A Detour Through 'Nascar Nation,'" *International Review for the Sociology of Sport 42*, no. 3. (2007): 298-99.

91. Rebecca R. Scott, "Environmental Affects: NASCAR, Place and White American Cultural Citizenship," *Social Identities for the Study of Race, Nation and Culture* 19 (2013): 13-14.

92. Hugenberg and Hugenberg, "If It Ain't Rubbin', It Ain't Racin'," 640; Steve Odland, "NASCAR's Back!," *Forbes*, February 27, 2012; Lynsay Clutter, "NASCAR Fans Are Brand Loyal," WTHR, http://www.wthr.com/story/3689698/nascar-fans-are-brand-loyal.

93. Clutter, "Nascar Fans Are Brand Loyal."

94. Ibid.

95. Ibid.

96. Ibid.

97. Newman, "A Detour Through 'Nascar Nation,'" 299, 300.

98. Hugenberg and Hugenberg, "If It Ain't Rubbin', It Ain't Racin'," 643.

99. Newman, "A Detour Through 'Nascar Nation,'" 300.

100. "NASCAR Power Real, 'Til It's Over," *Florida Times-Union*, February 17, 2002; 다음도 참고하라. Hugenberg and Hugenberg, "If It Ain't Rubbin', It Ain't Racin'," 636.

101. Griffin et al., *The New Encyclopedia of Southern Culture; Shubhankar Chhokra*, "NASCAR Confederate Flag Ban Gets Backlash, Fans Rebel," *National Review*, July 7, 2015.

102. Ibid.

103. Jeff Gluck, "NASCAR CEO, Some Drivers Endorse Trump for President," *USA Today*, February 29, 2016.

104. Roland Barthes, *Mythologies*, trans. Annette Lavers (New York: Hill and Wang, 2001), 15. WWE에 대한 이 절은 알렉스 왕의 연구에 크게 의존했다.

105. 프로레슬링 팬은 저소득층이거나 중산층인 경향이 있다. 다음을 참고하라. R. J. Smith, "Among the Mooks," *New York Times*, August 6, 2000, SM40-41; Frank B. Ashley, John Dollar, and Brian Wigley, "Professional Wrestling Fans: Your Next-Door Neighbors?," *Sports Marketing Quarterly* 9, no. 3 (2000): 143.

106. Sharon Mazer, *Professional Wrestling: Sport and Spectacle* (Jackson: University Press of Mississippi, 1998), 167.

107. Betty Jo Barrett and Dana S. Levin, "What's Love Got to Do with It? A Qualitative Grounded Theory Content Analysis of Romance Narratives in the PG Era of World Wrestling Entertainment (WWE) Programming," *Sexuality and Culture* (2014): 564.

108. Henry Jenkins III, "'Never Trust a Snake': WWF Wrestling as Masculine Melodrama." 다음에 수록됨. *Steel Chair to the Head: The Pleasure and Pain of Professional Wrestling*, ed. Nicholas Sammond (Durham, NC: Duke University Press, 2005), 36.

109. Mazer, *Professional Wrestling*, 2, 3.

110. Vann R. Newkirk II, "Donald Trump, Wrestling Heel," *Atlantic*, March 15, 2016.

111. Christina Wilkle, "That Time Donald Trump Clotheslined Vince McMahon on 'Wrestlemania,'" *Huffington Post*, February 23, 2016.

112. "Donald Trump,", WWE, 2017년 1월 9일에 접속함. http://www.wwe.com/superstars/ donald-trump; "Donald Trump Enters the Hall: 2013 WWE Hall of Fame Induction Ceremony," WWE, 2017년 1월 9일에 접속함. http://www.wwe.com/videos/donald- trump-enters-the-hall2013-wwe-hall-of-fame-induction-ceremony.

113. 다음을 참고하라. Kate Vinton, "Meet Linda McMahon, Wife of WWE Billionaire and Trump's Pick for Small Business Administrator," Forbes, December 7, 2016.

114. Michael M. Grynbaum, "Trump Tweets a Video of Him Wrestling 'CNN' to the

Ground," *New York Times*, July 2, 2017.

115. Chris Harrington, "WWE Viewer Demographics," Indeed Wrestling, July 29, 2014, http://indeedwrestling.blogspot.com/2014/07/wwe-viewer-demotraohics.html.

116. Claire Shaeperkoetter, Jordan Bass, and Kyle S. Bunds, "Wrestling to Understand Fan Motivations: Examining the MSSC Within the WWE," *Journal of Entertainment and Media Studies* 2, no. 1 (2016): 123; Ashley, Dollar, and Wigley, "Professional Wrestling Fans," 143.

117. Douglas Battema and Philip Sewell, "Trading in Masculinity: Muscles, Money, and Market Discourse in the WWF." 나음에 누록됨. Sammond, *Steel Chair to the Head*, 282; Michael Atkinson, "Fifty Million Viewers Can't Be Wrong: Professional Wrestling, Sports-Entertainment, and Mimesis," *Sociology of Sport Journal* 19 (2002), 62; Vaughn May, "Cultural Politics and Professional Wrestling," Popular Culture Association in the South 21, no. 3 (1999): 81; Smith, "Among the Mooks," 40-41.

118. 2004년에서 2016년 사이 구글에서 'WWE'를 가장 많이 검색한 사용자는 러스트벨트, 중서부, 남부 사람들인 것으로 나타났다. 'WWE'는 웨스트버지니아주에서 가장 자주 검색되며 그다음으로는 업스테이트 뉴욕의 러스트벨트 도시들(특히 우티카와 버펄로)이 있다. 'WWE'가 가장 많이 검색되는 상위 10개 주 중 다섯 개가 남부에 있는 주이고(루이지애나, 사우스캐롤라이나, 텍사스, 미시시피, 버지니아), 두 개가 중서부에 있는 주이며(켄터키, 웨스트버지니아), 세 개가 동부 연안 주(펜실베이니아, 뉴저지, 뉴욕)다. 펜실베이니아주와 뉴욕주에서 'WWE'가 많이 검색된 곳은 주로 쇠락한 산업 단지 마을에 몰려 있다. 캘리포니아 주는 인구가 아주 많은 데도 'WWE' 검색 상위 25개 주에 들어 있지 않다. Google Trends Search Data(2004년부터 현재까지). 2017년 1월 10일에 접속함. http://www.google.com/trends/explore?date=all&geo-US&q=WWE.

119. Gail Collins, "Who Wants to Elect a Millionaire?" *New York Times*, May 26, 2010.

120. Vinton, "Meet Linda McMahon, Wife of WWE Billionaire and Trump's Pick for Small Business Administrator."

121. Nolan D. McCaskill, "Trump Adviser: Don't Take Trump Literally, 'Take Him Symbolically,'" *Politico*, December 20, 2016, http:// www.politico.com/story/2016/12/trump-symbolically-anthony-scaramucci-232848.

122. Jenée Desmond-Harris, "Trump's Win Is a Reminder of the Incredible, Unbeatable Power of Racism," *Vox*, November 9, 2016.

123. Kevin Williamson, "Chaos in the City, Chaos in the State: The White Working Class's Dysfunction," *National Review*, March 28, 2016.

124. Robert Donachie, "Tech Founder: Middle America Is Too 'Violent, Stupid, and Racist'

For New Jobs," *Daily Caller*, January 8, 2017.

125. Ann Coutler, *Treason: Lliberal Treachery from the Cold War to the War on Terrorism* (New York: Crown, 2003).

126. Ann Coulter, *Slander: Liberal Lies About the American Right* (New York: Crown, 2002), 7.

127. Joan C. Williams, *White Working Class: Overcoming Class Cluelessness in America* (Cambridge, MA: Harvard Business Review Press, 2017), 2-4; Arlie Russell Hochschild, *Strangers in Their Own Land: Anger and Mourning on the American Right* (New York: The New Press, 2016), 5, 135-43; Charles Murray, Coming Apart, 69-94; Putnam, Our Kids, 39-41; Janie Boschma, "Why Obama Is Worried About 'Class Segregation,'" Atlantic, May 12, 2015.

128. Vance, *Hillbilly Elegy*, 3.

8장_ 정치적 부족주의는 어떻게 국가의 운명을 좌우하는가

1. John Adams, Letter to Jonathan Jackson, October 2, 1780. 다음에 수록됨. *The Works of John Adams, Second President of the United States*, ed. Charles Francis Adams (Boston: Little, Brown and Company, 1854), 511.

2. Ralph Ellison, *Invisible Man* (New York: Vintage, 1995).

3. Ian Bremmer, "These 5 Facts Explain Why Brexit Could Lead to a U.K. Breakup," *Time*, July 1, 2016; Tony Barber, "Europe Starts to Think the Unthinkable: Breaking Up," *Financial Times*, March 2, 2017.

4. "Modern Immigration Wave Brings 59 Million to U.S., Driving Population Growth and Change Through 2065," Pew Research Center: Hispanic Trends, September 28, 2015, 9. http://www.pewhipanic.org/2015/09/28/modern-immigration-wave-brings-59-million-to-u-s-driving-population-growth-and-chcange-through-2065.

5. Ibid., 8, 11, table 1; D'vera Cohn and Andrea Caumont, "10 Demographic Trends That Are Shaping the U.S. and the World," Pew Research Foundation, March 31, 2016. http://www.pewresearch.org/fact-tank/2016/03/31/10-demographic-trends-that-are-shaping-the-u-u-and-the-world.

6. "Modern Immigration Wave Brings 59 Million to U.S.," 8.

7. Ibid., 27.

8. Drew Desilver, "Share of Counties Where Whites Are a Minority Has Doubled Since 1980," Pew Research Center, July 1, 2015. http://www.pewresearch.org/fact-tank-2015/07/01/hare-of-countries-where-whites-are-a-minority-has-doubled-

since-1980.

9. U.S. Census Bureau, "Projecting Majority-Minority Non-Hispanic Whites May No Longer Comprise Over 50 Percent of the U.S. Population by 2044" (2014년 국가 전망 자료를 토대로 함), http://www.census.gov/content/dam/Census/newsroom/releases/2015/cb15-tps16_graphic.pdf.

10. "Modern Immigration Wave Brings 59 Million to U.S.," 10.

11. Sandra L. Colby and Jennifer M. Ortman, *Projections of the Size and Composition of the U.S. Population: 2014 to 2060*, U.S. Census Bureau, March 2015, 9.

12. Richard Alba, "The Likely Persistence of a White Majority," *American Prospect*, January 11, 2016.

13. Hua Hsu, "The End of White America?," *Atlantic*, January/February 2009.

14. "The Rise of Asian Americans," Pew Research Center, April 4, 2013. http://www.pewsocialtrends.org/2012/06/19/the-rise-of-asian-americans.

15. Hsu, "The End of White America?" (마이클 린드Michael Lind의 말을 인용함.).

16. President William J. Clinton, commencement address at Portland State University, Oregon, June 13, 1998, http://www.presidency.ucsb.edu/ws/?pid=56140.

17. Hsu, "The End of White America?" (노엘 이그나티에프의 말을 인용함).

18. Ibid., (다음을 인용함. William Upski Wimsatt, *Bomb the Suburbs*, 1994).

19. 다음에서 거의 그대로 따온 것이다. Amy Chua, *World on Fire: How Exporting Free Market Democracy Breeds Ethnic Hatred and Global Instability* (New York: Anchor Books, 2004), 199 (다음을 인용함. C. V. Woodward, *The Strange Career of Jim Crow* [New York: Oxford University Press, 1966], 23, James Oakes, *The Ruling Race* [New York: W. W. Norton & Company, 1998], 234).

20. Oakes, *The Ruling Race*, 234 (버지니아주 분리독립을 위한 회합에서 조지아주 대표가 한 말을 인용함).

21. 다음에서 거의 그대로 따왔다. Chua, *World on Fire*, 199-200.

22. 예를 들어 다음을 참고하라. Carol Anderson, "Donald Trump Is the Result of White Rage, Not Economics," *Time*, November 16, 2016; Charles Blow, "Trump: Making America White Again," *New York Times*, November 21, 2016.

23. Robert P. Jones et al., *How Immigration and Concerns About Cultural Changes Are Shaping the 2016 Election*, PRRI/Brookings, June 23, 2016, https://www.prri.org/research/prri-brookings-poll-immigration-economy-trade-terrorism-presidential-race.

24. "Racism as a Zero-Sum Game," NPR, July 13, 2011 (interview by Michel Martin of Michael Norton and Tim Wise), http://www.npr.org/2011/07/13/137818177/racism-as-a-zero-

sum-game.

25. Evan Osnos, "The Fearful and the Frustrated," New Yorker, August 31, 2015 (다음을 인용함. Michael I. Norton and Samuel R. Sommers, "Whites See Racism as a Zero-Sum Game That They Are Now Losing," *Perspectives on Psychological Science* 6, no. 3 (2011): 215-18.

26. Robb Willer, et al., "Threats to Racial Status Promote Tea Party Support Among White Americans," Stanford Graduate School of Business, Working Paper No. 3422, May 4, 2016, http://www.gsb.stanford.edu/faculty-research/working-papers-threats-racial-status-promote-tea-party-support-among-white.

27. Janet Adamy and Paul Overberg, "Places Most Unsettled by Rapid Demographic Change Are Drawn to Donald Trump," *Wall Street Journal*, November 1, 2016.

28. Claire Foran, "The Optimism and Anxiety of Trump Voters," *Atlantic*, January 20, 2017 (다음을 요약함. Robert P. Jones, Daniel Cox, Betsy Cooper; Rachel Lienesch, "Nearly One in Five Female Clinton Voters Say Husband or Partner Didn't Vote," PRRI, December 1, 2016).

29. "Low Approval of Trump's Transition but Outlook for his Presidency Improves," Pew Research Center, December 8, 2016, 27. http://www.people-press.org/2016/12/08/low-approval-of-trumps-transition-but-outlook-for-his-presidency-improves.

30. Michael Tesler, "Trump Voters Think African Americans Are Much Less Deserving Than 'Average Americans,'" *Huffington Post*, December 19, 2016.

31. Michael Tesler, "Views About Race Mattered More in Electing Trump Than in Electing Obama," *Washington Post*, November 22, 2016.

32. 다음을 참고하라. Centers for Disease Control and Prevention, "Today's Heroin Epidemic," 2015년 7월 7일에 마지막 업데이트. http://www.cdc.gov/vitalsigns/heroin; Aria Bendix, "The Collapse of the White Working Class," *Atlantic*, March 24, 2017; Victor Tan Chen, "All Hollowed Out: The Lonely Poverty of America's White Working Class," *Atlantic*, January 16, 2016; Rod Dreher, "Trump: Tribune of Poor White People," *American Conservative*, July 22, 2016 (J. D. 밴스와의 인터뷰); J. D. Vance, "Why Race Relations Got Worse," *Atlantic*, August 29, 2016.

33. Monica Potts, "What's Killing Poor White Women," *American Prospect*, September 3, 2013 (다음을 인용함. S. Jay Olshanky et al., "Differences in Life Expectancy Due to Race and Educational Differences Are Widening, and Many May Not Catch Up," *Health Affairs* 31, no. 8 [August 2012]); Betsy McKay, "Life Expectancy Declines for White Americans," *Wall Street Journal*, April 20, 2016; 다음도 참고하라. Jessica Boddy, "The Forces Driving Middle-Aged White People's 'Deaths of Despair,'" NPR, March 23, 2017, http://www.npr.org/sections/health-shots/2017/03/23/521083335/the-forces-driving-middle-aged-white-

peoples-deaths-of-despair.

34. 일반적으로는 다음을 참고하라. Joan C. Williams, *White Working Class: Overcoming Class Cluelessness in America* (Cambridge, MA: Harvard Business Review Press, 2017), 43–52; J. D. Vance, *Hillbilly Elegy: A Memoir of a Family and Culture in Crisis* (New York: HarperCollins, 2016), 197–207.

35. Jodi Wilgoren, "Elite Colleges Step Up Courting of Minorities," *New York Times*, October 25, 1999.

36. 블레이크 닐(Blake Neal)이 2017년 4월 25일에 실시한 예일대 로스쿨 비공식 조사 (파일 형태로 내가 소상하고 있음).

37. Ross Douthat, "The Roots of White Anxiety," *New York Times*, July 18, 2010 (다음을 인용함. Thomas J. Espenshade and Alexandria Walton Radford, *No Longer Separate, Yet Not Equal: Race and Class in Elite College Admission and Campus Life* (Princeton, NJ: Princeton University Press, 2009)).

38. Arlie Russell Hochschild, *Strangers in Their Own Land: Anger and Mourning on the American Right* (New York: The New Press, 2016), 136–39.

39. Ricci v. *DeStefano*, 557 U.S. 557, 563 (2009).

40. Haeyoun Park, Josh Keller, and Josh Williams, "The Faces of American Power, Nearly as White as the Oscar Nominees," *New York Times*, February 26, 2016.

41. Nicholas Carnes, *White-Collar Government: The Hidden Role of Class in Economic Policy Making* (Chicago: University of Chicago Press, 2013), 20.

42. Nicholas Carnes, "Does the Numerical Underrepresentation of the Working Class in Congress Matter?," *Legislative Studies Quarterly* 37, no. 1 (2012), 6.

43. Amy Chua and Jed Rubenfeld, *The Triple Package: How Three Unlikely Traits Explain the Rise and Fall of Cultural Groups in America* (New York: Penguin, 2014), 174–78; 다음도 참고하라. Nancy Isenberg, *White Trash: The 400-Year Untold History of Class in America* (New York: Viking, 2016), 319–21.

44. Andrew Kohut, "What Will Become of America's Kids?" Pew Research Center, May 12, 2014.

45. Carma Hassan, Gregory Krieg, and Melonyce McAfee, "Police Union Calls for Law Enforcement Labor to Boycott Beyonce's World Tour," CNN, February 20, 2016.

46. Emily Yahr, "Your Guide to the 'La La Land' Backlash," *Washington Post*, January 25, 2017.

47. Hsu, "The End of White America?"

48. "'This Was a Whitelash': Van Jones' Take on the Election Results," CNN, November

9, 2016, http://www.cnn.com/2016/11/09/politics/van-jones-results-disappointment-
cnntv.

49. Ta-Nehisi Coates, "Letter to My Son," *Atlantic*, July 4, 2015; 다음도 참고하라. Chris
     Hayes, *A Colony in a Nation* (New York: W. W. Norton & Company, 2017), 37, 115-16.

50. Michelle Alexander, *The New Jim Crow: Mass Incarceration in the Age of Color
     Blindness* (New York: The New Press, 2012), 6.

51. Alexander, *The New Jim Crow*, 164.

52. Jason Hanna, John Newsome, and Ariane de Vogue, "North Carolina Voter ID Law
     Overturned on Appeal," CNN, July 29, 2016, http://www.cnn.com/2016/07/29/politics/
     north-carolina-voter-id

53. Beverly Daniel Tatum, *"Why Are All the Black Kids Sitting Together in the Cafeteria?"*;
     And Other Conversations About Race (New York: Basic Books, 1997), 36, 59, 96.

54. Ibid., 77-79, 85-86; Hayes, *A Colony in a Nation*, 37-38, 197-98.

55. Angie Thomas, *The Hate U Give* (New York: Balzer + Bray, 2017), 77.

56. Omer Aziz, "What President Donald Trump Means for Muslims," *New Republic*, No-
     vember 10, 2016.

57. 예를 들어 다음을 참고하라. Arelis R. Hernandez, Wesley Lowery, and Abigail
     Hauslohner, "Federal Immigration Raids Net Many Without Criminal Records, Sowing
     Fear," *Washington Post*, February 16, 2016.

58. 예를 들어 다음을 참고하라. Gillian Chadwick, "Predator in Chief: President Trump and
     the Glorification of Sexual Violence," *Huffington Post*, November 30, 2016.

59. Liam Stack, "Trump Victory Alarms Gay and Transgender Groups," *New York Times*,
     November 10, 2016.

60. Colleen Culbertson, "Elites, Identity Politics and Islamophobia: A Snapshot of Eastern
     Washington State," May 15, 2017 (파일 형태로 내가 소장하고 있음).

61. Sabrina Tavernise, "Are Liberals Helping Trump?" *New York Times*, February 18. 2017.

62. Geoffrey Kabaservice, *The Guardians: Kingman Brewster, His Circle, and the Rise of
     the Liberal Establishment* (New York: Henry Holt, 2004), 65, 174, 259-60, 264, 267, 271;
     Jerome Karabel, *The Chosen: The Hidden History of Admission and Exclusion at Har-
     vard, Yale, and Princeton* (New York: Houghton Mifflin, 2005), 364-67, 379, 392; Dan A.
     Oren, *Joining the Club: A History of Jews and Yale* (New Haven, CT: Yale University Press,
     1985), 183-84, 272-77.

63. John F. Kennedy, radio and television report to the American people on civil rights,
     June 11, 1963, https://www.jfklibrary.org/Research/ResearchAids/JFK-Speeches/Civil-

RightsRadio-and-Television-Report_19630611.aspx.

64. Martin Luther King Jr., "I have a dream" speech, Washington, D.C., August 28, 1963, http://www.ameri canrhetoric.com/speeches/mlkihaveadream.htm. (글 내부의 인용 부호는 생략함).

65. John Rawls, *A Theory of Justice* (rev. ed. Cambridge, MA: Belknap Press, 1999), 11.

66. "Original Position," *Stanford Encyclopedia of Philosophy* (처음 작성은 1996년 2월 27일, 마지막 내용 수정은 2014년 9월 9일), https://plato.stanford.edu/entries/original-position.

67. Will Kymlicka, *Multicultural Citizenship: A Liberal Theory of Minority Rights* (Oxford: Clarendon Press, 1995), 2-3.

68. 예를 들어 다음을 참고하라. Martha C. Nussbaum, "Patriotism and Cosmopolitanism," *Boston Review*, October 1, 1994, http://bostonreview.net/martha-nussbaum-patriotism-and-cosmopolitanism.

69. Ronald Reagan, "Farewell Address to American People" (연설문), transcript, *New York Times*, January 12, 1989, http://www.nytimes.com/1989/01/12/news/transcript-of-reagan-s-farewell-address-to-american-people.html.

70. "Reagan Quotes King Speech in Opposing Minority Quotas," *New York Times*, January 19, 1986.

71. Rachel Black and Aleta Sprague, "The 'Welfare Queen' is a Lie," *Atlantic*, September 28, 2016,

72. Jillian Rayfield, "Fox News Host: Obama Is 'Race-Baiter in Chief,'" *Salon*, July 19, 2013, http://www.salon.com/2013/07/19/fox_news_host_obama_is_race_baiter_in_chief.

73. Aliyah Shaid, "Conservatives Blast President Obama's Remarks on Trayvon Martin: He's Race Baiting!," *New York Daily News*, March 24, 2012.

74. 다음을 참고하라. Nancy Fraser, "From Redistribution to Recognition? Dilemmas of Justice in a 'Post-Socialist' Age," *New Left Review* 1, no. 212 (July-August 1995): 68-93, https://newleftreview.org/I/212/ nancy-fraser-fromredistribution-to-recognition-dilemmas-of-justice-in-a-post-socialist-age.

75. Sonia Kruks, *Retrieving Experience: Subjectivity and Recognition in Feminist Politics* (Ithaca, NY: Cornell University Press, 2001), 85.

76. Jamelle Bouie, "The Democratic Party's Racial Reckoning," Slate, October 2, 2016, http://www.slate.com/articles/news_and_politics/cover_story/2016/10/hillary_clinton_s_reverse_sister_souljah_moment.html. (시스터 술자의 말을 인용함).

77. Barack Obama, 2004년 7월 27일. 보스턴에서 열린 민주당 전당대회 기조 연설. 연설문

전문은 다음에서 볼 수 있다. http://www.washingtonpost.com/wp-dyn/articles/A19751-2004Jul27.html.

78. 캐서린 크룩의 에세이, 2017년 2월 5일 (파일 형태로 내가 소장하고 있음).

79. Ibid.

80. Eliza Collins, "Sanders: Not Enough to Say, 'I'm a Woman, Vote for Me'," *USA Today*, November 21, 2016.

81. Robby Soave, "White Identity Politics Gave Us Trump. But Did the Left Give Us White Identity Politics?," *Reason*, http://reason.com/blog/2016/11/29/white-identity-politics-gave-us-trump-bu, November 29, 2016; 다음도 참고하라. Quentin James, "The Left has a White Supremacy Problem, Too," Medium, November 22, 2016, https://medium.com/@quentinjames/the-left-has-a-white-supremacyproblem-too-2071ebd1022.

82. Kimberlé Crenshaw, "Demarginalizing the Intersection of Race and Sex: A Black Feminist Critique of Antidiscrimination Doctrine, Feminist Theory and Antiracist Politics," *University of Chicago Legal Forum* 140 (1989): 140; 다음도 참고하라. Laura Flanders, "No Single-Issue Politics, Only Intersectionality: An Interview with Kimberlé Crenshaw," Truthout, http://www.truth-out.org/opinion/item/40498-no-single-issue-politics-only-intersectionality-an-interview-with-kimberle-crenshaw.

83. Farah Stockman, "Women's March on Washington Opens Contentions Dialogues About Race," *New York Times*, January 9, 2017.

84. Flanders, "No Single-Issue Politics, Only Intersectionality"(킴벌리 크렌쇼를 인용함). 2016년 '세계의 여성 페스티벌(Women of the World Festival)' 기조 연설에서 크렌쇼는 이렇게 말했다. "독일의 몇몇 동료들이 얼마나 많은 교차가 이뤄지는지를 세어 보기 시작했다. 가장 최근에 셋을 때는 17개 정도였다. 이것은 교차하는 모든 것을 지도화해 보려는 시도였다. 하지만 이것은 내가 교차성 개념을 정교화하는 방식이 아니다. 교차성의 핵심은 정체성에 대한 것이 아니라 어떻게 사회구조들이 특정한 정체성들을 취약함을 일으키는 도구이자 취약함의 결과가 되게 만드는지에 대한 것이다." Kimberle Crenshaw, "On Intersectionality-Keynote-Wow 2016. 다음에서 볼 수 있다. http://www.youtube.com/watch?v=-DW4HLgYP1A.

85. "Is it LGBT? GLBT? TBLG? LGBTQQ? Behind the Acronym Controversy," *My Castro News*, April 8, 2014. 교차성과 정체성 정치에 대해 귀중한 통찰을 준 아이슬린 클로스(Aislinn Klos)와 타웅가 레슬리(Taonga Leslie)에게 감사를 전한다.

86. Shannon Ridgeway, "Oppression Olympics: The Games We Shouldn't Be Playing," Everyday Feminism, November 4, 2012, http://everydayfeminism.com/2012/11/oppression-olympics; 다음도 참고하라. Michelle Goldberg, "Feminism's Toxic Twitter Wars,"

The Nation, January 29, 2014, https://www.thenation.com/article/feminisms-toxic-twitter-wars.

87. Sarah Frostenson, "The Women's Marches May Have Been the Largest Demonstration in U.S. History," Vox, January 31, 2017, http://www.vox.com/2017/1/22/14350808/womens-marches-largest- demonstration-us-history-map; Tim Wallace and Alicia Parlapiano, "Crowd Scientists Say Women's March in Washington Had 3 Times as Many People as Trump's Inauguration," *New York Times*, January 22, 2017.

88. Emily Kalah Gade, "Why the Women's March May Be the Start of a Serious Social Movement," *Washington Post*, January 30, 2017.

89. Jia Tolentino, "The Radical Possibility of the Women's March," *New Yorker*, January 22, 2017.

90. Jia Tolentino, "The Somehow Controversial Women's March on Washington," *New Yorker*, January 18, 2017.

91. Ashley Dejean, "'Million Women March' protest was appropriating black activism so organizers did this," *Splinter News*, November 12, 2016, https://splinternews.com/million-women-march-protest-was-appropriating-black-act-1793863713.

92. Brittany T. Oliver, "Why I do not support the Women's March on Washington," *Brittany T. Oliver* (블로그) November 16, 2016, 2017년 8월 17일에 접속함. http://www.brittanytoliver.com/blog/2016/11/16/why-i-do-not-support-the-one-million-women-march-on-washington.

93. Tolentino, "The Somehow Controversial Women's March on Washington."

94. Candice Huber, "The Problem with the Women's March on Washington and White Feminism," *Nerdy-But-Flirty* (블로그), December 2, 2016, https://nerdybutflirty.com/2016/12/02/the-problem-with-the-womens-march-on-washington-and-white-feminism/

95. Phoebe Lett, "White Women Voted Trump. Now What?" *New York Times*, November 10, 2016.

96. ShiShi Rose, "After March, a Letter to White Women" (블로그), January 23, 2017, http://www.shishirose.com/blog.

97. Stockman, "Women's March on Washington Opens Contentious Dialogues About Race."

98. Ibid.

99. Ibid.

100. Tolentino, "The Somewhat Controversial Women's March on Washington."

101. Todd Starnes, "Black DNC Protest Tells Crowd: 'White People to the Back,'" Fox News

video, 1:28, July 27, 2016, http://www.foxnews.com/opinion/2016/07/27/black-pro-test-tells-crowd-white-people-to-back.html.

102. Reneysh Vittal, "How I Fell In and Out of Love with Cultural Appropriation," *Vice*, November 2, 2016, https://www.vice.com/en_us/article/the-fine-line-between-celebrating-and-appropriating-foreign-culture.

103. Ibid.

104. Conor Friedersdorf, "A Food Fight at Oberlin College," *Atlantic*, December 21, 2015.

105. 다음에 인용됨. Katherine Timpf, "Student Op-Ed: Some Eyebrows Are Cultural Appropriation, *National Review*, January 27, 2017.

106. Giovanni Sanchez, "Crying Wolf: How Elite Liberal Outrage Is Undermining the Left's Goals," February 7, 2017 (파일 형태로 내가 소장하고 있음).

107. 다음을 참고하라. Samuel Huntington, *The Clash of Civilizations and the Remaking of World Order* (New York: Simon & Schuster, 1996), 209-18; Samuel Huntington, *Who Are We? The Challenges to America's National Identity* (New York: Simon & Schuster, 2004), 59, 315-24.

108. Jenna Johnson, "Trump Calls for 'Total and Complete Shutdown of Muslims Entering the United States," *Washington Post*, December 7, 2015.

109. Jia Tolentino, "Trump and the Truth: The 'Mexican Judge," *New Yorker*, September 20, 2016

110. Andrew Kaczynski, "Michael Flynn in August: Islamism a 'Vicious Cancer' in Body of All Muslims That 'Has to Be Excised,'" CNN, November 22, 2016, http://www.cnn.com/2016/11/22/politics/kfile-michael-flynn-august-speech/index.html.

111. Ishaan Tharoor, "U.S. Republicans See a Clash of Civilizations. French President Says No," *Washington Post*, November 16, 2015.

112. Steve Benen, "Jeb Bush Would Back Refugees Who 'Prove' They're Christian," MSNBC, November 18, 2015, http://www.msnbc.com/rachel-maddow-show/jeb-bush-would-back-refugees-who-prove-theyre-christian.

113. "United the Right: David Duke and Mike Enoch Speak Out at the Rally at Chartlottesville, Virginia," video 6:20, August 14, 2017, http://www.youtube.com/watch?v=G-DizQPZMWhI&feature=youtu.be&t=6ml7s; 다음을 참고하라. Emma Green, "Why the Charlottesville Marchers Were Obsessed with Jews," *Atlantic*, August 15, 2017.

114. Philip Bump, "Steve Bannon Once Complained That 20 Percent Of the Country Is Made Up Of Immigrants. It Isn't," *Washington Post*, February 1, 2017.

115. Willa Frej, "Steve Bannon Suggests There Are Too Many Asian CEOs in Silicon Valley,"

Huffington Post, November 23, 2016. https://www.huffingtonpost.in/2016/11/16/steve-bannon-suggests-there-are-too-many-asian-ceos-in-silicon-v_a_21607479.

116. Maya Kosoff, "Steve Bannon's Racist Comments About Silicon Valley Are Also Wildly Inaccurate," *Vanity Fair*, November 17, 2016. Buck Gee, Denise Peck, and Janet Wong, *Hidden in Plain Sight: Asian American Leaders in Silicon Valley* (the Ascend Foundation, 2015), 2-3, 8.

117. Chris Bodenner, "If You Want Identity Politics, Identity Politics Is What You Get," *Atlantic*, November 11, 2016.http://www.theatlantic.com/notes/2016/11/if-you-want-identity-politics-identity-politics-is-what-you-will-get/507437.

118. 다음에 인용됨. Ian Schwartz, "Maher: People Fed Up with 'Fake Outrage,' 'Politically Correct Bullshit' and Response to Islam from Democrats," *Real Clear Politics*, November 12, 2016, http://www.realclearpolitics.com/video/2016/11/12/maher_people_fed_up_with_fake_outrage_politically_correct_bullshit_and_response_to_islam_from_democrats.html.

119. Rod Dreher, "Creating the White Tribe," *American Conservative*, January 25, 2017. https://www.theamericanconservative.com/dreher/creating-the-white-tribe.

120. Joe Chatham, "Group Identity on the Right," November 13, 2016 (파일 형태로 내가 소장하고 있음).

121. Hsu, "The End of White America?" (크리스찬 랜더를 인용함).

122. Ibid.

123. Max Boot, "The GOP Is America's Party of White Nationalism," *Foreign Policy*, March 14, 2017.

124. Jonathan S. Blake, "How Ethno-Nationalism Explains Trump's Early Presidency," *Vice*, February 27, 2017. https://www.vice.com/en_us/article/53qnxx/how-etho-nationalism-explains-trumps-early-presidency.

125. Jamelle Bouie, "Government by White Nationalism Is Upon Us," *Slate*, February 6, 2017, http://www.slate.com/articles/news_and_politics/cover_story/2017/02/government_by_white_nationalism_is_upon_us.html.

126. John Woodrow Cox, "'Let's Party Like It's 1933': Inside the Alt-Right World of Richard Spencer," *Washington Post*, November 22, 2016.

127. Chris Graham, "Nazi Salutes and White Supremacism: Who Is Richard Spencer, the 'Racist Academic' Behind the 'Alt-Right' Movement?," *Telegraph* (UK), November 22, 2016.

128. Cox, "Let's Party Like It's 1933."

129. Josh Harkinson, "The Dark History of the White House Aides Who Crafted Trump's 'Muslim Ban,'" *Mother Jones*, January 30, 2017, http://www.motherjones.com/politics/2017/01/stephen-bannon-miller-trump-refugee-ban-islamophobia-white-nationalist; Chauncey DeVega, "A White Nationalist Fantasy: Donald Trump's America Is Not 'Made for You and Me,'" Salon, February 12, 2017, http://www.salon.com/2017/02/12/a-white-nationalist-fantasy-donald-trumps-america-is-not-made-for-you-and-me.

130. Mark Berman and Samantha Schmidt, "He Yelled 'Get Out of My Country,' Witnesses Say, and Then Shot 2 Men from India, Killing One," *Washington Post*, February 24, 2017.

131. "Indian-Origin Businessman Shot Dead in the US," *Times of India*, March 4, 2017. https://timesofindia.indiatimes.com/nri/other-news/Indian-American-businessman-shot-dead-in-US/articleshow/46270758.cms

132. Cleve R. Wootson Jr., "'Go Back to Your Country, Terrorist': Man Accused of Attacking Restaurant Employee with a Pipe," *Washington Post*, March 12, 2017.

133. Matthew Haag and Jasey Fortin, "Two Killed in Portland While Trying to Stop Anti-Muslim Rant, Police Say," *New York Times*, May 27. 2017.

134. Doug Criss, "*On average, 9 mosques have been targeted every month this year,*" CNN, March 20, 2017, https://edition.cnn.com/2017/03/20/us/mosques-targeted-2017-trnd/index.html.

135. NPR/PBS News Hour/Martist Poll, August 14-15, 2017, http://maristpoll.marist.edu/wp-content/misc/usapolls/us170814_PBS/NPR_PBS%20NewsHour_Marist%20Poll_National%20Nature%20of%20the%20Sample%20and%2020Tables_Augst%2017,%2017.pdf#page=3, 13

136. Bradley Jones and Jocelyn Kiley, "More 'Warmth' for Trump Among GOP Voters Concerned by Immigrants, Diversity," Pew Research Center, June 2, 2016. http://www.pewresearch.org/fact-tank/2016/06/02/more-warmth-for-trump-among-gop-voters-concerned-by-immigrants-diversity.

137. 동영상, 부분적으로는 다음에 인용됨. Jake Hancock, "Tomi Lahren Blitzes Kaepernick's Backfield," *The Blaze*, August 30, 2016, http://www.theblaze.com/stories/2016/08/30/tomi-lahren-blitzes-kaepernicks-backfield.

138. Mike Wendling, "Tomi Lahren: The Young Republican Who's Bigger Than Trump on Facebook," BBC News, November 30, 2016, http://www.bbc.com/news/world-us-canada-38021995.

139. Tomi Lahren, Facebook video, June 28, 2016, 2017년 5월 26일에 접속함, https://www.

facebook.com/TomiLahren/videos/1017506241675896/.

140. Ta-Nehisi Coates, "Blue Lives Matter," *Atlantic*, December 22, 2014.

141. Toni Morrison, "Making America White Again," *New Yorker*, November 21, 2016.

142. Coates, "Letter to My Son."

에필로그: 새로운 아메리칸 드림을 향하여

1.   Carolyn Bostick, "In Era of Division, Interfaith Coalition Promotes Unity," *Observer-Dispatch*, February 4, 2017, http://www.utlcaod.com/news/20170204/in era of division-interfaith-coalition-promotes-unity.

2.   "Make America Relate Again Northwestern NJ," January 28, 2017, https://www.meetup.com/Make-America-Relate-Again-Northwestern-NJ.

3.   Nitasha Tiku, "Silicon Valley Rebrands Itself as Good for the Rest of America," Wired, March 15, 2017, https://www.wired.com/2017/05/silicon-valley-rebrands-good-rest-america.

4.   "Van Jones Sits Down with Trump Supporters," CNN, December 6, 2016, http://www.cnn.com/videos/tv/2016/12/06/exp-van-jones-special-cnntv.cnn.

5.   Alex Cipolle, "Comedian W. Kamau Bell Reaches Across the Aisle," *Register-Guard*, May 19, 2017, http://projects.registerguard.com/rg/entertainment/35571393-67/comedian-w.-kamau-bell-reaches-across-the-aisle.html.csp.

6.   "Call for Applications: Cross-Country Reporting Fellowship 'Crossing the Divide,'" April 25, 2017, https://cla.umn.edu/sjmc/news-events/news/call-applications-cross-country-reporting-fellowship-crossing-divide.

7.   Charles M. Blow, "The Death of Compassion," *New York Times*, February 23, 2017.

8.   예를 들어 다음을 참고하라. Thomas F. Pettigrew and Linda R. Tropp, "A Meta-Analytic Test of Intergroup Contact Theory," *Journal of Personality and Social Psychology* 90, no. 5 (2006): 766.

9.   Gordon W. Allport, *The Nature of Prejudice* (Cambridge, MA: Addison-Wesley, 1954).

10. 다음을 참고하라. Pettigrew and Tropp, "A Meta-Analytic Test of Intergroup Contact Theory," 751-83.

11. 다음을 참고하라. Nico Schulenkorf, "Sport Events and Ethnic Reconciliation: Attempting to Create Social Change Between Sinhalese, Tamil and Muslim Sportspeople in War-Torn Sri Lanka," *International Review for the Sociology of* Sport 45, no. 3 (2010): 273; Dora Capozza, Gian Antonio Di Bernardo, and Rossella Falvo, "Intergroup Con-

tact and Outgroup Humanization: Is the Causal Relationship Uni- or Bidirectional?," *PLOS One* 12, no. 1 (2017), 1-3; Katharina Schmid, Ananthi Al Ramiah, and Miles Hewstone, "Neighborhood Ethnic Diversity and Trust: The Role of Intergroup Contact and Perceived Threat," *Psychological Science* 25, no. 3 (2014), 665-74.

12. Pettigrew and Tropp, "A Meta-Analytic Test of Intergroup Contact Theory," 751-83.

13. Gregory M. Herek, "Lesbians and Gay Men in the U.S. Military: Historical Background," Sexual Orientation: Science, Education, and Policy, University of California, Davis (accessed June 23, 2017), http://psychology.ucdavis.edu/rainbow/html/military_history.html.

14. Jim Garamone, "Historian Charts Six Decades of Racial Integration in U.S. Military," American Forces Press Service, U.S. Department of Defense, July 23, 2009, http://archive.defense.gov/news/newsarticle.aspx?id=50560.

15. Herek, "Lesbians and Gay Men in the U.S. Military."

16. Garamone, "Historian Charts Six Decades of Racial Integration in U.S. Military."

17. Karl Marlantes, "Vietnam: The War That Killed Trust," *New York Times*, January 7, 2017.

18. Todd Venook, "The Group Instinct and the Modern American Moment," March 3, 2017 (파일 형태로 내가 소장하고 있음).

19. Scott Clement, "Gay Marriage's Road to Popularity, in 5 Charts," *Washington Post*, April 28, 2015.

20. "Changing Attitudes on Gay Marriage," Pew Research Center, June 26, 2017, http://www.pewforum.org/fact-sheet/changing-attitudes-on-gay-marriage

21. Jeffrey M. Jones, "More Americans See Gay, Lesbian Orientation as Birth Factor," Gallup, May 16, 2013, http://www.gallup.com/poll/162569/americans-gay-lesbian-orientation-birth-factor.aspx.

22. Marcia Coyle, "Justice Ginsburg Laments 'Real Racial Problem' in U.S.; Discusses Major Rulings, Law Schools in Sweeping Q& A," *National Law Journal*, August 22, 2014.

23. Ryan D. Enos, "How the Demographic Shift Could Hurt Democrats, Too," *Washington Post*, March 8, 2013.

24. Stefania Paolini, et al., "Negative Intergroup Contact Makes Group Memberships Salient: Explaining Why Intergroup Conflict Endures," *Personality and Social Psychology Bulletin* 36, no. 12 (2010): 1723.

25. Humans of New York (May 18, 2015), http://www.humansofnewyork.com/post/119284859436/my- daughters-greatest-quality-is-her-humility.

26. 다음을 참고하라. Giovanni Sanchez, "Crying Wolf: How Liberal Elite Outrage Is Undermining the Left's Goals" (February 7, 2017, 파일 형태로 내가 소장하고 있음) (페이스북에 올라온 밈을 인용함).

27. Kirsten West Savali, "'White Working Class' Narrative Is Nothing but a Racist Dog Whistle," *The Root*, November 17, 2016, http://www.theroot.com/white-working-class-narrative-is-nothing-but-a-racist-1790857771.

28. "America: Land of the Oppressed, Home of the Coward," *Opposingviews*, May 26, 2010, http://www.opposingviews.com/i/america-land-of-the-oppressed-home-of-the-cowards.

29. Tiffany Gabbay, "Michael Moore: U.S. Was 'Founded on Genocide and Built on the Backs of Slaves,'" *The Blaze*, January 20, 2012, http://www.theblaze.com/news/2012/01/20/michael-moore-u-s-was-founded-on-genocide-and-built-on-the-backs-of-slaves.

30. Toni Morrison, "Making America White Again," *New Yorker*, November 21, 2016.

31. 이 통찰과 접근 방식은 다음에서 가져온 것이다. Yasin Hegazy, "Achieving Our Country: James Baldwin's Prophetic Model of America's Post-Racial Identity" (2017년 5월의 초고 파일 형태로 내가 소장하고 있음).

32. Sanchez, Crying Wolf, 5.

33. Ibid., 12.

34. Ibid., 13.

35. James Baldwin, "The Fire Next Time." 다음에 수록됨. Collected Essays (New York: Library of America, 1998), 294, 344, 347.

36. Eric J. Sundquist, "King's Dream," *New York Times*, January 16, 2009.

37. President Barack Obama, "Remarks at a Church Service Honoring Martin Luther King Jr.," Vermont Avenue Baptist Church, Washington, DC, January 17, 2010, http://www.presidency.ucsb.edu/ws/index.php?pid=87399.

38. 통찰과 수려한 표현에 대해 예나 리(Yena Lee)에게 감사를 전한다.

39. Langston Hughes, "Let America be America Again." 다음에 수록됨. *The Collected Poems of Langston Hughes, eds. Arnold Rampersad and David Roessel* (New York: Vintage Books, 1995), 189-191.

찾아보기

—